21世紀　人類は大いなる試練を乗り越え今、
さまざまな未知なる世界へと進出していた。
純粋な憧れと探究心に満ちた地球人類の旅立ち。
人々はそれを「ネオフロンティア時代」と呼んだ。
だが、それは同時に新たな恐怖の目覚めでもあった。

# ウルトラマンダイナ
# 25年目の証言録

八木毅 編

# はじめに

八木毅

時は未来。ネオフロンティア時代。宇宙を目指し火星に進出し光速も超えようという時代。そんな明るくポジティブな世界を舞台に展開されるのが新シリーズ『ウルトラマンダイナ』です。16年ぶりの復活の後、幸福な偶然と必然とによって成功した前作『ウルトラマンティガ』の後を受けて、『ウルトラマンダイナ』は1997年9月6日土曜日夕方6時からスタートしました。

このとき、皆さんはどこでどのようにされていたでしょう？　どこかで『ウルトラマンダイナ』の放送を楽しまれていましたか？　私はスタジオ「東宝ビルト」で『ダイナ』8話「遥かなるバオーン」村石（宏實）組の撮影をしていました。この日の出演者はつるの剛士さん、布川敏和さん、斉藤りささん、加瀬尊朗（現在は加瀬信行）さん、（小野寺）丈さん、村の青年団、という方々。「ふるべ村の仮設テント付近」という設定でスタジオオープンを飾って、クレーンを用意して大掛かりでした。懐かしいです。当時の私はセカンド助監督。連日、朝から晩までテレビ放送も見ないで『ダイナ』の撮影に勤しんでいました。

ところで、私も皆さんと同じく『ウルトラマンダイナ』のファンです。『ダイナ』には明るくて前向きな世界観と素晴らしい登場人物たちがいます。スーパーGUTSは「おバカな冒険野郎の集まり隊」だと小中和哉監督とヒビキ隊長＝木之元亮さんがおっしゃっていますが、彼らの明るさと作品のポジティブさは見る度に楽しい気分にさせてくれます。それに『ダイナ』という作品は企画から脚本、撮影、ポスプロに至るまで多くのスタッフ、キャストが心を込めて頑張って作ったわけですから、ウェルメイドな作品だけが持つ気高さもあります。そしてスーパーGUTSを演じたキャストの皆さんが、キャラクターそのままでとても素敵です。つるの剛士さんはこれを〝ドキュメンタリー〟と言いました。そうなのです。『ダイナ』の俳優の方々は不思議なほどに登場するキャラクターそのものなのです。彼らが司令室に入ってくると、まるで本物のスーパーGUTSが入ってきたかのよう。いつもスタジオ全体がパッと明るくなりました。キャストとキャラクターが一致する幸福な作品が『ウルトラマンダイナ』なのです。尊いです。不思議なことですが本当です。

その後、次作『ウルトラマンガイア』で私は監督・特技監督になり、それ以降もたくさんの作品を作り続けていますが、『ウルトラマンダイナ』ほど純粋に楽しい気分になる作品はそんなに多くありません。『ダイナ』はよい作品だとつくづく思うのです。

そんな『ダイナ』の素晴らしさをこの本で伝えたいと思います。私は『ダイナ』の全話に演出部として最前線で参加しました。だから当時の現場の雰囲気や空気感を知っています。そして、この本は『ダイナ』の助監督が当時の仲間であるキャスト、スタッフの方々と一緒に作った本ですから、ここに書かれていることはすべてが事実。『ダイナ』とは、こうだったのです。だからこそ『ウルトラマンダイナ』は永遠の名作となったのです。

この本は多くの方々のご尽力によって完成いたしました。取材を快諾してくださった『ダイナ』の素晴らしいキャスト、スタッフの皆さま。円谷プロの担当者の皆さま。そして『ウルトラマンマックス 15年目の証言録』『ウルトラマンティガ 25年目の証言録』に続いて担当してくださった立東舎の編集者、山口一光さんに心より感謝申し上げます。

この本では限られた方々にしかインタビューできませんでしたが、25年前にかかわられたすべてのキャスト、スタッフ、関係者の方々の夢と知恵と努力の結晶がこの『ウルトラマンダイナ』です。25年前に、そして今もお世話になっている『ウルトラマンダイナ』の関係者すべての皆さまに心より感謝申し上げます。

それでは、25年ぶりの『ウルトラマンダイナ』をどうぞ存分にお楽しみください。

TPC地球平和連合の総合本部基地。通称“グランドーム”

# CONTENTS

## PART 1

## キャスト編

# PART 2

# プロデューサー編

PART 3

# スタッフ編

スーパーGUTS。左からナカジマ、コウダ、マイ、アスカ、リョウ、ヒビキ、カリヤ。地球を守る７人のエキスパート

# PART 1 キャスト編

TAKESHI TSURUNO
つるの剛士

TOSHIKAZU FUKAWA
布川敏和

RISA SAITO
斉藤りさ

NOBUYUKI KASE
加瀬信行

JOE
丈

MARIYA YAMADA
山田まりや

RYO KINOMOTO
木之元亮

# つるの剛士

Takeshi Tsuruno | Actor

## いい意味ですごくずるい作品だと思います

**持ち前の明るいキャラクターがアスカ・シン役にぴったりはまったつるの剛士氏。自然体、等身大という言葉だけでは説明しきれないその一体感や同一性は、番組が終了して25年経つ今でも全く変わることがない。驚愕の最終回以来宇宙を飛び続けているアスカは、では一体どこに向かっているのか？ 決して明るい「だけ」ではないその心の内を照れ屋のアスカに存分に語っていただいた。**

聞き手：八木毅

**アスカは僕で僕がアスカ**

つるの　あれー？　ヤギッチじゃない。お久しぶり、いきなりどうしたの？

八木　どうしたのって（笑）。今日は僕がインタビュアーですよ。ご存じでしたよね？

つるの　ああ、そうだったよね。ごめんごめん（笑）。お元気ですか？

八木　はい、お元気です（笑）。とても懐かしいですね。『ダイナ』は大好きな楽しい作品で、僕は現場でセカンド助監督でした。今日は当時の「ヤギッチ」としてお話を伺っていけたらと思います。よろしくお願いいたします。

**つるの**　こちらこそよろしくお願いします。でもヤギッチ、全然変わってないよね（笑）。

**八木**　つるのさんも変わっていませんが、こうやってお話をしているとあのころに戻ってしまいますね（笑）。

**つるの**　本当にそうだよね。でもヤギッチがインタビュアーだと、一番分かってくれている人だからありがたいな。めちゃくちゃうれしいです。

**八木**　僕もめちゃくちゃうれしいです。では早速インタビューを始めたいと思います。『ダイナ』以前のことから伺っていきたいのですが、つるのさんの幼少期の『ウルトラ』体験はどのようなものでした？

**つるの**　いろいろなところで話したことではあるけど、僕自身は幼稚園のときに七夕の短冊に「将来はウルトラマンになりたい」って書いたくらいヒーローに憧れていたんですね。そのころからマンガなんかも描いていて、その主人公は全員ヒーロー。例えば自分をヒーローにした『つるちゃんマン』だったり（笑）、あとは『ヨレンジャー』とか、とにかくヒーローに憧れていたんです。ヒーローを見て育った少年ということですね。

**八木**　『ダイナ』のときはいろいろお話をさせていただきましたが、七夕のお話は僕も伺ったことがあります。つるのさんは絵がうまいのも知

現在も大切に保管されているつるの氏の作品。『つるちゃんマン』『ヨレンジャー』などが見える

っているのですが、そういったマンガ作品は残っているんですか？

**つるの**　当時の作品は全部残っていますよ。

**八木**　大切にされているんですね。そして七夕の願いが見事にかなったわけですけど、『ダイナ』のオーディションはどんな感じでした？

**つるの**　それがまた不思議な感覚だったんです。ぶっちゃけオーディションに行ったときも、まさか主役のオーディションだとは全く思っていなくて。『ウルトラマン』の中での1話のゲストとか、そういう人を選ぶオーディションに呼ばれているんだろうと思って砧の円谷プロにお邪魔させてもらったんですね。確か2〜3回行ったのかな？　男の子がたくさんいたのは覚えているんですけど、行く度にその数がどんどん減っていくわけ（笑）。それで気づいたらりっちゃん（斉藤りさ）と僕しかいなかったの。

**八木**　なんと（笑）。

**つるの**　それで円谷の会議室みたいな部屋にりっちゃんと2人でいて、僕からすると『ギルガメッシュないと』（91-98）のお姉さんというイメージがあったから「個人的にお世話になりました」って挨拶をしたのね。そうしたら相当引かれて（笑）。「こいつ、なんだ?」くらい言われたんですよ。

**八木**　それが初対面ということですか？

**つるの**　そう。すごく嫌な目をされたのを覚えていますね。その話をりっちゃんにすると「またその話?」って言われちゃうんですけど。だから『ダイナ』の第1話での出会いとすごく似ていて、会議室の空気感って本当にあのままだった。そういうことを考えても、『ダイナ』という作品はキャラクターがみんな等身大でしたね。よくも悪くも役づくりがないというか、そのままのキャラクターで1年間続けられたっていうのが最大の財産じゃないかなって今

アスカ・シン。なにごとにも前向き。絶対に諦めない。ダイナミックなダイナ。大好きなダイナ。ウルトラマンダイナ。伊豆大島の三原山ロケでの大爆破シーン

にして思います。みんなの成長記っていうか、まあ主に僕なんですけど（笑）。

**八木**　本当にそうですね。もちろん芝居って演技するということではあるんですけど、つるのさんとアスカはとても近いというか同じものに感じられますよね。

**つるの**　今でもよくそういう風に言われるんですけど、僕自身もあまり役づくりをしなかったというか。等身大の自分のままだし、アスカは僕で僕がアスカなんですよね。だからドキュメンタリーだったなって思っています。最終回、アスカはああいう形でブラックホールに飲み込まれて次の宇宙に行きましたけど、そのアスカを生かすも殺すも僕のその後の人生にかかっているということで。アスカのためにも自分自身が頑張らないといけないし、なにか迷ったときには「アスカだったらどうするかな」って考える。もう永遠ですよね。ヒーローの後輩にもよくそういう話をするんですけど、ヒーローをやった人としては「その後」を大事にした方がいいよって。

**八木**　素晴らしいですね。たくさんの子供たちがアスカに出会って目標にしているわけですから、「その後」の行いも本当に重要だと思います。

**つるの**　僕の中でのアスカは本当にすごく大事なキャラクターで、今でも応援してくださる方がたくさんいらっしゃいますから責任はすごく重いなと思っているんです。

## 夢の連鎖がある

**八木**　「つるの剛士=アスカ」ということですが、最初にアスカという存在に出会われたのは『ダイナ』の企画書ということになりますか？

**つるの**　企画書ではなく台本だったと思いますね。

**八木**　役づくりはされていないということでしたが、演じる際のテーマみたいなものはありましたか？

**つるの**　当時は僕も芸能界に入って2年くらいで、本当に若造でした。だから、監督や制作陣が考えている世界観みたいなところを俯瞰してとらえられていたかと言ったら全くそんなことはなくて。ただ最初に台本を読んだときに、「このキャラクターは僕だ！」って思ったんです。後にも先にも「これは僕だ！」と思ったキャラクターはほかにはなくて、本当に「まんま自分じゃん」って思えた。だから役づくりとかをするのではなく、もうそのままやった方がいいなって。それまでは若いなりに「俳優とは？」みたいなことを考えてはいたんだけど、アスカに関してはそういうことは全く関係なかったですね。

**八木**　自然体だったんですね。

**つるの**　だから本当にそのまんま（笑）。その点、監督や制作陣には大変申し訳なかったという思いもあるんですけどね。ただ『ダイナ』が終わってから映画にも呼んでいただいていて、『ウルトラマンオーブ THE ORIGIN SAGA』（16）にも先輩として出演しているわけですけど、そうするとやっぱり『ダイナ』当時のアスカのままではダメなんです。そのときどきの「今の等身大の自分」がいるわけで、そこは自分の中で気合いが入るところですね。

**八木**　『ダイナ』が終わっても「つるの剛士＝アスカ」は成長している。

**つるの**　当時との一番大きな違いは後輩ができたということですかね。じゃあそこに先輩として向かって行くときに、今のアスカだったらはたしてなにを伝えるのか。そう思ったら、「あれ？　当時は役づくりとか関係なかったけど、今は先輩として隊長や周りの人に怒られたことをしっかり伝えないといけないな」と考えている自分がいたんです。これはすごく不思議でしたね。

**八木**　やはりドキュメンタリーということですね。

東宝ビルトの食堂・通称「ビルトサロン」で食事中のアスカとカリヤ。ここは多彩なメニューを提供してキャストやスタッフのパワーの源となりました（撮影：八木毅）

**つるの**　『ウルトラマンサーガ』（12）で岡（秀樹）監督から、アスカの初登場シーンでは「ラジャー！」と言いながら出てほしいというリクエストがあったんです。それで僕は、『ダイナ』から15年近く経っている今でも「ラジャー！」って言うのかな……っていうのをずっと考えていて。監督の意向としては見ている人に懐かしいと思ってほしいというのがあったのかもしれないですけど、僕自身はアスカとしてちゃんと成長していたい。だから岡監督とは、今の僕のテンションでは「ラジャー！」とは言えないです、普通にさらっと出てくる感じで行かせてくださいという話し合いをしたのを覚えています。あのときは、「ああ自分もアスカのことをちゃんと考えているんだな」って思いましたね。

**八木**　終わってからの方が余計に考えているということですか？

**つるの**　やっぱりああいう感じで終わっているので、見てくれている人、応援してくれている人にとってはその後のアスカの生き様はめちゃめちゃ大事だなと思っていて。そこはすごく考えているところですね。『ウルトラマンサーガ』では、最初はラストにアスカがもう1回地球に戻って来てスーパーGUTSと一緒に地球を守るみたいな設定だったんですけど、それもちょっと待ってくださいって言って。それはヤギッチとも話した覚えがある。

**八木**　しましたね。戻って来るのではなく先に進んでないといけないんじゃないかって。

**つるの**　違和感があったんだよね。だから「アスカとしてはここで完結したくはないんです」って。僕が地球に戻るのはすごく簡単なことかもしれないけど、やっぱりスーパーGUTS、つまり人類がアスカに向かってきてほしい。そうじゃないと僕が15年間も飛び続けていた意味がないなって。見たことのない未知の世界に旅立って飛び続けているキャラクターなわけだから、やっぱりみんなにも人類が行けない未知の世界を夢見てほしいなっていうのがあったんですよね。

八木　アスカについては僕も思いがあったので、監督した映画『大決戦！超ウルトラ8兄弟』（08）では並行世界という設定にしました。『ダイナ』の最終回ではリョウに「帰ってくる」って言って出かけていくじゃないですか。だけどアスカ本人を帰すことはできないということは脚本の長谷川圭一さんとも話していて。並行世界であれば全くの別人ではなくて同じ因子を持っているある幸せな世界ということで、そこでのアスカの選択はリョウとの結婚ということだった。それでリョウには「お帰り、アスカ」というセリフを言わせているんです。でも、あの同じ世界であれば戻ってくるのではなく、みんながアスカの方に行くべきですよね。

つるの　やっぱり、せっかくああいう形で終わっているわけですからね。

八木　アスカってみんなで語りたくなるキャラですけど、そういうことも番組が終わってからつるのさんがいろいろ考えられてきたことの結果ですよね。テレビのときから25年経って、アスカは成長し続けて今でも宇宙を飛んでいるという。

つるの　飛び続けて、成長し続けたいなと思っています。でも本当に特別ですよね。自分の人生もすでに半分はアスカと共に生きていて、もうこれからは一生アスカなわけじゃない？　どんな形で自分の人生が終わろうともたぶんアスカの人生だと思うので、責任はすごく感じていますね。実際、今は『ダイナ』を見ていた子どもたちが普通に仕事をしていて、テレビだとディレクターさんやプロデューサーさんが『ダイナ』世代になっている。そうするとやっぱり「アスカに会えてうれしいです」と言っていただけて、皆さん『ダイナ』を見て夢を持ってこの業界で働かれているんだなって感じることがめちゃくちゃ多いんです。だから夢の連鎖があるっていうか、これはすごくいいことだなって思いますよ。

## スーパーGUTSは『ウルトラマン』史上最高のグループ

八木　『ダイナ』ではスーパーGUTSの皆さんも明るくて等身大という感じでしたよね。

つるの　この間も（小野寺）丈さんのユーチューブ番組にちょっとお邪魔してきたんですけど、みんな全く変わっていなかったですね。丈さんはやせてかっこよくなっていましたけど（笑）。まあでも、スーパーGUTSもみんなあのままです。裏表がないし、素のままで。ただ熱血なだけ、ただ声がでかいだけ（笑）。こんなグループはなかなかないでしょうね。

八木　東宝ビルトの司令室に皆さんが入ってくるのが、明るくて楽しかったという印象があります。

つるの　あんな明るい、「陽」しかない人たちの集まりって人生の中でもそうそうないのでめちゃくちゃ楽しかったですね。スーパーGUTSは『ウルトラマン』史上最高のグループなんじゃないかと思っています。なんだろう、ただ明るかったね（笑）。

八木　「ただ」ということはなくて（笑）、深みももちろんありましたけど。

つるの　いやいや「ただ」明るかったよ。加瀬（尊朗／現在は加瀬信行）くんなんかも全然変わっていないしさ。

八木　加瀬さんとつるのさんは仲がよかったですよね。

つるの　加瀬くんってよく分からないんだよね。今でもなにを考えているかよく分からないし。でも一方的に自分の話を聞いてくれるから楽なの（笑）。それでいて向こうから話してくることは1つもない。不思議なんだよね。その感じがまた面白くていいんだけどさ。

八木　スーパーGUTSの人はみんな仲がよくて（笑）、僕も結構一緒に飲みに行ったりして楽しかったです。

つるの　でも往年の『ウルトラマン』の世界観ってやっぱりちょっと影があったり、謎めかした部分があったりするじゃない？　そこがまた『ウルトラマン』の魅力だと思うし。でも『ダイナ』は『ティガ』の次ということで明暗ということもあったんだろうけど、とにかく明るかったですね。『ティガ』には洗練されたかっこよさがあるんだけど、ちょっと暗いというか、少しシリアスな話だったでしょう。

**八木**　よく言われるのは、『ティガ』が『ウルトラセブン』（67-68）で『ダイナ』が初代『ウルトラマン』（66-67）だっていうことですね。それはいいところであり、悪いところでもあるとは思いますが。

**つるの**　僕はいいところだと思っているんですよ。『ティガ』のシリアスさがあった上での次の『ダイナ』だったから、急に爆発的な明るさみたいなところが際立った。それが後に作品的にどうなのかっていう話にもなったんだけどさ。ただ『ダイナ』にはいろいろな話があったけど、ときたま出てきた芯を食った話っていうのがすごくシリアスだったじゃない？　アスカの人生っていうか、カズマとの関係性とかね。

**八木**　父親との関係も含めて確かに縦軸は非常にシリアスなんです。

**つるの**　アスカの魅力って、あの明るさの中にある暗さみたいなものだったと思うんですよ。「ただ」明るいキャラクターなんだけど、その裏にあるものを考えてしまう。あの明るさってどこから出てくるんだろうっていう、その後ろにある哀愁みたいな部分がアスカの魅力のような気がしていて。例えばアスカのお母さんって誰なんだろうとかね。ダイゴみたいに普段からずっと悩んでいる男の子ではなくて、ずっと明るいんだけど実はその明るさの裏には悲しさがあるんじゃないか。『ダイナ』のファンはそこまで見てくれているような気がしています。自分の中でも「これくらい明るくできるっていうことは、裏に悲しさがないと無理なんじゃないか」っていう気持ちがあって。だから実は一番暗かったのは『ダイナ』なんじゃないかという気もする（笑）。

**八木**　確かに明るく振る舞うにはパワーが必要ですからね。

**つるの**　アスカの魅力って実はそこにあるんじゃないかなって。あとスーパーGUTSのメンバーはみんなそれぞれ明るいんだけど、たまに「あしなが隊長」（43話）みたいに隊長の裏側の話が出てきたりするじゃない？　りっちゃんも「君を想う力」（46話）では昔の松本の話が出てきたりして。だから実はスーパーGUTSも明るさの裏にそれぞれのシリアスなドラマを抱えていて、この明るさに至っているんだなって。それが深みを与えているというか、回を増すごとに裏側が出てきたんじゃないかなって思いますね。『ダイナ』の魅力ってそういうところにもある気がします。さっきと逆みたいだけど、「ただ」明るいわけではなくてね。

## 裏スーパーGUTSはひどかった

**八木**　では少し話題を変えて、撮影現場で印象に残っていることなどを教えていただけますか？

**つるの**　「移動要塞浮上せず！《クラーコフ》・前後編」（25〜26話）はセットに水を張ったりして大変だったよね。しかも冬じゃなかった？　寒かった覚えがある。

**八木**　撮影は1月上旬ですね。前日に水を張っていたんですけど、飲みに行っていた斉藤さん、つるのさんから「ヤギッチ、来なよ！」っていうお誘いの電話をいただいたんです。それで「行きたいんですけど、いま水を入れてるんですよ〜」っていう話をした覚えがあります（笑）。水が漏れないかのテストをしていたんですけど、「ああ、行きたいな〜」って思いながら作業をしていたという。

**つるの**　りっちゃんとは毎日のように飲みに行ってたなぁ。しかも朝までだから、半端な飲み方じゃなかったね。2人で朝まで飲んでそのまま撮影なんていうこともよくあったもん。

**八木**　それはすごいですね。

つるの　隊長とも飲みにいったけど、次の日も撮影なのにカラオケで声がガラガラになっちゃって大変だった。ふっくんもめちゃくちゃな飲み方で、まあ裏スーパーGUTSはひどかったね（笑）。裏スーパーGUTSが本番で、その伏線でスーパーGUTSがあるみたいな感じだったから。

八木　作品と同じで緩急が大事ですから、そういう話もありということで（笑）。

つるの　そうそう。シリアスなときはみんなシリアスで、そのギャップが激しいんだよね。

八木　しかし朝まで飲んでいたとは驚きです。

つるの　地方ロケをやった「湖の吸血鬼」（24話）なんかでも、ホテルの部屋でりっちゃんと朝まで飲んでて。それでそのまま2人で隊員服を着てメイクしてもらったんだけど、もう本当にベロベロで。

八木　本栖湖でロケをした回ですね。

つるの　2人で肩を組みながら火の中を出てくるナパームのシーンがあったんだけど、カメラが遠くにいたのね。ものすごく遠くで撮っているから「大丈夫だよね〜」なんて言っていたら、オンエアを見たらめちゃめちゃ寄りの画だった。望遠で撮っていたんだよね。それを2人で見ていて青ざめたんだけど、よく見たら表情が笑っているの（笑）。

八木　そうでしたっけ？　それは覚えていないですね。でもナパームって危ないから一番の長玉で、圧縮します（被写界深度の浅いレンズを使用して撮影することによって、実際の距離よりも近い場所で起こった現象に見せる）からね。

つるの　確かにそうだけどめっちゃ寄ってるの。倉持（武弘／撮影）さんもひどいよね（笑）。そんな感じでいま考えたら反省することばっかりだけどさ、でもそれも含めて等身大だよね。

## 『ダイナ』は終わってからの世界がすごく大事だと思っている

**八木**　まあ、そういうこともありながらの緩急だと思うんですよね。みんなで頑張って撮影をして、いろいろなロケもして最終章の3話に向かっていったというか。

**つるの**　最終章の3話がああいう感じだったから、伏線が長すぎたよね。あそこに向かうまでの伏線がすごく長くて、しかもアスカの背負ってきたドラマみたいなものが急に最終章の3話でむき出しになったじゃない？　だから『ダイナ』は極端な作品で、陽と陰のコントラストが効きすぎだよね（笑）。

**八木**　最後で急に変わりましたからね（笑）。

**つるの**　あの終わり方は、当時見ていた人たちはびっくりしたと思うよ。それもあってやっぱり『ダイナ』は終わってからの世界がすごく大事だと思っているんだよね。

**八木**　それまではずっと楽しくて明るい形だったのに、最終章の3話では哲学的な終わり方になってみんなびっくりしました。こんな難しい終わり方をした『ウルトラマンシリーズ』は初めてじゃないかっていう。

**つるの**　まあ、『ダイナ』はずるいシリーズですよ。ホップ、ステップ、ジャンプじゃなくて、ホップから急にジャンプしちゃったじゃない。その辺が『ダイナ』の極端な部分だよね。ちなみに最終章の3話で小中監督に言われた言葉で覚えているのは、「本当にアスカは変わったね」っていうことです。言われてみると確かに自分でもこの1年でいろいろなことを考えてきたなと思いました。だから本当に成長記でしたね。

**八木**　つるのさんはどんどんかっこいい主役になっていかれました。あの1年でやっぱり顔も変わっていきましたし、普通の人の1年以上の濃厚な時間だったんでしょうね。

**つるの**　考えるのが遅すぎたんだけど（笑）、あれはあれでよかったと思います。まずは一番素の部分のひよっこのアスカを視聴者の方がちゃんと評価して見てくれて、その上であのエンディングがあったわけですから。成長したアスカをしっかり見れてあぁいう形で終わって、じゃあアスカはあの後にどうなっていくんだろうっていうところまでがつながっていってしまう。だからいい意味ですごくずるい作品だと思いますね。

## スタッフの皆さんとキャストが一緒に作り上げていった作品

**つるの**　僕も含めてスーパーGUTSのキャラクターって等身大だったと思うけど、それを活かしてくれたスタッフ、制作陣の皆さんがすごかったと思いますね。それぞれの素みたいなもの、キャラクター性もちゃんと汲んでくれて、例えば丈さんのお父さんとの話なんかも最終3話に入ってきたりしたじゃない？　だからみんなそれぞれに等身大のドラマがあったんだと思います。

**八木**　スタッフサイドもそういうことをちゃんと拾っていましたよね。

**つるの**　だから、演じる役者それぞれの個性を制作陣の皆さんがしっかり汲んでくれたというのが『ダイナ』の素晴らしさだと思いますね。アスカの成長記って言ったけど、その成長記が『ダイナ』の最初の構想時にあったのかどうかっていうのは謎だし。それはひょっとしたらみんなで作ったものじゃないのかな？　だから本当にスタッフの皆さんとキャストが一緒に作り上げていった作品なのかなっていう気がしますね。

**八木**　全くおっしゃる通りです。脚本のストックもそれほどなかったですし、つるのさんたちが入ってくることによって「当て書き」みたいなものがどんどん増えていったんだと思います。だから作品自体を全員で一緒に進めていったという感じですね。

**つるの**　それはすごく感じるな。だからただ演じたドラマというわけではないんですよね。みんなの成長記で、『ダイ

アスカは今も飛んでいます。未知の世界を、夢の世界を

ナ』はドラマではなくスーパーGUTSのドキュメンタリーだと思っています。そこが他の『ウルトラマンシリーズ』とは違う部分なのかな。そして終わったあともドキュメンタリーは続いている。アスカがこれからどう成長していくのか。そしてたまに客演で入ってきたときにどういう振る舞いをするのか。それは見てくれている人も楽しみにしているところだと思うし、そのためにも僕自身がアスカとは別の部分でちゃんとした人生を歩まないといけない。そういうところかな。

**八木**　アスカを演じきっていろいろ考えて、今もさらに未来に向けて役を作っているわけですよね。

**つるの**　いろいろなお話をいただきますけど、やっぱりアスカを基準に考えていますからね。この間はNHKの『超速パラヒーロー　ガンディーン』（21）っていう特撮番組に呼ばれたんですけど、あれも結局はアスカなんですよ。僕自身もアスカを引きずって演じているし、だから見ている人も「うわー！」ってなるんでしょう。

**八木**　そういう点ではいつか隊長も演じてほしいですよね。

**つるの**　できたらいいよね。SNSでも「隊長みたいなことを言っている」って書いている人もいたりしたし。僕は当時のヒビキ隊長と同じ年になったんですけどあんな貫禄は出せないよね（笑）。

**八木**　今のつるのさんと当時の木之元亮さんが同じ年とは驚きですね。当時の木之元さんはすごく年上に見えていましたが。

**つるの**　めちゃくちゃおじさんに見えたし、いい感じで隊長だったじゃない。不思議だよね。

**八木**　でもつるのさんは「バカモーン！」っていう感じではないので、方向性が違うかもしれないですね。

**つるの**　あの感じはどうやっても出せない。やっぱり隊長は隊長だったんだなって。でも今は後輩のみんながすごく慕ってくれて、「つるちゃん！」なんて電話をくれたりするんです。それで『ガンディーン』の撮影中に言われたのは「立っているだけで雰囲気を出せる大人になりたいんですよね」っていうこと。それは俺が最もなりたい大人だよって思ったんだけど（笑）、「え、いま俺ってそんな感じ？」って。「つるのさんみたいなにじみ出る感じになりたいです」って言われてさ、自分じゃ分からないけどそういうものなのかもね。

**八木**　『ダイナ』以降のアスカをきちんと考えられているから、若いキャストから見たらそうなっているんですね。

**つるの**　そう考えたら、僕の唯一の先輩は長野（博）くんなわけじゃない？　光を受け継いだもの、完全な先輩ですよ。この間2人きりで出演する番組があったんだけどうれしかったですね。釣りの話で『ウルトラ』は全然関係なかったとはいえ、『超8兄弟』以来初めて先輩が隣にいるわけじゃないですか？　そんな感じで不思議な気分で収録を終えたんだけど、僕の中ではずっと胸熱でしたね。ＴＤＧ25周年の年に会えてよかったなって思いました。

**八木**　ティガとダイナが釣りの話をしているなんて、ちょっとシュールですよね（笑）。

**つるの**　2人で並んでモニターを見ていると、「ああ、やっぱり先輩だわ」って思って。すごく貫禄があるんですよね。それはすごく感じました。せっかくだから『ウルトラ』の話をしたかったな（笑）。見る人が見たらもうそういう番組でしかないわけだしさ。

## いつでも当時の感じに戻れる

**八木**　貫禄ということでは、つるのさんの下の世代からしたら「おお、ダイナだ！」となるということで。そうやって連綿とつながっていくものなんですね。

**つるの**　そういうものなのかもね。

**八木**　こうやってお話をしていると25年前に戻ってしまうので、そういう感覚って分からないですけど。

つるの　お互いにね（笑）。

八木　そうですよね。僕も今はセカンド助監督のヤギッチに戻ってインタビューをさせていただいていますし。

つるの　大監督なのに申し訳ない。でも『超8兄弟』のときも「監督」って言った覚えはあんまりないんだけど。

八木　やっぱり「ヤギッチ」と呼ばれていたような気がします（笑）。あのときは映画班の現場でなかなか難しかったんですけど、つるのさんと楽しく話せたのはうれしかったですね。

つるの　でもいいじゃん。いつでも当時の感じに戻れる、こういう場所があるっていうのは。

八木　今回は皆さんとお話しさせていただいていますがその度に25年前に戻ってしまいます。

つるの　オカッチ（岡監督）もそうなんだよね。ヤギッチもそうだけど、ずっとウチワで扇いでくれていた助監督だった人じゃないですか。つまりは僕らの現場での愚痴を全部聞いてくれていた人。だからなにかあると話したくなるんだよね。

八木　２０２０年の年末にＮＨＫで『ゴジラとヒロイン』という番組を作ったときには岡さんが助監督で来てくれたんですけど、昔の仲間だから「来て！」って呼べるんですよね。彼はもう監督だし作家ですけど来てくれるし、来てくれたら昔と一緒で助けてくれる。円谷プロの「同じ釜の飯を食った仲間」っていいものですよね。

つるの　しかもみんな怖いくらい変わってないじゃん。もう気持ち悪いもん。なんでこんなに変わってないんだろうって。『ガンディーン』では北浦（嗣巳）監督に会ったんだけど、むしろ若返ってて怖かったよ（笑）。

八木　つるのさんも変わってないと思うんですけど、後輩からは貫禄があると見える。そういうことなんですね。

つるの　僕は変わったよ。5人の子どもを抱いてきたから当時とは体の作りが全然違うわけよ。背負っているものも全然違うしね。

八木　もう、人生の大先輩ですね。
つるの　こんなことだったら朝まで話せるね。ところでシトロエンはまだ乗っているんですか？
八木　『ダイナ』に登場するリョウ隊員のクルマ、２ＣＶですよね。思い出いっぱいのクルマですからちゃんと整備して乗っていますよ。
つるの　すごいね。素晴らしいじゃない。
八木　あれは手放すことはないですね。埼玉にあるシトロエンの名人の店で見てもらっているので今でも調子はいいですし。
つるの　２ＣＶは劇用車だったし懐かしいな。実はあの後で僕は、乗り心地がよすぎてボッパーを買ったんだよね。ホンダのＣＲ-Ｖです。
八木　ああ、ボッパーはよかったですよね。
つるの　そうそう、乗り心地がよかったじゃない？
八木　クルマは愛着がわいてしまいますよね。しかし今でも『ダイナ』を見たら自分の愛車が出てくるわけですよ。撮影のときは買って6年くらいだったのでピカピカなんです。あれから25年経っているからさすがにちょっとボロくなってきていますけど、「あ、こんなに綺麗だったんだな」っていう感動がある。映像に残しておくのはいいことだなって思いました。
つるの　当時のクルマに今でも乗ってるっていうのはすごい。ちなみに僕は私生活ではめちゃめちゃライダーなんだけど、22年乗っているバイクがあるんだよね。ドゥカッティの４００ｃｃで、これは奥さんを後ろに乗せてプロポーズしたバイクだからゆくゆくは息子に渡そうと思っています。だからピカピカにしてガレージに置いてあるんですよ。

八木　それも素晴らしい話ですね。

**肩書は「アスカ・シン」**

八木　では最後に、今の段階でのつるのさんのアスカへの思いを聞かせていただけますか？

つるの　やっぱり僕の人生自体がアスカだと思っています。僕は自分で自分の肩書を決めるのが好きじゃないし、俳優やミュージシャンなどいろいろなことをやっているから肩書って一番困るんですよね。確定申告でもいつもどうしようかなって悩んでいて、「つるの剛士」って書くのも変だしなって。

八木　確かに「つるの剛士」だと税務署の人には通じないかもしれないですね（笑）。

つるの　そんな感じでいろいろやっている中で、実は今は幼稚園の先生と保育士の資格を取るために短大に通っているんです。

八木　木之元さんから伺って感動したんですけど、つるのさんは保育園・幼稚園を作りたいと思われているんですよね。

つるの　自分の園を作りたいと思っているんだけど、変身できる幼稚園の先生って唯一無二じゃない？　まあ子ども関係もいろいろやらせてもらってきたし、「つるちゃんマンランド」を作りたいというのは昔からの夢だったんです。ただまさかこういう形になるとは全然思っていなくて、時代の流れでこういう形に落ち着いてきたんですね。だからアスカもそうだけど、あまりなにかにとらわれることなくずっと飛び続けて、その場その場で「あ、これだな」と思ったものに挑戦していきたいですね。そうやって夢を持ち続けることがアスカをずっと応援してくださる皆さんへの答え、僕なりの答えだと思っています。アスカっていうゆるぎないキャラクターが僕の中にあって、「つるのさんはこんなことで頑張っている、すごい」とか「あんなことできてすごい」とか、常に夢を持たせるような存在でいたいなと思っています。

**八木**　素晴らしいですね。

**つるの**　だから結局は僕自身が1人の人間としてどう生きるかが大切なのかなと思っています。それはアスカに教えてもらったことなので。

**八木**　そうしたらつるのさんの肩書は「アスカ・シン」じゃないですか？

**つるの**　そうなんですよ。税務署でそう書いてもやっぱりピンとはこないでしょうけど、肩書が「アスカ・シン」っていいですよね。

# 布川敏和

Toshikazu Fukawa | Actor

## スーパーGUTSは本気で怪獣と戦って地球を救っていた

布川敏和氏が演じたのはコウダ・トシユキ隊員。後に副隊長に昇進しスーパーGUTSの大番頭として活躍していくことになるが、普段はコミカルな面も見せる気さくな兄貴分だ。幼少期からの『ウルトラ』ファンで初代『ウルトラマン』とはタメ年？の布川氏が『ウルトラマンダイナ』に出演するまでには不思議な縁があったようだ。撮影時のエピソードはもちろん、『ダイナ』への道と『ダイナ』からの道についてもお話を伺った。

聞き手：八木毅

### 東宝ビルトは絶好の虫捕りポイントだった

八木　布川さんは『ダイナ』撮影中もよくお子さんを連れて東宝ビルトに遊びにいらしていましたよね。

布川　家から近いからね。歩いていけるところに撮影所があってそれはすごく運がよかった。

八木　後に『ULTRASEVEN X』（07）を撮っているときも遊びにきてくださって。

布川　それはウルトラセブンに会いたかったから（笑）。一緒に写真を撮りたくて「今日、特撮やってる？」なんて言って遊びに行ってましたね。

八木　そんな感じで『ウルトラ』をお好きなのは分かっていたのですが、まずは布川さんにとっての『ウルトラマンシリーズ』についてあらためて教えていただけますか？

布川　僕は1965年生まれだから初代『ウルトラマン』とは同い年。放送自体は1966年だけど企画が生まれたのは65年でしょう、だからタメなんです。同い年だから『ウルトラマン』、『ウルトラセブン』、『帰ってきたウルトラマン』（71-72）の全部をリアルタイムで見ているわけじゃないけど、幼稚園～小学校に再放送で一気に見ているドンピシャ世代ということですね。子どものころを振り返ると、日本中の男の子はウルトラマンがいて当たり前の世界に育っている。生活の中に当たり前にウルトラマンがいたんだよね。だけど中学校とかになってもウルトラマンという存在は消えていなかった。ウルトラマンという日本のヒーローが常にあって、なにかといえばウルトラマンで育っている。好きな方だったからもちろんソフビも全部持っているし。

八木　かなりお好きだったんですね。

布川　風呂場までソフビを持って入って怪獣ごっこを1人でやっていたしね。今でも覚えているけど、小学校低学年のころにエレキングとミクラスで遊んでいたんだよね。お父さんが体を洗っているときに、洗面器に泡をわーって立てて戦わせていたの。そうしたら昔の風呂だから排気用の煙突が風呂場にあったんだけど、そこに手が当たっちゃって大やけど。今でもまだ跡があるくらいだよ。まあ、風呂の中で夢中に遊ぶくらいは好きだったね。

八木　エレキングとミクラスは実際に『セブン』で戦っていますから好きさが伝わってきますね。

布川　それを再現していたんだろうね（笑）。そんな感じで怪獣がどこで出てきたかということも詳しいわけ。そういうことで、リアルタイムではなかったけれど『ウルトラマン』の最初からの歴史をたどっている。それでシブがき隊をやり、その後に役者になり、結婚して子どもも生まれて引っ越すとなったら、その家がなんとビルトの近くだっ

コウダ・トシユキ副隊長。スーパーGUTSをまとめる熱血漢でありつつも情にもろい優秀な作戦家

た（笑）。シブがき隊のときに『噂のポテトボーイ』（83-84）っていう東宝の30分ものドラマを連続でやっていたのね。それで撮影だっていうことで六本木からワゴン車に乗せられて毎日ビルトまで連れていかれていたの。クルマの中で1回寝れるくらいだから、当時はやたら遠い撮影所だなって思っていたんだけどさ。

**八木**　しかも六本木から来たらなんにもない場所だなって思いますよね。

**布川**　なんて田舎に連れてこられたんだって（笑）。道は狭いしさ。まあとにかく当時は半年くらいビルトに通っていたから、引っ越してからは「ここはパパがよく撮影に来ていた場所なんだよ」って子どもと一緒に遊びに行ったりしていて。

**八木**　のどかでいい話ですね。

**布川**　上に登っていくとオープンセットがあって、あそこにはカマキリとかタマムシとか虫がいっぱいいたんだよね。東京でタマムシなんてなかなか珍しいから、よく捕りに行っていました。ビルトにはタヌキもいたし猫もいたし、一般の人が入ってこないから手つかずの自然が残っていたいいポイントだったんだよね。

## 『ダイナ』出演への2つの伏線

**八木**　ビルトの入口には警備員さんもいましたけど、特にチェックされるわけでもなかったしゆるかったですよね。

**布川**　「こんちは〜」「ああ、ふっくん。お散歩？」「ちょっと虫を捕りに」っていう感じ（笑）。それでしょっちゅう遊んでいたんだけど、ある日行ったら知っている照明部の人がいて、「今『ウルトラマン』を撮ってるから見ていけば？」って言うわけ。でもその当時テレビで『ウルトラマン』はやっていなかったから「え？」って思ったんだけど、「『ウルトラマンティガ』っていうのがまた始まるんだよ」って。そうしたらプレハブのスタッフルームにポスターが貼ってあって、「これかー」って。それで『ティガ』の撮影を見せてもらったというのが、平成三部作との最初の出会いだった。「またいつでも遊びにおいでよ」なんて感じでスタッフの皆さんにもよくしていただいて、ウルトラマンにも会わせていただいて。

**八木** 僕は本編の方にはいたんですけど、そんなことがあったんですね。

**布川** それでよく遊びに行くようになったというのが1つ。あとはね、いつものガソリンスタンドにガソリンを入れに行ったら「○月×日にウルトラマンゼアスとベンゼン星人が来ます!」っていうポスターが貼ってあって。とんねるずとは友達だったから映画をやっているのは知っていたんだけど、ゼアスが来るというのでわざわざその日にガソリンを入れに行ってさ(笑)。ガソリンを入れた人には握手をしてくれますみたいなことで、まあ子どもたちはベンゼン星人を怖がっていたけど(笑)。

**八木** 『ダイナ』の前にそういう接近遭遇があったんですね(笑)。

**布川** そんなことがあって会社に『ダイナ』のオファーがあったから、「やるやる!」「最高!」って二つ返事で即答しましたね。「でも1年間ですよ?」「全然やる!」って(笑)。子どもも2歳から『ウルトラマン』を大好きだったし、自分としても子どものときから見てきたウルトラ警備隊の一員になれるんだっていう喜びったらなかったよ。もちろん俳優をやっててよかったっていうのもあるけど、それを通り越して小さかったころの夢がかなったような感じだった。後で知ったことですけど、ゼアスが来たガソリンスタンドは当時の社長の(円谷)一夫さんもお使いのところだったのね。そんなわけで一夫さんの耳に「ふっくんが『ティガ』の撮影をよく見に来ている」「ふっくんがガソリンスタンドにも来た」という話が入ったらしいんだよね。そういう経緯もあったみたい。

## 特殊車両に乗るのはやっぱり楽しい

八木　一夫さんもクルマが好きですし布川さんもお好きですよね。

布川　一夫さんはアルファ・ロメオのスパイダーに乗ってたよね。

八木　シルバーのスパイダーですね。

布川　ヤギちゃんのシトロエンも特殊だし一夫さんはスパイダーのオープン。要はその辺のセンスだよね。ヤギちゃんの2CVなんて樹木希林さんかヤギちゃんかっていうくらいのものだから（笑）。僕もクルマは好きだし、一夫さんは劇用車もこだわっているじゃない？　お金をかけて作っているよね。

八木　ゼレットがホンダのプレリュードでボッパーはCR‐Vなんですけど、だいぶ改造しているからちょっと分からないですよね。

布川　ゼレットってプレリュードだったのか！　マークもないし分かりづらいね（笑）。『ダイナ』でもお金をかけて作っていたけど、今から考えると『ウルトラセブン』だってすごいじゃない。

八木　ポインターはクライスラーのインペリアルらしいですね。

布川　NHKの『私が愛したウルトラセブン』（93）でウルトラ警備隊のソガ隊員の役をやったことがあるんだけど、そのときはNHKが薄い板を使って国産車を改造してポインターを再現したんだよね。綺麗に作っているんだけど、後ろが長いから排気ガスがクルマの中に入ってきちゃうの。だから運転していると窓を開けないと死んじゃう（笑）、長い間は運転できないというものでした。でも乗れてうれしかったな。『ダイナ』ではゼレットにはあまり乗れなくて主にアスカかリョウが乗っていたよね。コウダ副隊長はボッパーでした。

八木　ボッパーの乗り心地はいかがでした？

布川　公道じゃない敷地内を結構運転したけど、こういう特殊車両に乗るのはやっぱり楽しいよね。あれだけ変えているんだからすごいよ。撮影のときには「ここまでこだわっているのか！」って思ってましたね。レーダーとか大砲（バウンティ砲）も付いているし、『西部警察』（79-84）だってここまで改造しないじゃない（笑）。

八木　もとの状態が分からないくらいですからね。

布川　そうだよね。あとは乗り物といえば飛行機！　ガッツイーグル、これは乗ったね。コックピットの撮影だけでだいたい1日かかったんじゃないかな？　2話分の発進、発射や墜落なんかのいろんなパターンを全部撮っていくから、飛行機の日はみんながまる1日飛行機。しかも3機あるから大変だったよね。でもあれだけの時間をかけて撮ったというのは、隊員たちもそうだしヤギちゃんたちスタッフもそうだけど他のドラマとは違う絆が生まれるよね。それだけ密に1年間やってたんだなって。あと俳優部はもちろん、どのセクションでもみんな「いいものを作ろう」と思っている人たちの集まりだったよね。「THE仕事」じゃないっていうか。もちろん仕事は仕事なんだけど、「いい1本を作りたい」ということに全部の人が情熱をかけているからすごいことになったんだと思う。

八木　本当にそうですね。

布川　しかもビデオじゃなくてフィルムだから時間がかかるんですよ。フィルムでドラマを撮るなんて最後の最後だったんじゃないかな。それでまたちょっと思い出に残っていると思うんだよね。やっぱり「撮影してる感」があったしビデオとは全然違うから。一方で時代的にはCGも入ってきて、演じているときには想像もできなかった出来上がりになっている。コックピットなんてベニヤ板に銀を塗ったもので、なんのボタンだか分からないものがいっぱい付いている（笑）。それで「あ〜！」とか言って墜落する芝居をしてるんだけど、オンエアを見るとちゃんと操縦しているわけ。ミサイルを撃ったり、怪獣にやられたり、怪獣に食べられちゃったりもするんだけど（笑）、そういうのは面白いよね。海の中もあれば火星もある。自分がその世界の中で活躍しているのは一生の宝ものっていう感じがしますね。それにスーパーＧＵＴＳの人たちは本気で怪獣と戦って地球を救っている感があったのよ。なんか本気なんだよね。

八木　本当にスーパーＧＵＴＳは素晴らしかったです。大好きです。

布川　みんなすごく本気だし特に隊長はガチだからね（笑）。だから光線銃を撃つのでも本気で真剣に撃っていた。実際の撮影では火薬なんか出ないし怪獣もいないからかっこ悪いんだけどね。

八木　音も出ないけど皆さん真剣でした。

布川　「ビー」なんて音もしないから、あんまりギャラリーが多いとちょっと恥ずかしい（笑）。2メートルくらいの棒に怪獣の顔の写真を付けて「ここが目線です」ってやるんだけど、みんな真剣にイメージしてやっていたよ。でも周りのギャラリーはちょっと引くよね。

八木　そこがいいところですよね。客観的に見たら怪獣がいないから引くようなシチュエーションでも、全員で大真面目にやっていたわけです。

布川　スタッフはもちろん、役者もみんな本気でやっていた。僕は刑事ものなんかも結構やっているけど、犯人に発砲する場合は人間対人間の戦いじゃない。それを通り越して怪獣とか宇宙人が相手だから、これはもう本気で殺されちゃうかもしれないわけ（笑）。食べられちゃうかもしれないヤツが相手なんだから、この芝居は結構すごい芝居だった。気持ちはよかったけどね。

八木　普通ではあり得ないことですからね（笑）。

布川　たまに人間サイズの宇宙人とか出てきて戦ったりもしたんだけど半魚人みたいなのがいたじゃない？

八木　「移動要塞《クラーコフ》浮上せず！・前後編」（25〜26話）のディゴンですね。

布川　基地に入ってきちゃってさ。それで戦うわけだけどあの半魚人は俺の首を本気で締めたんだよ（笑）。

八木　本当ですか？　アクションだったらそもそも触れないくらいですけど、熱くなっちゃったんですかね。

布川　首をグーって締められる芝居であいつは本気で締めてきた。もう、死にそうになったもん。カットがかかったら蹴りを入れようかと思ったくらいだよ（笑）。

八木　普通は殴っていても振りだけで当てていないし、本気で力を入れないですよね。

布川　半魚人が3〜4人出てくるんだけど、俺と戦ったヤツは本気で締めてきた。ひどいよね（笑）。なんか恨みでもあったのかなって。本当に焦ったよ。今でも覚えている。

八木　まあ恨みなんてあるわけないですけど（笑）、素人さんですかっていう話ですね。

## 1人で辛いときでも『ダイナ』を見返すとパワーが湧いてくる

布川　オンエアを見るのも楽しみだったけど、スタッフルームで編集が終わった完パケのビデオを見るのも楽しみだったな。あれはみんなで見ていたからね。

八木　タイムコード入りのやつですよね。

布川　それを休憩時間に見せてくれたんだよね。1ヵ月くらい前に撮影していたのをみんなで見るんだから、これは楽しかったな。

八木　当時はブラウン管で16インチくらいの小さいテレビでしたね。

布川　それでも全然よかった。あとは撮影が終わって、土曜日の6時からビールを飲みながら子どもたちとオンエア

ボッパーの側でガッツブラスターを構えるコウダ副隊長。決まっています。場所は東宝ビルトオープン。「君を想う力」より

を見る。お父さんの活躍を家族で見るわけだからパパの株が上がったね。これが一番だったかもしれない（笑）。仕事は仕事だって子どももある程度は分かっているんだけど、本当にスーパーGUTSかもしれないとも思っているわけ。しかも隊員服のまま家に帰ることもあったじゃない？　この隊員服さえ着ていれば絶対に負けない。ウルトラマンキングからパワーをもらっているから。この靴だってスーパーGUTSのだからすごく速く走れるんだよって言ったりして。そういうのを純真に信じていたよね。たぶんそんなことをやっていたから、うちの息子は役者になっちゃったんだよね。お父さんの仕事は面白そうだって思ったんじゃない？　後からどんどんバレていくんだけどさ（笑）。

八木　『ダイナ』はご家族にまで影響を及ぼしているんですね。

布川　だから『ダイナ』は一生ものだと思うよ。終わって10年経ったくらいでスーパーGUTSのメンバーと話したんだけど、やっぱり終わってからもいろいろあるじゃない。でも1人で辛いときでも『ダイナ』を見返すとパワーが湧いてくる。すごく頑張ろうっていう気になれる不思議な効果があるんだよね。これは他の隊員も「辛いときにたまに見るんだよね」って言っていて。そういう作品ってなかなかないけど、やっぱり当時一生懸命にやっていたからこそなんだろうなって思います。

八木　素晴らしいですね。

布川　演じていたのが自分たちで分かっているのにその作品を見て勇気が湧くっていうんだから、ファンとか子どもたちはすごく勇気が湧くんじゃないかな？　『ダイナ』はそういうパワーと魅力がある作品なんだと思う。

## 副隊長への昇進はリアルにうれしかったね

八木　コウダ隊員は途中から副隊長に昇進するわけですがその辺はいかがでした？

布川　隊長の次に年長者だったっていうのもあるけど、台本をもらって「ええ？　副隊長になるのか！」って思ったのを覚えている。リアルに昇進したみたいですごくうれしかったね。普通に会社員が出世するみたいでさ（笑）。

八木　すごく重い役職ですから責任重大ですよ。

布川　自分が副隊長になるなんて少しも思ってなかったけどね。「決断の時」（34話）で隊長が怪獣に食べられちゃったじゃない（笑）。これがまたレーザーが効かない怪獣で飛行機が近づくこともできない。これはどうしたもんかってなるんだけど、コウダ隊員が「みんな、俺が行ってくるから」みたいなことを言って命をかけてグライダーで飛んでいく。それで怪獣の近くまで行って、コックピットの窓を開けてバズーカ砲で狙ったんだよね。

八木　かっこいいですよね。

布川　隊長を助けるために命を張った。でもその後には隊長に「バカモーン」「命を張ってやるんじゃない」って怒られてしまう。「ただし、責任を持って行動したから今日から副隊長だ」っていうね。もううれしくて泣きそうになったよ。それで隊員がクラッカーをパンパン！ってやって「おめでとう副隊長！」。そうやって明るく終わるのが『ダイナ』のいいところで、子どもたちもそこが好きだったんだと思うな。隊長がよく言う「『ダイナ』は元気で、スーパーGUTSは馬鹿な冒険野郎」っていうのがよく出ている。あれはいい話で、泣こうと思えば泣ける芝居だったね。

八木　作戦において1人の命とみんなの命という究極の選択を迫られたらどうするんだっていう問答が最初にあって、コウダが「両方助けます」と答えるじゃないですか。緻密なんだけど優しさが出ていて素晴らしいですね。

布川　あれはいいホンだったよ。なかなかああいう感動的な話は書けるものじゃないだろうにね。感動って難しいけど、それが『ウルトラマン』の中にはあるんだよね。もちろんウルトラマンが出てきて怪獣と戦うのもメインだけど、その前に人間模様が1話1話全部にあるわけじゃない。これはすごいなと思うよ。『ダイナ』なんて1年で51本もあるんだから。
**八木** 本当にいろいろな話が万華鏡のように詰まっていますよね。
**布川** どれを見ても本気で人間ドラマを描いているからこんなに残るんじゃないかなって思うんだよね。「少年宇宙人」(20話)では泣きそうになるし、ほのぼのとしてよかったのは「遥かなるバオーン」(8話)かな。催眠怪獣バオーンはインパクトがあったよね。ほのぼのしすぎて(笑)。別に怪獣が暴れるわけでもなくて鳴くとみんな寝ちゃうっていうね。
**八木** のんびりした味わいがあってよかったですよね。
**布川** ロケの撮影で村みたいなところに行ったじゃない?
**八木** あれは神奈川と多摩地区ですね。
**布川** そうなんだ? すごい田舎に行ったのかと思っていたけど。農家の人とかいっぱい出てきて、全員役者なんだけど村みたいなのを作ってね。
**八木** 村の人たちがスーパーGUTSを歓待してくれるシーンはビルトのオープンにセッティングしましたね。
**布川** テントなんかを張った夜のシーンだ。結局、バオーンは宇宙に戻したんだよね。すごくいい話だなと思った。
**八木** でもみんな本当に真剣でしたよね。『ダイナ』のメンバーも明るく楽しくはやっていましたけど真剣そのものでした。
**布川** スーパーGUTSといえば明るく楽しくて、怪獣をやっつけたり事件が起きたりする前はちょっとすっとぼけた感じ。台本上でも馬鹿話をしているじゃない? それがあったから俺らはちょっとした休憩時間もそのままの調子でしゃべれた。待っているときなんかは、みんな椅子を持ってきて円を作ってさ。だから待ち時間も含めて楽しかったよね。待ちがあるのは役者とメイクさんくらいだけどさ。

**八木**　そうですね。われわれは次の撮影の準備をしていますから。

**布川**　他の人は全員準備で、呼ばれるまで役者の馬鹿話が続くわけ。夜中だろうがね（笑）。で、そのままパッと真剣な演技ができるんだけど、これはキャラクターが崩れないからこそだよね。

**八木**　『ダイナ』ではキャラクターと本人が一緒だったと皆さんおっしゃいますね。

**布川**　本当にそうだよね。最初にキャラクター分けはされていたんだろうけど、スタッフもだんだん俺らの感じとか役割分担が分かってきていろいろ変わっていった。撮影以外のところでも付き合いがあったりして、制作の人も役者同士の人間関係を見ているわけじゃない。それで次はどういう感じにしようって、それぞれのキャラクターがどんどん引き立っていったんだろうね。

## 『ダイナ』は一生のものなんだよ

**八木**　では25年経ってみて『ダイナ』について思うことを伺わせてください。

**布川**　『ダイナ』という作品については1話1話が全部思い出に残っているというか……。1話1話が全部いい話だったり、感動する話だったり、しっかり作られているじゃない。あとはスーパーGUTSのメンバーはもちろんそうなんだけど、スタッフも全員が真剣にいい作品を作ろうとしていた。それはイコール、地球を守ろうということなんだよね。真剣にお芝居をして、全員が真剣に取り組んで1本ずつ作ってそれが51本になっている。だから携わった自分が振り返ってみるとあの1年間は全部本気でやっていた熱い人たちの集まりで、だからこそ地球を守ることができたんだと思います。それは『ウルトラマン』のテーマでもあるしね。

八木　みんなで一生懸命に作ったからこそ地球を守ることができた。素晴らしいですね。

布川　今でも「ふっくん、サインください」「スーパーGUTSのコウダ隊員だ！」っていうのが続いているから、これは真剣にやっていたからこそだと思うね。オンエアが始まったのはうちの子が5歳のときだったんだけど、幼稚園の送り迎えをしていて「シュンちゃんパパ！」なんて言われていたのが、放送が始まったら「シュンちゃんパパはスーパーGUTSだ！」と（笑）。幼稚園中がひっくり返ってしまったわけ。みんなブワーって寄ってきて「ラジャー！」って（笑）。そこからはもう、こっちもスーパーGUTSになっちゃうわけ。子どもたちの夢を壊しちゃいけないし、ちゃんとしなきゃって思ってね。

八木　そこはとても大事ですよね。

布川　アスカはもちろんどこに行ったってそういうことじゃない。ウルトラマンに変身する人って、これは人生変わってしまうよね。でも隊員も同じでさ、やっぱり毒蝮三太夫（当時は石井伊吉）さんって『ウルトラマン』『ウルトラセブン』の隊員のイメージだもんね。だから今でも地球を守っているんだしさ。

八木　ムナカタ副隊長役の大滝（明利）さんは『ティガ』に出演が決まったときに満田穧《かずほ》監督に「人生が変わるけどいいのか?」と言われたそうですね。

布川　やっぱりそうだよね。前に撮影で中国に行ったことがあって、日本人は2人だけで周りはみんな中国人スタッフということがあったのね。上海のレストランを借りて撮影していたんだけど、助監督さんも圧が強くて怖いんだよ。「日本人のタレントが来たのか」みたいな感じで構えられてさ。それでチーフ助監督が来て「お前、タバコを吸いたくないか?」って言うわけ。「あ、今はいいです」「まあ来いよ、タバコを吸えるところがあるから」なんていうやり取りがあって喫煙所に行くことになって、通訳の女の子は「お前はいい」とか言われて2人きりなわけ。まあこれで仲よくなれればいいかなって思っていたら、「奥特曼（オウートーマン）！ 奥特曼（オウートーマン）！」「見てる！」って言ってくるわけ。最初は分からなかったけど、俺に「『ウルトラマン』を見てるよ」って言いたかったから喫煙所に誘い出したんだよね。現場では突っ張ってないといけないけど、『ウルトラ』ファンのアピールはしたかった。可愛いよね（笑）。

**八木** 強面で警戒していたら実はファンだった。

**布川** びっくりしたけどいい話でしょう。だから俺も地球を守っているということなんだよね。

**八木** いいですね。やっぱりこういう話をお聞きしているとスーパーGUTSの活躍をまた見たくなります。布川さん、今『ダイナ』を作るとしたらどんな作品がいいですか。

**布川** 前向きなのがいいよね。わが家にも子どもがいるじゃない。アスカにも子どもがたくさんいるし。まりやもそう。例えばそんなリアルな第2世代、そして全く新しい世代の役者たちもたくさん入れた新しい作品ができたらいいな。だから〝つなぐ〟っていうことだよね。新しい『ウルトラマンダイナ』を作って、この『ウルトラマン』の炎は絶やさないということ。

**八木** いいですね。

**布川** 『ウルトラマン』の炎は熱すぎるじゃん。シブがき隊くらいに熱すぎるんだから。ヤギちゃん、それをやってよ。

**八木** それは本当にやりたいです。

**布川** 『ダイナ』は一生のものなんだよ。そしてこれは俺たちの孫や曾孫、玄孫の代になっても見られていると思うんだ。だからそんな『ウルトラマンダイナ』をまたみんなで作りたいね。

# 斉藤りさ

Risa Saito | Actor

## 役の中で成長できるっていうのは人間として素晴らしいと思います

スーパーGUTSのエースパイロット、ユミムラ・リョウを演じるのは斉藤りさ氏。破天荒な新人隊員のアスカとは最悪の出会いをはたすのだが、いつしか2人は惹かれ合っていくことになる。そんな硬軟取り混ぜた要素を縦軸にしつつ、同僚や妹分であるマイとの関係も細やかに描かれていくのが『ウルトラマンダイナ』の魅力でもある。当時の撮影の様子を、斉藤氏にじっくり伺うことができた。

聞き手：八木毅

### リョウちゃんはいい子なんです

八木　『ダイナ』のヒロイン、斉藤さんと久しぶりにお話しできるのはとてもうれしいです。

斉藤　「ヒロインなのか問題」っていうのはずっとあったけど（笑）、まあ最終的にはヒロインということでいいのかな？

八木　でも斉藤さんはそもそもヒロインとしてオファーされたんじゃないですか？

斉藤　最初と最後は結局そういう風になったけど、間ではマイとどっちにしようかという感じがあったみたいですね。

長谷川圭一（脚本）さんにトークイベントでお話を伺ったときにも確か、「どっちにいこうかな～っていう時期もあったけど、やっぱりアスカはリョウだよね」ということで自然にそっちに流れていったというようなことだったから。

**八木** 当時はセカンド助監督だったので、僕は現場のことは分かるんですけど脚本づくりには参加していないんです。だからその辺のことは分からないんですけど、そういうことがあったんですね。

**斉藤** 小中和哉監督、長谷川さんとイベントで話したときに出てきたことですけどね。

**八木** では子ども番組、ヒーロー番組ってちょっと特殊なところがありますけど、撮影前にはどんなことを思われていました？

**斉藤** それでいうとまずは、私はいわゆるセクシー系タレントだったから「いいのかな？」っていうのはあったんですよね。形だけみたいなオーディションだったけど、それでよしとしてくださったから私も事務所も「いいんだろうな」とは受け止めていましたけど。だけど番組を見るのが子どもとそのお父さんお母さんですから、ちょっと申し訳ないなっていう感じはありました（笑）。

**八木** 現場は全然そんなことは考えていなかったですよ。

**斉藤** そうですか（笑）。でも、決まったのはすごくうれしかったですよ。

**八木** オーディションで印象的だったことはなにかありますか？

**斉藤** オーディションみたいな形でやったときに、つるちゃん（つるの剛士）と一緒だったんですよ。それで読み合わせをしたのがほぼほぼ本原稿で、多少の直しはあったけど第1話「新たなる光（前編）」の脚本でした。その1枚くらいの中で、「あ、こういう女の人なんだ」っていうような印象は持っていたんです。だから現場に入っていろいろ話し合いをする前に、自分で「こんな感じだろうな」っていうのは作っていましたけどね。

八木　それは具体的にはどんな感じだったんですか？

斉藤　負けん気が強くて男勝りでちょっと生意気だけど、実は涙もろいみたいな感じですね。

八木　そこは重要ですよね。リョウっていい子なんですよ。

斉藤　そう、リョウちゃんはいい子なんですよ。そしてアスカやチームのみんなと出会って、だんだん尖りが弱くなっていくっていう（笑）。途中ではだいぶ女の子寄りになっていっちゃって、「これでいいのかな？」「でも、そういう風になっているのが自然な気もするな」なんて自問自答する時期もありましたね。アスカと女子校に行く回（18話「闇を呼ぶ少女たち」）での、クルマの中のアスカとのやりとりなんかはかなり女子でした。

八木　この辺ですでに女子っぽい感じになっていたんですね。でもそういう話は斉藤さんともしていた記憶があります。まだ25～26話「移動要塞《クラーコフ》浮上せず！・前後編」の前で、どういう方向に行くんだろうかっていう話をしていましたよね。

斉藤　小中監督にもちょっと相談したのかな。そうしたら「あんまり考えすぎなくていいよ」って言われました。基本的にはヒーロー番組だからそこまで深い内面を追求しないでもいいって。これはもちろん子ども番組だから適当でいいっていう意味ではないですけど。「今、アスカのことをだいぶ好きになっちゃっているのかな。そっちで行った方がいいのかな、どうなんだろう？」なんて思っていて。スーパーGUTSは実際にみんな本当に仲がよかったから仲間感も出てきて余計にね。もうキンキンっていう感じより、ちょっと女の子の感じになっていった。これはリョウちゃんじゃないのかなって迷った時期は若干ありましたね。

八木　クランクインでの印象はいかがでした？

斉藤　最初からいきなり海でのロケみたいな感じだったから、東宝ビルトにセットがあって「ここで始まるんだ」っていう感じじゃなかった気がしますね。ただ覚えているのはとにかく『ティガ』の呪縛がすごかった。私たちが勝手に思い込んでいたのもありますけど、「負けないぞ！」っていう感じはあったんだと思う（笑）。

**八木**　シリーズの前作ですからどうしても比較されてしまいますよね。僕は個人的には『ダイナ』が好きだったので楽しくやっていましたし、比較することはなかったんですけど。

**斉藤**　最初のころはそういう印象が強かったですね。だから「比べられないように！」って思っていました。

## 懐かしの東宝ビルト

**八木**　最初は多少比較されたというのがあったかもしれませんが、スタッフも僕は『ダイナ』では本当に楽しくやっていました。東宝ビルトの司令室に斉藤さんや皆さんが入って来られると司令室がパーッと明るくなる。それで楽しく撮影をしていたというイメージがあります。

**斉藤**　本当に仲がよかったですからね。あと思うのは、ストレートで分かりやすいし、楽しいし笑う場所もあるから、子どもには受けがよかったですよね。『ウルトラマンシリーズ』って歴代そうなんでしょうけど、大人が好きな『ウルトラマン』と本来の『ウルトラマン』の役割みたいなものがあって。『ウルトラセブン』が好きな人は絶対に『ティガ』が好きじゃないですか。でも『ダイナ』は子どもに喜んでもらっているからいいんだよって慰め合ったりしてね（笑）。

**八木**　本来の目的として、ということですね。でも実際は『ダイナ』は子どもだけではなくて、みんなが楽しく見てくれていたと思います。ただ一方で確かにファミリー向けではありましたから、そういう意味では『ダイナ』は健全で親も一緒に楽しめる作品だった。

ユミムラ・リョウ。スーパーGUTSのエースパイロット。男勝りで毅然とした人物。アスカと出逢い、いつしか惹かれていく

斉藤　本当にそうだと思います。でも東宝ビルトがもうないなんて信じられないですね。あのタヌキとかどこに行っちゃったんでしょうね。

八木　東宝ビルトにはいろいろな動物が住んでいましたけど、あのタヌキは親子でいたんですよね。

斉藤　そうそう。ふっくん（布川敏和）のお子さんがビルトでタヌキを見て、すごい喜んだっていうこともあったりして。

八木　あるときタヌキが一瞬いなくなって、そうしたらビルトの食堂でたくさん肉が入ったメニューが出てきたことがあるんです。それで「これはなんの肉なんだ？」って話題になったんですけど（笑）。

斉藤　一体なんの話なの？（笑）。でもビルトは楽しかったな。あのころ、ヤギッチはクルマで通ってたんだっけ？

八木　そうなんです。セカンド助監督のくせに生意気にもシトロエンで通勤していました。あれはリョウのクルマでもあったんですけど。

斉藤　もちろん覚えていますよ。リョウのクルマという設定だった水色の2CV。私はクルマが好きなので実際に運転させてもらいました。「人に乗られるのは嫌だろうな」とは思いましたけど。

八木　いえいえ、全然平気でしたよ。

斉藤　当時も「人に乗られるのは嫌だろうけどごめんね」って言ったらヤギッチは「全然」って言っていた。「映るからうれしいです」って（笑）。

八木　そういう斉藤さんは赤くて可愛いミニに乗っていらしていましたよね。今と違ってゆるい時代というか、僕がクルマで通っても全然問題になりませんでした。高級住宅街ですけど土地が余っていたんですかね。

斉藤　確かに撮影所は車両の申請みたいなものはなんにもなかったよね。普通に砂利が敷いてあって青空駐車（笑）。

守衛さんはいたけど全然フリーパスで。あの雰囲気は懐かしいなあ。
八木　駐車スペースにもそんなにクルマが停まっているわけでもないしゆるい空間でしたね。守衛所の先の左側が食堂で、その先には特撮と本編のスタッフルームがありました。
斉藤　スタッフルームにはよく行ってビデオとかを見せてもらいましたね。突き当りには5スタがあって特撮の撮影をしていて、ジオラマがあったりして可愛いからよく見に行ってましたね。
八木　そして坂を登っていくと両側に1、2、3スタがあって、司令室なんかもここ1スタにありました。
斉藤　懐かしいですね。夏場はとにかくスーツが暑いし、上下で分かれていないツナギだから脱ぐのも大変で。だから夏場の撮影では、スタジオを出てきて坂のところで（小野寺）丈さんのスーツをみんなで脱がせていたのはよく覚えていますね。ピッタリに作ってあるから1人じゃ脱ぎづらいし、丈さんはどんどん大きくなっていくしで（笑）。
八木　スタジオの中も夏だとあんまりクーラーが効かなくなるんですよね。だからダクトをなるべくいい角度にしたりしてしのいでいました。それから本番以外では、役者さんがライティングとかカメラのセッティングを待っている間にメイクさんと一緒にウチワで扇ぐのもセカンド助監督の仕事でした。
斉藤　スタジオの中も暑かったからみんな必ずやってもらってましたよね。
八木　もちろんロケでも扇ぐのですが、いろいろお話ができますからウチワ係は楽しかったです（笑）。

**最後の司令室のシーンにアスカはもういない**

八木　ロケにもたくさん行きましたけど、印象的な出来事ってありましたか？
斉藤　たまプラーザなんかは撮影でよく行ったじゃないですか。ああいうところで子どもがいたりすると、つるちゃんが必ず窓を開けて手を振ったり、外に出て行ったりして相手をしていたのね。偉いなって思って見ていました。ふっくんも「偉いな〜」って。もちろん私も一緒に出ていったりはしましたけど、つるちゃんは積極的でした。

八木　子どもたちの反応はやっぱりビビッドですよね。

斉藤　すごく喜んでくれましたよね。

八木　『ウルトラ』をやっていると子どもの目線がすごく気になりませんか？　子どもたちが寄ってきたらリョウとして接しないといけないわけですから。

斉藤　それはすごく思いました。普段はつるちゃんとの会話も「ま〜たりっちゃんがなんか言ってるよ」って言われるような感じだったんですよ。だから全然リョウちゃんじゃないんです。でもそういうやりとりを、ロケでギャラリーがいるようなときは見せちゃいけないなって思ったことは覚えていますね。ユミムラ・リョウは「てへ！」なんて言う感じじゃないわけですから（笑）。「ま〜たなにやってるんだよ」なんて言われたらパンチするくらいの性格じゃないですか？　やっぱりそこはイメージを考えないとまずいなって。

八木　それで思い出したんですけど、スーパーGUTSの隊員って本当にみんな切り替えがすごく速いですよね。ロケでも撮影前は皆さん楽しく談笑されているんですけど、「じゃあ行きまーす！」って言うとパッと役になりますから。あれはすごいなって思って見ていました。

斉藤　でも、それはみんなそうなんじゃないですか？

八木　役者さんによっては現場に入ってきたときからそういうモードに入っている方もいらっしゃいますし、いろいろではありますね。スーパーGUTSの場合は普段は和気あいあいとしているけど、「本番行きます！」っていう瞬間にピッとなる。

GUTS

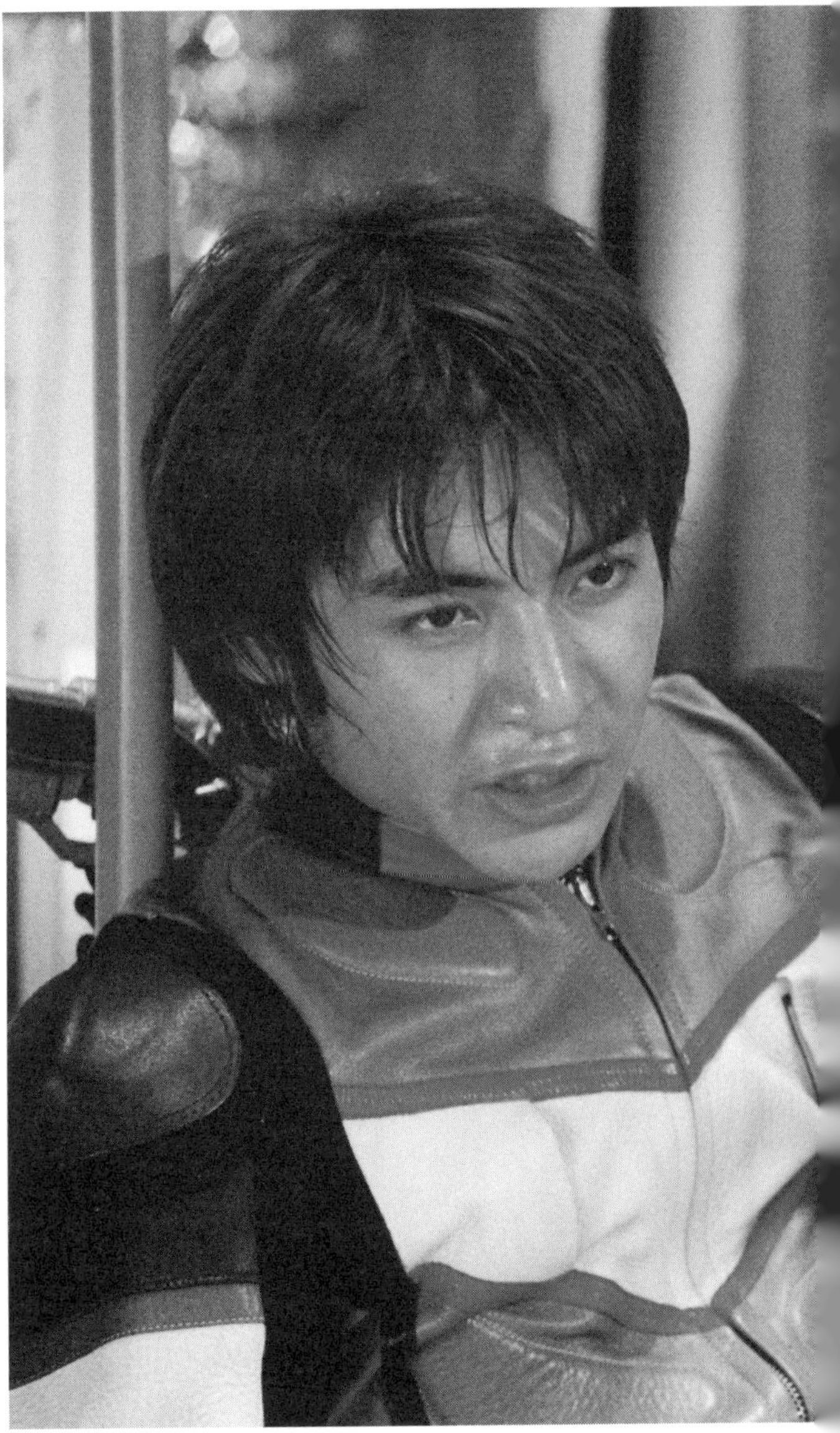

アスカがウルトラマンダイナであることを知った瞬間。傷ついたアスカをかばうリョウ。『ダイナ』はアスカとリョウの恋物語でもあります。「最終章I 新たなる影」より

斉藤　確かにそういうところはあったかもね。特にふっくんはすごかったかも。

八木　現場が楽しいからああいう感じだったのかもしれませんが。

斉藤　だけど最終3話の撮影で、最後の司令室のシーンにアスカはもういないわけじゃないですか。だけどつるちゃんは、そこが司令室の最後のシーンだから寂しくて来ちゃったんですよ。これは普通に「つるの剛士」としてね。で、その姿が私たちの視界に入ってくるわけ。さすがに私たちもそれには「ちょっと！」みたいなことは言いました。小中監督にも「アスカはもういちゃダメ！」って言われていましたけど、みんなが気持ちを作っているときでしたからね。

八木　今アスカはあそこで戦っているか光になっているか……。そういうところですからね。

斉藤　つるちゃんは「来ちゃった〜」「寂しいんだも〜ん」なんて言っていたけど、監督には怒られていた（笑）。

## ざわついた最終回

八木　最後の話まできてしまいましたけど、最終章の3話とかはもう1年間の撮影が終わってしまうのかと思うと確かに寂しかったですね。

斉藤　すごく寂しかったですよ。それにお話自体もみんながそれぞれ掌握しきれないままだったっていうか。「最後はこれでいいのかな」みたいなディスカッションは監督ともちゃんとしました。それで「こういうことなんだよ」って言われたけど、見え方としてはそう見えないんじゃないかなっていうのがあって。子どもだったらなおさらのこと、深い意味はとらえられないじゃない？「でも、そうなんだ」って言い聞かせようとそれぞれが思っていたけど、これで最後だっていうのもあって難しかったかな。アスカを見送るのも「死んだわけじゃない」って信じたいと思っているんだけど、「絶対にそんなはずはない」とは言い切れなかったし、いま思い出しても言い切れない。だから最終的に私は「そう信じたい」って思う演技でいいやって思ったのかな。まあとにかくすごく意味のある最終3話でした。

**八木**　あの流れと出来上がった映像を見ると言い切れないですよね。

**斉藤**　それまでの『ダイナ』的なものだったら「アスカ、俺たちは待っているぜ！　イエーイ！」みたいな終わり方で、本当に生きていると思えた方がよかったのかもしれない。でもそうは思えないままでしたし、みんなも最後はそういう顔でしたよね。

**八木**　それは木之元（亮）さんもおっしゃっていましたね。ちゃんと生きているというのが明快に分かる方がいいんじゃないかって。でもあんな楽しい『ダイナ』の最後がまさかああだったとはっていう。

**斉藤**　今ほどネットは発達していなかったけど、やっぱり結構ざわついたもんね。私がＤＪをやっていたラジオのリスナーさんからも「子どもが泣いて説明できなかった」っていうメッセージが届いたりして。そんなの私もできないよって思いましたけど（笑）。スタッフも飲み込みきれないままやっているんだろうなっていうのは感じながらやっていたかな。でもなんで最後にきていきなり？　っていうのはありますよね（笑）。急にドラマになったというか。

**八木**　小中監督と脚本の長谷川さんは、次の次元に行くためにはこの世界の肉体が消滅すると考えていたんじゃないかと思います。

**斉藤**　仮に事象としては死んだとしても、あくまでも「死んだと描くのではない」とみんなが分かり合って納得していれば「そうか」って思えたんでしょうけど。「これでいいのかな？」って思いながらだったから、余計に寂しかったですね。

## 仲間とか同僚っていいなって思えてくる

**八木**　最終章の3話以外で印象に残っているお話はありますか？

**斉藤**　それは普通に「移動要塞浮上せず！・前後編《クラーコフ》」になっちゃうかな。マイと歌うところなんてとてもよかった。「私だって戦うのは怖いんだ」というリョウのセリフがあって、それでマイを励ますシーンの後なんだけど。そういうこともあって、やっぱりリョウちゃんも女の子なんだなっていうのをすごく実感するようになったかな。

**八木**　女の子で、後輩のマイに対してそういうことを教えてあげるお姉さんですよね。

**斉藤**　でももしかしたら、面と向かって顔を見ているときには言えないのかもしれない。

**八木**　そういう意味ではすごくいいシチュエーションですよね。

**斉藤**　ガッツマリンと誘導ミサイルに別れて乗っていてお互いの顔も見られない。しかもこのままだったら本当に死んでしまうかもしれない。そういう中での歌でしたからね。

**八木**　「クラーコフ」に入る前はみんなで気合いを入れましたよね。ビルトにセットを組んで、水浸しになるから水を入れたりして結構大変な撮影でした。

**斉藤**　特に『ダイナ』はああいうドラマ的なお話が少なかったから、「クラーコフ」のときはスタッフの人たちもいつもとはちょっと違った感じでしたね。でも、そういうヤギッチは『ダイナ』でどれが一番好きなの？

**八木**　まさかの逆インタビューですね（笑）。僕は「クラーコフ」か「少年宇宙人」（20話）ですね。

**斉藤**　確かに「少年宇宙人」は間違いないでしょう。

**八木**　この2本はベクトルが逆なんですよね。「クラーコフ」はリョウとマイの話でもありますけど、直球の『ウルトラ』として極めてよくできています。一方で「少年宇宙人」は別の意味で直球の『ウルトラ』で、ファンタジーとしてすごくよくできている。

**斉藤** 確かに「少年宇宙人」は私も大好きです。ダイナが活躍するというお話ではないけど好きですね。

**八木** ゲストの子どもたちもいいですし、うまく飛べない宇宙人を応援するダイナもいい。それにからむスーパーGUTSもいい。もう、みんないいですね。

**斉藤** みんな優しいし、『スタンド・バイ・ミー』（86）みたいなお話でしたね。夏の冒険っていう感じもすごくあって。そういう意味だったら私は「君を想う力」（46話）も好きですね。リョウちゃんの回ではあるけどね。

**八木** 右田（昌万）さんの演じるヒラオとリョウは、できているんじゃないかっていうくらいの感じでしたね。

**斉藤** 「右田さんが書いてるの？」って思ったのか「え、脚本の人が出るの？」って思ったのか……どっちだったのかは覚えていないけど（笑）。そうしたら後に『ブースカ！ブースカ!!』（99 - 00）でも同じことがあって、右田さんってどっちが本業なんだろうって思った記憶があります。

**八木** 右田さんはもともと劇団をやられていたのでどちらも正解なんです。

**斉藤** ああ、そういうことなのか。納得です。

**八木** すごい脚本家なのに気取りがなくてああいうくだけた演技ができるから不思議な方ですよね。

**斉藤** そして監督の原田（昌樹）さんはリョウちゃんにサングラスをかけさせた人ですよね。見ている人は「なんでサングラスをかけているときとかけていないときがあるんだろう？」「でもかけているとかっこいいな」みたいな感じみたいですけど。実は私の目が少し寄っていて強い感じがしないからって、原田さんが「サングラスかけてよ」っておっしゃったんですよね（笑）。

**八木** びっくりしましたけどそういうことでした。ちなみにマイとの関係では「優しい標的」（15話）も印象的でした。

マイがイケメンに騙されそうになるのを退治するときの「乙女の純情を踏みにじって」というセリフがよかったです。

**斉藤**　男性はそうなんですかね。当時、スタッフにも同じことを言われたことがあります。でも私は「『乙女の純情』って言わないでしょう」くらいに思っていたの（笑）。それはマイとも話していて「言わないよね～」って。でもセリフとしてはおかしくないんですね。

**八木**　描いているのはリョウのマイに対する思いなのでいいセリフだと思います。姉がかばうような感じというか。

**斉藤**　そういう意味ではそうだよね。でもマイに対しては思うところがあって、結局は私たちが演じる前にもあの『ダイナ』の世界はあったわけじゃないですか。じゃあ、そのときからリョウがこういう気持ちでいたのかなっていうのはあったのね。マイってちょっといい加減なところとかノリ一発みたいなところがあるから、「チッ、またか！」って思っていた時期もリョウにはきっとあったんじゃないかなって（笑）。最初から「もうダメな子ね。でも私がついているわ」ではなくてね。そんなことを思っていたころはあったかな。特にリョウはできる人だから、きっとこの2人の関係の中には「ちゃんとやってよ」って思っていた時期があったんだろうなって。だけどこのお話に入ってきてからは可愛いっていうか、「私が守ってあげないとこの子はダメなんだ」っていう気持ちになっていたんだろうけど。でもいい関係ですよね。

**八木**　シリーズできちんと描かれていますよね。その中で関係性も少しずつ変化していったということで。

**斉藤**　マイもリョウにはかなわないといつも思っていて、「きつい人だな」っていう苦手意識を持っていた時期もきっとあったんでしょうね。特に出会ったばっかりのころなんかは。それがこういう風に成長していった。そう考えるとお客さん目線ではあるけれど、仲間とか同僚っていいなって思えてくる。『ダイナ』ではそういうことも描かれているんだなって。

## 隊長になってもリョウはアスカを待っているんだろうな

八木　アスカがダイナだというのは、演技においてはどれくらいから意識されていましたか？

斉藤　最終章の3話ではっきりするんですけど、それは私もすごく考えました。たぶんどこかからは私だけが分かっていたんじゃないのかな。でもそれを遡って、あの回の辺りから「やっぱりそうだったのね」と決めようとはしませんでした。というか自分でも分からなかったんですよ。それと同時に「いや、そんなわけがない」という方が絶対に強かったはずだし、だから結局は最終3話で「やっぱりそうなんだ」ってなるんですね。

八木　確かに脚本では明確になっていませんし、普通に考えると「アスカはダイナかも？」っていう発想はかなり突飛ですからね。

斉藤　普通の人間だったら、日常生活を送っていてそんなことは思いつかないですよね（笑）。だけどそんなに驚きもなく受け入れているから、やっぱりなにか感じてはいたのかなって。

八木　ではリョウとアスカとの関係というところでは、最後に向かっての役づくりみたいなことはなにかありましたか？

斉藤　結局「普通に誰かの奥さんになって」って言うじゃない？　だからそういう気持ちはあるんですよ。でもそれを認めようとはしていなかったし、「そうなんだ、だから伝えないと」なんてことも思ってはいなかったですね。でも確かにそういう結婚願望みたいな気持ちはあったはずなんです。

八木　ちょっと不器用な女の子っていうか。いかにもリョウらしいですよね。

斉藤　アスカは年下だしね。でも絶対にそういうのはあったんですよ。だから映画『ウルトラマンサーガ』では隊長になっていたけど、隊長になってもリョウはアスカを待っているんだろうな、絶対に独身なんだろうなって思ったもん（笑）。

**八木**　そこで誰かと結婚していたら変ですよね。

**斉藤**　でも思い返しても『ダイナ』はいい作品でしたね。1年もやっているというのもあるとは思いますけど、キャラクターが私たちの本当の性格に沿ってくるようなところも結構あって。あるいは私たちの性格を見てくれていた1年だから、だんだんこっちが影響されていったのか。そんな感じもありましたね。とにかくスーパーGUTSにはキャラクターと真逆の人っていなかった。これはどっちが先なのかは分からないけど。

**八木**　長谷川さんも現場に来たりしていたから見ながら書いていったところはありますし、リョウは斉藤さんの作ったリョウになってきた。そこは長いシリーズのよいところで相乗効果ということなんでしょう。だから役者の方々とキャラが一致する感じがするということで。

**斉藤**　他の『ウルトラマンシリーズ』がどうなのかは分からないしみんなそうなのかもしれないけど、少なくとも私たちはすごくそう思っていました。そういう意味ではスタッフも含めていいチームに出会えたんだなって。あとは私たちが役の中ですごく成長していったとも思う。ユミムラ・リョウさんもすごく成長して人にも優しくなったし、恋心も抱いたり、仲間や後輩を思いやるという気持ちを強く持ったりするようになった。これはやっぱりあの仲間がいたからこそ成長していったんだと思いますね。

**八木**　つるのさんも「成長期のドキュメンタリー」ということをおっしゃっていました。

**斉藤**　本当にそうだよね。だから本人たちが成長している作品だなってすごく思うな。丈さんの自分の父親を超えたかったんだっていう話もそうじゃない？　アスカとお父さんのカズマの関係を見て励ましてあげたいと思うことで自分も大人になれたわけで、父親を受け入れられたみたいな脚本で丈さんも本当に喜んでいました。その役の中で成長できるっていうのは人間として素晴らしいと思いますよ。

**八木**　『ダイナ』は本当に素晴らしい作品だったと思います。そして役と一緒に成長されたというのも素晴らしいことですね。では25年経ってみてのご感想をお願いします。

**斉藤**　今日お話をしたこともそうですけど、当時思っていたことなにも変化がないというのがすごいですね。いま思うとああだったなとか、あそこの演技はこうだったなとか、そういうのはもちろんありますよ。だけどあの当時の現場の感覚と全然同じだというのがすごい。年齢は重ねているはずなのに、「ああ、昔はこんなことやってたよな。私も年をとっちゃったな」っていう感じにはならないんだよね。すぐに『ウルトラマンダイナ』という物語の世界に入れるというか。それはやっぱりストーリーの強さなんじゃないかなと思います。

**八木**　『ダイナ』にははっきりした世界がありますからね。今日は斉藤さんの取材ということで、集合場所にお迎えにあがって「取材場所はこちらです」なんて誘導させていただきましたけど、これは25年前に助監督としてやっていたことと全く同じで楽しかったです。ロケで控室にお連れしたり、控室から「では現場に行きましょう」って言ったりしていましたから当時と全く変わっていない（笑）。

## 「私のせいじゃない！　ヤギッチのせい！」

**斉藤**　本当にそうだね。それで思い出すのは助監督さんとはよく電話でやり取りなんかもしていたんだけど、私はよくヘルメットをかぶったまま電話に出ちゃってたんですよ。そうするとつるちゃんが「だーかーらー、かぶってるって！」って（笑）。このやりとりもよくあった。

**八木**　覚えています（笑）。

斉藤　それくらいあのヘルメットは私のものになっていたんですよ（笑）。頭の一部にね。

八木　普通は重いとかあるんですけど、ヘルメットをかぶっているのが普通の感覚になっていたわけですね。

斉藤　そうなんです。でも今日はいろいろ話してきましたけど『ウルトラマンシリーズ』は素晴らしいですし、『ダイナ』にかかわらせていただいて本当によかったです。いま私は表の仕事を一切辞めているんですけど、『ダイナ』のことだったら話をしたいなって思いましたから。つまらない言い方になるかもしれないけど自分の思い出、宝物ですね。本当にそう思います。

八木　一生の宝物ですよね。映像って永遠だなって思うのは『ダイナ』にも新しいファンが増えていますし、このときの皆さんの姿が見た人には焼き付いていくわけです。そして本当に楽しい現場でしたしね。

斉藤　だから休憩時間とか待ちの時間もみんな自分の控室に戻らないことが多かったんですよね。なんとなく一緒にいてうるさいから怒られるっていう（笑）。そういう現場でしたね。

八木　僕は一緒に話していた方ですからうるさいとは思わなかったですけど（笑）。

斉藤　村石（宏實）監督にはよく「うるさい！」って言われましたね。

八木　村石監督は厳しいけど愛があるんです。

斉藤　そうそう。スタッフも皆さんいい人ばっかりでした。そういえばヤギッチは「きっかけセリフ」を言うのがヘタだったよね（笑）。コックピットの撮影なんかで他の飛行機に乗っている役者さんなんかのセリフを言うわけだけど、まあヘタだった。いま普通にしゃべっているのとまんま一緒だったもんね。

八木　笑っちゃいますよね。

斉藤　もうちょっと演技してよって思ったけど（笑）。

八木　松田優作さんは助監督にセリフが入ってなくて殴ったという伝説がありますし、やる以上はその気持ちにちゃんとなって……とは思うんですけどうまくいかなかったですね（笑）。自分としてはその役になりきっているつもりでも、斎藤さんに「ものまね？」って言われたこともありましたし。

斉藤　なんか変だった！（笑）。それでおかしくなっちゃって「ちょっと待ってください！」ってNGを出したりして。「私のせいじゃない！　ヤギッチのせい！」って言ってね（笑）。そんなこともありました。

八木　その節は大変失礼いたしました（笑）。しかも1回や2回じゃなくて、1年間きっかけを入れていたわけですから本当に申し訳なかったです。ただ言い訳になりますけど、だいたいコックピットでは普通の会話はあまりないわけじゃないですか？　攻撃したり逃げたりしているわけですから。それこそ全力でやっていましたけど、例えば叫んでいたりするセリフなんかもあってそれは結構大変なことだったんです（笑）。

斉藤　こんなにきっかけはヘタなのに、クルマは2CVでセンスがいいなって思っていたけど。

八木　そういえばビルトの駐車場にミニと2CVが並んでいるのは可愛いかったですね。

斉藤　そう、すごく可愛いの！

八木　あの2CV、まだ乗っているんですよ。

斉藤　やっぱり？　今日もあれで来たのかなって思っていました。私もミニにはまだ乗っていますよ。

八木　素晴らしいですね。ぜひ今度、2台を並べて25年目の撮影をしましょう。

# 加瀬信行

Nobuyuki Kase | Actor

## どんな作品を見ていても『ダイナ』のことを思い出す

考古学に精通したインテリでクールなルックスが特徴のカリヤ・コウヘイ隊員だが、意外にも天然ボケという側面も持ち合わせる。演じたのは加瀬信行（当時は加瀬尊朗）氏。役づくりには苦労した時期もあったというがその実際はどのようなものだったのだろうか。撮影時の楽しいエピソードを交えていろいろなお話を伺うことができた。『ウルトラ』愛、SF愛にあふれたインタビューをお届けしよう。

聞き手：八木毅

### 「ちょっとクールでいこうか」

**八木**　加瀬さんは『ダイナ』に参加される前には『ウルトラマンシリーズ』にはどのようなイメージをお持ちでした？

**加瀬**　僕は『ウルトラマン』の再放送世代なんですよね。シリーズがひと通り終わって『ウルトラマン80』（80-81）が始まるまでの空白期間がちょうど子ども時代でしたから。兄が完全に『ウルトラマン』にどっぷりの世代で、いろいろ教えてもらいつつ再放送を見ていました。リアルタイムで出てたのがガチャガチャの消しゴムで、「こんな怪獣が出てくるんだな」なんて思いながら再放送を見てはまっていった世代です。それでちょっと大人になりかけというか自分でいろいろ考える年頃になったときに『80』がやってきて、ゴールデンタイムに見ることができた。ただ自分としては一番好きなのは『ウルトラマンA』(72-73)でしたね。男と女が合体して変身するというのがすごく斬新で。周りには『A』が好きな子はあんまりいませんでしたけど(笑)。

**八木** 男と女で変身するというのはなかなか難しいんですよね(笑)。

**加瀬** そうですよね。あの設定は最初のころだけじゃないですか?

**八木** そうなんです。でも『A』はかっこいいですよね。なにしろ超獣ですし。

**加瀬** デザインもちょっと地味で斬新というか。今までの丸みを帯びたウルトラマンに比べてちょっと四角っぽい顔になっていて、ああいうところが好きでしたね。

**八木** そういう背景があったということですが『ダイナ』に出演されることになられていかがでした。

**加瀬** もともとは、自分が思い描いていた俳優のジャンルの中にヒーローものっていうイメージはなかったんです。だからオーディションに受かったときはうれしかったし驚きました。でも「はたして自分にできるんだろうか?」っていうのが一番強くて、それは終わりまでずっと続いていたんです。総打ち上げの3次会かなんかで酔い醒ましに1人で公園でタバコを吸っていたら八木さんがいらっしゃって。そこで「僕は大丈夫でしたか?」っていう話をしたのをよく覚えています。その場には小中(和哉)監督もいらして、「全然平気だよ」って軽い感じでおっしゃってくれて。あれはうれしかったですね。

**八木** 3次会だと祖師谷の辺りですよね。

**加瀬** みんなベロベロの中で僕だけちょっとネガティブになっていたんですよね。でも八木さんも「大丈夫でしたよ」って。僕らを1年間見続けてくださった方にそう言ってもらえたのが、総括としては一番うれしかったです。

八木　セカンド助監督が言うことではないですけど（笑）、そばで拝見していて全然大丈夫というか。僕はスーパーGUTSファンとしてやっていたくらいなので、そもそも大丈夫かどうかっていうことは考えたことがなくて。素晴らしいチームだなと思って接していました。

加瀬　ありがたいことにとても温かいチームでしたよね。それだけに大丈夫かなって思っちゃっていたんです（笑）。

八木　なんでですかね。

加瀬　それは役づくり的な部分ですか？

そうですね。最初にいただいたキャラクター設定には「直情的」っていうことが書いてあったんです。それで「ああ、熱いキャラなんだ」と思って作り始めたんですけど、セリフとかを見るとそうでもなくて。そもそもコウダ副隊長がすごく熱いキャラですし、隊長自体も熱いキャラじゃないですか。それで「これは……」ってなっているときに、「ちょっとクールでいこうか」っていう話になって。そこから楽になっていった印象ですね。「遥かなるバオーン」（8話）のときはまだ怒りやすいキャラクターで、村人に「こんなもの食いやがって」みたいに怒ったりしているんです。それを村石（宏實）監督がご覧になっていて「コイツは違うな」と（笑）。それでどこかの時点で「クールにしようか」って言ってくださったと思うんです。

## ずっとコーヒーを飲んでいたら癖になっちゃった

八木　カリヤの設定では少しだけ悩まれた時期があったんですね。

加瀬　僕の中で勘違いした方向に行っていて、「軍人チックに」という感覚があったんです。でもそれってすごいつまらないキャラクターで、軍人って個を消していく方向ですから要は「無」じゃないですか。それが徐々に変わって

カリヤ・コウヘイ。クールで天然。考古学の学位も持った名スナイパー。
コーヒーをこよなく愛する

いったんですよね。

八木　カリヤは研究者だったという設定もありましたよね。

加瀬　だから結構文系で（笑）。「禁断の地上絵」（10話）がその設定を活かした話で、『ダイナ』の撮影にがっつりまるまる入るっていうのはこれが最初くらいだと思うんです。その緊張もあったしカリヤ話でもあったしで夢中になってやっていました。鎌倉の素敵な洋館での撮影でしたけど、恩師のご家庭に入り込んでいくような人間関係の話だったので「こういうのもやるんだ」って意外でした。すごく楽しかったですけど。

八木　ではこの辺でカリヤのキャラが確立されてきた？

加瀬　もう少し後だと思います。次の「幻の遊星」（11話）はまだ試行錯誤中でしたし。

八木　「幻の遊星」では、「花を摘んだりするのがこんなに似合わない女もいるもんだなと思って」と言ってリョウにポカっと殴られるというのをやっていますね。

加瀬　原田（昌樹）監督とはバカにした風に言おうかっていう話をしていたんですけど、それだとリョウが殴るまではいかないかなと思って。それで監督に「天然で思い切り真面目に感心しながら言ってみていいですか？」って。実際にやってみたらりっちゃん（斉藤りさ）が結構マジギレしていて（笑）。現場でも「ひどくない？」っていう話になったのを覚えていますね。だからここでは「天然」が生まれた感じです。そしてクールなのを推し進めてくれたのが村石監督ですね。コーヒー好きという設定も村石監督で、僕は今でも年がら年中アイスコーヒーを飲んでいるんです。

八木　設定がそのまま身についてしまった？

加瀬　ずっとコーヒーを飲んでいたら癖になっちゃって全然抜けなくて。ただ逆にこだわりはなくなってブラックであればなんでもいけちゃうんです。現場は常に冷めているものだから熱いのは飲まなくなりましたけど。

八木　熱いと芝居にならないですからね。ではカリヤに関しては結構村石監督の影響があったんですね。

加瀬　大きかったと思います。結果的にクールでちょっと天然ボケみたいな感じに収まって（笑）。そこはうまいこと持っていけたかなと思っています。

八木　その辺は加瀬さんのキャラクターにカリヤを寄せていった面もあったのかもしれないですね。

加瀬　後半はそうかもしれないですね。ありがたかったです。だからホンをいただくのが楽しみでしたね、「こういう感じになっていくのか」って。

## 『ダイナ』は『スター・トレック』に負けていない

八木　1～2話を担当された小中監督はいかがでした？

加瀬　小中監督は「自由にやってみてよかったらいただくよ」というスタンスが多かった気がします。村石監督はキャラ作りが熱くて、飄々と結構きついことを言いますよね。目が笑ってない（笑）。原田監督は結構感情的だったような記憶があります。あと北浦（嗣巳）監督がカリヤに思い入れを抱いてくださっていた気がしますね。「月に眠る覇王」（14話）でカリヤが乗っ取られるとき、「カリヤは普段はクールだから暴れてほしいんだよね」と言われました。

八木　加瀬さん的に「この辺で見えてきたな！」というのはいつごろですか？

加瀬　「移動要塞《クラーコフ》浮上せず！・前後編」（25～26話）くらいですね。あそこでみんなキャラクターが決まっていて、その中でやっているなっていう感覚が出てきました。

八木　「クラーコフ」は本当に転換点でしたね。芝居的にもスーパーGUTSがまた一段結束力を強めたというか。

加瀬　みんなができることをして収束させていくということでいい話だったと思いますね。ちなみに「クラーコフ」

で倉持（武弘／撮影）さんがいつもおっしゃるのは僕が天井から出てくるシーンのこと。逆さに吊られているんですけど、カメラが寄りすぎて逆さの意味がなかった（笑）。カメラを逆さにすれば済んだっていう話なんです。

**八木**　カメラは引かないと、という（笑）。

**加瀬**　八木さんは隣で見てくれていたからご存じですけど、吊りだから準備にはすごく時間がかかったんですよ。リハも「このタイミングで出て！」みたいに時間をかけてやったんですけど、オンエアを見たら「これは別に逆さに吊られてなくても……」っていう（笑）。逆さに吊られているから笑顔もすごくぎこちないですし。だから見てみないと分からないことは多かったですよね。

**八木**　特に特撮はつなげてみないと分からないことが多いんですよ。

**加瀬**　そういう裏を体験していたからこそ分かることもあるので面白いですよね。だから当時の特撮映画やドラマを見るといろいろ思うところがあるんですよ。２０２０年はコロナで暇だったこともあって『スター・トレック』をずっと見ていたんですね。最初の『宇宙大作戦』（66-69）からずっと。『ヴォイジャー』（95-01）と『ディープ・スペース・ナイン』（93-99）なんかはちょうど『ダイナ』を撮っているときとかぶっているくらいの時期じゃないですか。それでそういう目で見ると「ああ、『ダイナ』はすごいな！」って思います。

**八木**　『ダイナ』は負けていないですからね。

**加瀬**　話の規模とかも含めて負けていないです。同じシリーズものとして『ダイナ』も面白いじゃんって。

**八木**　もちろん『スター・トレック』はよくできていますけど、それに負けないっていうのは恐ろしいことです。ニューヨーク近郊の『スター・トレック』のテーマパークでは実際の図面通りにセットを再現しているのですが、スタジオの中にブリッジがあって、横に廊下があって、飾り変えの部屋もあったりして、『ダイナ』のころのわれわれの考え方と全く同じでした。エンタープライズ号の中はビルトのスタジオより広いスペースなんですけど、そこで全部撮れるようになっている。だから『ダイナ』ってちゃんとしていたんだなって思いました。

加瀬　『スター・トレック』でもブリッジのセットがあって、攻撃されるとカメラを揺らしてみんなも揺れるんだと思うんです。みんなが息を合わせて「はい、右に揺れる!」「目線こっちです!」みたいな感じで。これは『ダイナ』と一緒だな、パトリック・スチュアートもそうやって芝居をしているんだなって思うと感無量ですね。

## 「少年宇宙人」で気に入っているシーン

八木　「クラーコフ」以降はキャラも確立したということですが、印象に残っているエピソードなどはありますか?

加瀬　「猿人の森」(28話)はたまたまロケ先で雪がすごく降ったんです。それで「雪設定」で撮影をしようとなったんですけどすごく寒かった。猿人の名前が「アウストラロピテクス・ギガンテス」という長いもので、もう全然口が回らなかったですね(笑)。山の向こうに猿人が現れて考古学に詳しいカリヤが「あれはアウストラロピテクス・ギガンテス!」って叫ぶのが全然言えなかった。なぜかそういうのはよく覚えているんですよ。

八木　確かに失敗談は忘れられないですよね。

加瀬　「クラーコフ」より前ですが、「少年宇宙人」(20話)で気に入っているシーンがあるんです。僕が前転して少年たちの中に飛び込んでいくシーンなんですけど、あそこでハウススタジオを壊してしまったということもありました(笑)。原田監督に「飛び込み前転をして銃を構えろ」って言われて、でもその部屋が狭いんですよ。最初はメットなしでやっていたんですけど、メットがあると頭の入れ方が違うじゃないですか。それでメットをかぶって飛び込み前転したら奥にある障子をバーンって壊しちゃって。OKは出たんですけど、バレなかったのかな(笑)。

劇作家・鳴海浩也の書いた『怪獣戯曲　BARROCO』を手に取るカリヤ。
『ウルトラマンシリーズ』には珍しい深みのあるキャラクターです

八木　あれは代々木上原の古風なハウススタジオでしたね。

加瀬　いろいろ思い出してきましたけど、確か「バオーン」のときにはパカって開く通信機のウイットを壊してしまってすごく怒られました。ロケの合間にお借りして片手で開けられないかを練習していたら壊しちゃって（笑）。銃を持っていてもかっこよく開けられたら……と思っていたんですけど。

八木　開閉できる「ギミック付きのアップ用」は数個しかなくて、普段着けているのはギミックがないやつでした。

加瀬　片手で銃を構えながら開けられないかと研究していたら、勢いがよすぎて折れちゃってすごく怒られました。

八木　緊急事態だったら片手で開けられた方がいいですから正しいんですけどね。

加瀬　当時はみんな携帯電話（ガラケー）だったじゃないですか。それを片手でパカって開けるイメージでやっていたんですけど、そういうものではないからっていうことですごく反省しましたね。

## 遊びが満載で大好きな「うたかたの空夢」

八木　そういう失敗談もありつつ撮影は続きます。他にはどんな回が印象に残っていますか？

加瀬　実相寺（昭雄）監督の「怪獣戯曲」（38話）ですね。ライティングもいつもと違いますし、今なにを撮られているのかが分からない状態で不思議な空間にずっといた感覚でした。出来上がりも面白かったですけど、僕は結構活躍しているんですよね。

八木　クランクインの一発目は加瀬さんと石橋けいさんとつるの剛士さんのシーンでしたね。大森でしたっけ。

加瀬　あれはＴＰＣの廊下という設定でしたね。すごいビルの中で撮った記憶があります。こんなところにロケに来たんだから全部使って撮るんだろうと思っていたら全然で。半分も使っていなかったですよね。

八木　あれはすごい空間でした。照明も牛場（賢二）さんが回転灯の光を背景の壁に当てて、中堀（正夫）さんがガラス管をカメラレンズに接着して、この方々はなにをやられているんだろうって（笑）。

加瀬　でも自分が出てから実相寺監督の映画をもう1回見たりすると全然違いますね。おこがましいですけどなにを狙って撮られているかが少し分かるというか、やりたいことがちょっとずつ分かる。あれはいい経験でした。

八木　現場に行って見ていると不思議な気分ではありますけど、実はカット割なんかは明晰で論理的ですよね。

加瀬　画になると不思議なフォーカスがかかっているというか、それにやられちゃうんです。でも現場にいると「あ、こういうことだからこういう雰囲気で撮るんだな」っていうのが分かるんですよね。

八木　加瀬さんは大活躍でゼレットのシーンも楽しかったです。あれは東宝ビルトで撮影しましたね。

加瀬　マンガの吹き出しみたいなのが出ていましたけど、あんなことになるっていうのは全然説明されずに「グリーンバックの前でクルマの中に乗っていろ」って言われて。つるちゃん（つるの剛士）と2人で「なにを撮ってるんだろうね？」「どういう顔してればいいんだろうね？」って言いながらの撮影でした（笑）。

八木　実相寺監督とはあまり直接お話はされませんでした？

加瀬　すごくシャイな方であまりお話はしなかったですね。でも「いいよ」みたいなことは言っていただいて、褒めていただいた記憶があります。

八木　それは素晴らしい思い出ですね。

加瀬　あと「うたかたの空夢」（42話）は遊びが満載で大好きな世界観ですね。僕も結構遊べていた記憶がありますし。

八木　カリヤが大活躍する回ですよね。同じ川崎郷太監督の「ぼくたちの地球が見たい」（41話）もそうですけど。

加瀬　実は、カリヤというキャラクターを好きだって言ってくださる方が一番好きなのが「ぼくたちの地球が見たい」

なんです。「カリヤが一番いいのはこのお話だ」って皆さん推されますね。でもあんまりカリヤは出てこないんですよ。最後にちょっとだけ活躍するけどその活躍についてもあまり触れられない。そこがカリヤらしくていいって言ってもらえるし僕もそうだなって思います。この辺は脂が乗っていたというか楽しかったころですね。

**カリヤは『ウルトラ』に出てくる隊員らしくない?**

八木　ではカリヤという役を演じられて最終的にはいかがでしたか?

加瀬　大丈夫だったかなっていうのはありつつですが本当に出られてよかったと思います。爪痕を残したっていうとおかしいですけど、終わってからファンの方といろいろお話をすると『ウルトラ』に出てくる隊員らしくないって言われることが多くて（笑）。これはつるちゃんも結構言われるらしいんですけど、裏でカリヤも「あんなに天然な隊員はいない」ってすごく言われているんです。

八木　普通はもうちょっと記号的になりますからね。

加瀬　アスカが破天荒でそれまでの『ウルトラ』のヒーロー像とは違ったものとしてある裏で、僕も結構違った隊員像を演じられたかなって。それはすごくうれしいですね。

八木　カリヤは特殊ないいキャラになってスーパーGUTSもいいバラけ方をしています。

加瀬　やっぱり皆さんのキャラ作りがあった上で、「ああ、ここがいないな」「こういうことを言う人はいないな」っていうのを探っていった結果ですね。隙間産業じゃないですけど（笑）。だからキャスト、スタッフの皆さんで作り上げたキャラクターなんだなって思います。

八木　リョウに「花を摘んだりするのがこんなに似合わない女もいるもんだなと思って」と言うのは、真面目に天然に言った方がいいというのは本当に正しい提案だったと思いますね。つっけんどんに言ったら本当のケンカが始まってしまって殴れないですから。

**加瀬**　ただ険悪になるだけかもしれないですよね。でもその提案をできる空気を作ってくれたのはスタッフの方だと思いますし、そこでスパンって殴れるようなキャラを作っていたのがりっちゃんだった。そう考えるとやっぱりみんなで作り上げたスーパーＧＵＴＳがあって、その中で生まれたのがカリヤなんだっていう感じがすごくあります。

**八木**　スーパーＧＵＴＳは本当にいいですよね。

**加瀬**　会うといまだに隊長とか副隊長、アスカとか、役名で呼んでしまいますから。そこがすごくいいところなんですよね。これはなかなかないことで、普通だったら役名の方は忘れてしまいますから（笑）。

**八木**　思い出すとスーパーＧＵＴＳのメンバーはしょっちゅうご飯を食べに行っていましたよね。

**加瀬**　確かに仲がよかったです。全員が集まるということは少なかったですけど、ちょいちょい誰かと誰かが行ってみたいな感じでしたね。僕とつるちゃんは年が近かったのもあり2人でよく行っていましたけど、それ以外にも（小野寺）丈さんや布川（敏和）さんにはよく呼んでいただいて。つるちゃんは忙しかったので、僕が一番連れていってもらったんじゃないかな。

**八木**　つるのさんと加瀬さんは仲がよかったですね。

**加瀬**　『ダイナ』が終わってからもしばらくはちょいちょい会って遊んでいましたね。

**八木**　本当に1年間ですから家族みたいになってしまいますよね。僕も焼肉とかによく一緒に行ってましたし。

**加瀬**　初めてギアラっていう部位の名前を見て「怪獣みたいな名前だね」って（笑）。

**八木**　当時はホルモンがそんなに一般的じゃなかったから「なんだろう?」って。もしかしたら緑色の怪獣の肉でも出てくるんじゃないかって話しましたよね（笑）。

**加瀬** 祖師谷の牛角でしたね。まあいろいろ大変でしたけど楽しかったです。

## 「現場は八木さん」というイメージでした

**加瀬** 当時の現場を思い出すと、八木さんはいつ寝ているんだろうっていう感じでしたよね。スタッフさんみんなが「八木、どうなってるんだよこれは？」って言うんですよね。監督にじゃなく。全部の質問が殺到して、全部を把握しているのが八木さんだった。僕らもそれを見ていたのでなんでも八木さんに聞きに行っていましたし、文句も八木さんに言うし（笑）。その結果として仕事量がハンパなかったんだと思います。

**八木** 助監督はそういうものなんですよね（笑）。

**加瀬** 「ああ、それちょっと分からないです」って絶対に言わなかったですよね。あれはすごいなと思います。それでも怒られているから恐ろしかったですけど。

**八木** 助監督は怒られ役なんですよ。でも『ダイナ』は本当にのびのびやらせてもらっていました。

**加瀬** だから「現場は八木さん」というイメージでした。『ダイナ』の現場は本当に楽しかったし、僕は映像の仕事に入って日が浅かったので、テレビのレギュラーってこういうことなんだっていうのを刷り込まれてしまいました。だから後で他の現場に行ったら「あ、こんなに違うんだ」って思ったりして。普通のドラマはスパンも短いしそんなに仲よくなるわけでもないし、スタッフも情熱がないわけではないけど趣味感を出しづらいじゃないですか。でも『ウルトラ』はおのおのの趣味が結構出やすい、そういう感じがすごくありました。

**八木** 好きでやっている感が半端ない現場ですよね。

加瀬　スタッフルームにもおもちゃがいっぱい置いてあったりして、そういうのを好きな人たちが集まって作っているんだなって思いましたね。グッズは『ウルトラマンシリーズ』に限らず『エヴァンゲリオン』のフィギュアなんかもありましたし、それを見ていると「この間、庵野（秀明）さんが遊びに来たんだよ」なんていう話を聞いたりして。いろいろな作品、アニメに対しても分け隔てなく、面白いものは取り入れていこうっていう姿勢があって特撮の世界ってすごいなって思いましたね。ちなみに当時、倉持さんに薦められたのは『ライトスタッフ』（83）と劇場版の『新世紀エヴァンゲリオン』（97）でしたね。これは見ておいた方がいいよって。

八木　そんなことがあったんですね。

加瀬　倉持さんは漫画もよく読まれていて『20世紀少年』の話をした覚えもありますね。「あれは画コンテが描いてあるようなもんだよね〜」って。そういう人たちが作っているんだから面白いのは当たり前ですよね。

八木　まるで昨日のことのようです。

加瀬　今でもスーパーGUTSのみんなで集まるとあのときの空気にすぐ戻るんですよ。面白いのはあのときの関係性のままなんです。それぞれお父さんとかお母さんになっていたりするんだけどそこは変わらないっていう（笑）。

**日経「星新一賞」の優秀賞を受賞**

八木　では25年経ってみて加瀬さんが『ダイナ』について思うことを伺えますか？

加瀬　自分を形づくっているものの1つであって、その中でも比重の大きいものですね。そこに寄せられる気持ちが大きい。なにを見ていても、どんな作品を見ていても、どんな本を読んでいても『ダイナ』のことを思い出すことが多いですから。『スター・トレック』もそうですし、「時間は存在しない」とかアインシュタインの話なんかがいろいろ書いてあるような物理学の本を読んでもそう。『ダイナ』のラストはアスカが光になって最後にお父さんに追いつくというものでしたけど、「ああ、よくできた話だったんだな。あいつ、時間と関係ないところに行ったんだ」って思う。それくらい僕の中で『ダイナ』の存在は大きいですね。普段から意識しているわけでは全然ないんですけど、『インターステラー』（14）なんかを見ていても節々で思い出すんですよ。「ああ、アスカはこういう世界に行ったんだ」って。そういう作品に出演できたことは幸せなことですよね。

**八木**　本当にそうですね。

**加瀬**　ところで日経「星新一賞」っていうのがあるんですけど、第5回（2017年）の優秀賞をいただいたんです。「ひとめぼれ」っていうSFを書いたら通ってしまって（hontoのWEBサイトにてダウンロード可能）。そうしたら授賞式で審査員の貴志祐介さんに「君は宇宙船に乗っていたんだね」「怪獣と戦っていた人がSFを書いているのか」って言われたのがすごくうれしかったですね（笑）。

**八木**　それは素晴らしい。もともとSFをお好きだったんですか？

**加瀬**　筒井康隆で育ったのでSFは好きなんですよ。

**八木**　ああ、そうでした。当時も確かそういう話をしましたよね。筒井康隆は僕も大好きです。

**加瀬**　今でもSFは好きで映画も見るし小説も読みます。そういう意味でも『ダイナ』に出られたのはうれしかったんですね。逆に当時は小難しいことを考えないようにやっていた気がしますけど。

**八木**　カリヤ隊員が20数年後にはSF小説を書かれている。そんな未来は誰も予想していなかったでしょうし、そういう経歴の作家さんは他にはいないんじゃないでしょうか。ぜひ続けて作品を書いていただけたらと思います。

**加瀬**　ちょっと面白いですよね。僕もこれから少しずつ書いていけたらといいなと思っています。

Joe | Actor

# 丈

## バラエティに富んでいて幕の内弁当みたいな作品

科学者としてさまざまな発明を手掛ける一方で、コミカルな面も持ち合わせるナカジマ・ツトム隊員。演じるのは自身でも劇団を主宰し作・演出家としても活躍する丈（当時は小野寺丈）氏だ。２０２１年の新作公演『７ ナナ』ではヒビキ隊長役の木之元亮氏も出演しているが、舞台の本番中というデリケートな時期にもかかわらずインタビューを快諾していただけた。これこそが『ダイナ』！ これこそがスーパーＧＵＴＳ！

聞き手：八木毅

**「今度『ウルトラマン』に出るんだけど、毒蝮さん役なんだよ」**

**八木**　丈さんは俳優としてはもちろん、作・演出家としても活躍されているので今日はそういった面からもお話を伺えたらと思います。ではまず『ダイナ』参加の経緯から教えていただけますか？

**丈**　安藤（実）さんのキャスティングだったと思いますが、どうして僕に声をかけていただいたのか詳しい経緯は実はよく知らないんです。安藤さんとは『ダイナ』で初めてお会いしたんですけど、まあ『ティガ』で言えばマッサン（ホリイ隊員役の増田由紀夫氏の愛称）のポジションですよね（笑）。発端はそういうところからじゃないでしょうか？

八木　でも世界の『ウルトラマン』の隊員ですから、話をいただいて飛び上がるくらいうれしかったのはよく覚えています。

**八木**　オーディションではなくキャスティングで入られたということですよね。

**丈**　そうですね。

**八木**　では丈さんにとって『ウルトラ』のイメージはどのようなものでしたか？

**丈**　『ウルトラマンシリーズ』は好きで、子どものころから見ていました。僕が物心ついたのはたぶん『帰ってきたウルトラマン』からだと思うんですよ。それで『ウルトラマンレオ』（74-75）とか『ウルトラマンタロウ』（73-74）とかも見て、再放送では『セブン』も見てという感じで、『ドリフ』とどども完全に少年時代のタイムリーな作品ですよね。しかも隊員は毒蝮三太夫さんを始めとしてとても印象深い方々ですから、「あの中に自分が入れるんだ！」ということの喜びはハンパなかったですね。だから「今度『ウルトラマン』に出るんだけど、毒蝮さん役なんだよ」っていうのはよく言っていました（笑）。

**八木**　確かにコメディリリーフ的なところは毒蝮さんですね（笑）。

**丈**　みんな二枚目だしシリアスな中でも空気を変えられる役だったから、とてもやりがいがありましたね。得意な分野のキャラクターでしたしポジション的にもおいしいなって（笑）。

**八木**　では役づくりなどはどのようにされましたか？

**丈**　最初に小中（和哉）監督がみんなの前で、「脚本家と監督が毎回代わるので、役者がしっかり自分の役を明確にとらえてください」という話をしてくださったんですよ。要はブレないで役を作り上げていってほしいということで。実際に始まって2～3ヵ月経つとその通りだなって思いました。監督の趣向によって役のアプローチも変わってくるので、本当に自分がしっかりしないといけないなって。あとは科学者でありながらコメディリリーフっていうのは非常に難しかったですね。でも難しい方がやりがいはありますし僕自身は楽しかったです。まあでも知的さとコミカルな部分って真逆ではあるので（笑）、そのバランスには苦労しましたね。

**八木**　科学者という面では二瓶正也さんを引き継いでもいるわけですね。だからナカジマはとても重要なポジションの隊員でした。演じられるに当たってテーマのようなものはありましたか？

**丈**　人間にはオンとオフがあるじゃないですか。だから仕事に向き合うときとフライドチキンをむさぼり食うときでは明らかに違う人でもいいのかなっていう割り切りはありましたね。当時はパソコンもできないのにキーボードを打ったりしていましたけど、そういう仕事に向き合うときと隊員たちとじゃれ合うときは完全に切り替えようという意識はあったんです。じゃあそこをどうブレているように見せないかっていう役としての難しさはありました。その分やりがいはありましたけどね。

**八木**　そこはブレているんじゃなくて幅ですからね。

**丈**　そうですね。だからちゃんと幅になってくれたらいいなと思って役は作っていました。ただその一方で出たとこ勝負もできるようなキャラクターなので、そのときのヒラメキも結構大事にはしていましたけどね。これはどんな役でもそうなんですけど、あんまり決め込むと役って面白くなくなっちゃうんですよ。だから相手の出方で変わっていけるような、そういうことは意識しながら演じていました。

**八木**　スーパーＧＵＴＳの隊員同士のキャッチボールは本当に楽しかったですよね。

**丈**　すごくチームワークがよかったです。それから、つるちゃん（つるの剛士）が若い新人だったということで隊長を始めとするベテランが周りを支えつつも好きにできたかなっていうのもあって。そういう意味では面白いシリーズだったと思いますね。

八木　隊員同士で「こうしよう」みたいなことはあったのでしょうか？

丈　そういうのは意外となかったですね。逆にそこまで詰めなかったのがよかったのかな。世界観がどうこうとか、もっとこうしていこうみたいなことは誰も言わなかったし、この作品に関してはそういう風にしなかったのがよかったんじゃないかと思います。自由な作品だし、つるちゃんの役自体が自由な人でしたからね。あとはみんな普段も仲がよかったのでそれが画面に出ていたような感じがしますね。

八木　丈さん、つるのさん、加瀬（尊朗／現在は加瀬信行）さんには本当によく飲みに連れていっていただきました。皆さん、本当に仲がよくて。

丈　飲みにいっても他愛もない話ばっかりでね（笑）。隊長を筆頭にみんなすごく飲むんですけどそれがよかったと思います。（山田）まりやは未成年だったからお茶でしたけど。

八木　本当にいいチームで楽しかったですね。

丈　とにかく楽しい印象しかないですね。最終回は唯一、心の襞を話すようなセリフがありましたけど。

## 役づくりで10キロの体重増

八木　最終回のお話は後ほどお聞きするとして、他に印象に残っている回があったら教えていただけますか？

丈　『ダイナ』って各脚本家、各監督が本当に好きに書いて好きに撮っていたという印象なんですよ。一人ひとりのクリエイターが自由に作品に携わっていた感じがすごくあって、それが面白いというか魅力になっている。しかもその上で役者も好きに演じていたんですよね。だから『ダイナ』ってバラエティに富んでいて幕の内弁当みたいだなっ

ナカジマ・ツトム。スーパーGUTSのムードメイカーでコメディリリーフでありながら明晰な理論家でもある

て思っているんです。首尾一貫したシリーズだとなにか気に入ったエピソードが目立つんでしょうけど、幕の内弁当だからなかなか1つを挙げるのは難しい。そういうところがあると思います。こんな『ウルトラマンシリーズ』は他にないと思いますよ。

八木　では「丈さん回」はいかがですか？

丈　「ジャギラの樹」（40話）は恋するナカジマ隊員みたいな感じで楽しかったですね。『ダイナ』のキャラで恋愛ストーリーがいけるとは思わなかったので（笑）、僕の中では衝撃的な物語でした。あとは「少年宇宙人」（20話）なんかもやっていて好きなお話でした。でも思い出すのは、太って最後は隊員服が着られなくなったっていうことですね（笑）。

八木　丈さんは今とてもシャープですけど、当時はだんだん大きくなっていかれていました（笑）。

丈　『ダイナ』のときはキャラクターをつけたくて太ろうとしていたんですよ。スーパーGUTSはスリムでいい男が多かったし、毒蝮さんとかマッサンのポジションだというのも考えてね。それで痩せる努力を一切しなくなったら1年間で10キロくらい太ったんです。当時は最高で85キロまでいったのかな？　それで撮影後に10キロくらい落として、今はそこからまた15キロ落として60キロですね。

八木　体重を自在に操るハリウッドスター並みの役づくりですね。

丈　僕はロバート・デ・ニーロに憧れているんですよ。カメレオンっていうか、役によっていろいろな人になれるのが役者じゃないですか？　だから本当にその人になっちゃうデ・ニーロってすごいな、容姿から含めて変えようとするのはすごいなっていうことですよね。

八木　それで10キロも太られたわけですね。

丈　だから最後は隊員服を自分で脱げなくなっちゃったんですよ。着られないし脱げないしで（笑）。最初は自分で着られたし脱げたんだから、あの隊員服は革製のわりに伸縮性が高かったのかな。

八木　革で少し布も混じっているんですよね。動きづらい、きついという話をよく聞きますけど伸縮性がありましたか？

丈　10キロ増えるともはや何を着ても動きづらいんですけどね（笑）。『ティガ』の隊員服からは改良されたっていう話を聞いていましたけど、改良の痕は特に見えない気もしました。

八木　『ティガ』では最初は全部革だったんですけど、空気穴がないから夏の暑さがハンパなかったんです。それで改善して。『ダイナ』では革の一部が布との混合になっていたり、少しずつですが進化しているんですよね。上下のツナギだったのも大変だったじゃないですか？　だから『ガイア』からはセパレートになっていたりもします。

丈　いろいろ改良されているわけですね。でもそれは僕が脱げなくなったことも大きく貢献しているんじゃないかと思いますね（笑）。

八木　役者さんにご迷惑をかけるわけにはいかないということで改良していったんですけど、役づくりによって隊員服を脱げなくなったというのはすごいですね。

## 『セブン』の異様な暗さがすごく印象に残っている

八木　『ダイナ』はまさに幕の内弁当的にいろいろな回がありましたが、演出に関して印象的だったお話はありますか？

丈　実相寺（昭雄）さんがいれば原田（昌樹）さんもいらっしゃって、本当にバラバラで面白かったですね。実相寺さんは「わ！　実相寺監督だ！」っていう目でしか見れませんでした。いつもお人形がそばにいて（笑）。そこはちょっと楳図かずおさんの世界みたいな感じがしないでもなかったですけど。とにかく超インパクトでした。

八木　「ちな坊」さんですね。

丈　ちな坊さんは「怪獣戯曲」（38話）に出演されているんですよね。実相寺さんの現場では監督の威厳を感じましたし、キャストはピリっとしていました。あとは川崎郷太監督ですね。すごく世界観にこだわっていらして、とにかく全員がセリフに抑揚をつけちゃダメだったんですよ（42話「うたかたの空夢」）。全員が常に一本調子で早口のセリフを求められたのを覚えています。だから『ダイナ』ではそれぞれの監督が自分の世界観を大事にしてらっしゃるんだな、いい意味で自由だなっていうのを感じていましたね。

八木　村石宏實監督はいかがでした？

丈　『ダイナ』では一番多く撮られているのでとてもやりやすかった覚えがあります。大阪のロケ（35〜36話「滅びの微笑・前後編」）なんかも楽しかったし、街中に怪獣が現れることってそれまであまりなかったじゃないですか？　そういう意味ではものすごく新鮮でしたね。

八木　づぼらやさんの前など、いろいろなところで撮影をしました。

丈　神戸から始まって道頓堀とか通天閣、いろいろ行きましたね。今ちょうど隊長（木之元亮氏）と舞台（『7ナナ』）をやっていて大阪にも行ったんですけど、やっぱりすぐ思い出話になりました。『ダイナ』で来たよねって。地方だからスーパーGUTSもテンション上がりっぱなしで大阪ロケはよく覚えていますよ。

八木　最後にGUTSメンバーと一緒に歩くシーンもかっこよかったですよね。

丈　ありましたね。スーパーGUTSはたまにかっこよくなるんですよ（笑）。村石さんには『ウルトラマンマックス』（05-06）の「怪獣漂流」（20話）でも撮っていただきましたけど、相変わらずヒゲをいじりながら演出をされていてうれしかったです（笑）。あのときは久しぶりの『ウルトラマンシリーズ』だったし村石監督だったしで、「ただいま！」っていう感じでしたね。太田愛さんの脚本は繊細な作品が多くて好きですからうれしかったです。

**八木**　丈さんには僕が監督した『大決戦！超ウルトラ8兄弟』にも重要な役で出ていただきました。

**丈**　ありがとうございます。あれはリアクション王だったかもしれません（笑）。

**八木**　4兄弟（ハヤタ、ダン、郷秀樹、北斗）が変身した後に丈さんたちが「あれは昔俺たちが見たウルトラ兄弟だ！」って言うじゃないですか。そこで丈さんには「一番好きなキャラクターを呼んでください」って言ったら「セブン！」って（笑）。あれはアドリブでしたけど、実際にウルトラ兄弟が現れたらみんなはどう反応するかっていうことだったんですよね。映画館でお客さんと一緒に盛り上がるところなので、作曲家の佐橋（俊彦）さんには「丈さんのセリフがきっかけで盛り上がるようにしてください」ってお願いしていて。

**丈**　暗い『セブン』なのに（笑）。

**八木**　あれはリアリティなので、本当に好きなキャラクターを言っていただいた方がよかったんですよね。

**丈**　『セブン』の異様な暗さがすごく印象に残っています（笑）。子どもには荷が重すぎたんですけど、なんだか惹かれる世界観でした。いま思えば大人の作品でしたよね。

## 長回しで撮影した最終回のアスカとの2人芝居

**八木**　長谷川（圭一）さんがおっしゃっていたんですけど、後に「闇を呼ぶ少女たち」（18話）に作り変えられたプロットを丈さんがなぜか読まれて気に入っていらしたというお話で。

© 円谷プロ

クラーコフ基地司令室でのナカジマ。史上最大の戦いを前に陽気なナカジマも厳しい表情だ。「最終章」より

**丈**　スタッフルームか楽屋なのか、東宝ビルトのどこか目につくところにポンって置いてあったんですよ。製本はされていませんでしたけど新作だと思ってパラッと見たら「やった！　僕が主役だ！」って。しかも面白い話だったから自分の中では期待値がすごく上がってしまった（笑）。でもそれから全然製本されないんですよね。だから思わず長谷川さんに「あれはどうなったんですか？」「僕が主役の回を楽しみに待っているんですけど」って言ったんです。

**八木**　製本された白本（準備稿）になるのは準備が決定した作品だけですけど、その前のものもスタッフルームにはどんどん届くんですよ。たぶんそれが置いてあったのをご覧になったということですね。しかしそのお話も見てみたかったです。

**丈**　あれだけが『ダイナ』で残念なことですね。でも最終回は長谷川さんが当て書きをしてくださって、自分の中で嘘のない言葉、魂の言葉で『ダイナ』を終えられたっていう感じがしますね。

**八木**　ビルトに作った格納庫のセット内でのアスカとのシーンですよね。αスペリオルのコックピットで、自分の仕事と父親に対する思いを「大いなる矛盾だ」とおっしゃる。あれは素晴らしいシーンでしたよね。

**丈**　『ダイナ』の中でナカジマ隊員が家族について話すことはなかったですから、唯一、最後の最後に思いを吐露するところですね。科学者でありながらも人間である、そういうものを最後にちゃんと描いてくださったのはうれしかったです。

**八木**　あのときはカットを割らないであの長いセリフをしゃべられましたよね。移動とかを使っているのでコンテは割っているけど芝居は通してやっていました。これは切れないですよ。

**丈**　何回か長回しをしたのかな。それでＯＫになったんですけど、自然にこみ上げてくるものもあってすごく印象深いシーンになりました。ナカジマ隊員という人間のベースが見えたのはこのシリーズの中で唯一ですよね。僕の回が流れちゃったので、ということを長谷川さんはおっしゃっていましたけど。

八木　『ダイナ』の縦軸にある「親子」だったり「超えていく」というテーマはアスカだけではなくナカジマのものでもあったわけです。

丈　『ダイナ』はあっち行ったりこっち行ったりしている中でも1本筋が通っている。だからすごいんだと思います。みんな好きに描いて演じていたけど筋は1本通っているっていうね。しかもこれは誰しもが必ず心に持っているものですからかなり太い幹なんですよ。

**ナカジマっていうのはおそらく職人なんです**

八木　最終回でアスカはナカジマに別れを告げて新しい宇宙に旅立つわけですが、作家でもある丈さんとしてはその後のナカジマはどうしていると思われますか？

丈　ナカジマっていうのはおそらく職人なんですよ。だから変わらず黙々と、淡々と仕事をしているはずなんです。でも心の成長だけはあって一皮むけている。そんな人間になっていると思いますね。

八木　ナカジマは職人なんですね。

丈　科学者ですからね。だけどアスカのおかげで成長したナカジマがいるんじゃないかなって思います。きっと自分では分からないけど、人の目にはちょっと成長して見えるんじゃないかな。

八木　アスカに追いついていこうとか、そういう感じではないわけですね。

丈　たぶんナカジマはそこまで思わないんじゃないかな。自分のやるべきことを毎日コツコツ全うしていこうという感じだと思います。でも人としてはどこか成長していて短気じゃなくなったりしている（笑）。そんなささいなことでも成長しているような気がします。

八木　それがナカジマという人間なんですね。

丈　最初はコメディリリーフであり科学者という二面性で突き進んでいったわけですけど、最後に自分も気づかされたのは「やっぱり人間なんだ」ということで。仕事に追われたりおちゃらけたりしてはいるけど、心の奥にはやはり熱い思いや切なさを抱えているんだ。1年を振り返るとそれが最後に見えた感じです。人間誰しもが抱えるような温かい思いが、ナカジマの中にもあったということですね。

八木　では振り返ってみて『ダイナ』はどんな作品だったでしょう？

丈　『ダイナ』はひとことで言えば自由ですよ。脚本家も監督も役者も「俺はこういう色だ！」っていうのを競っていた気がします。作品に対しても気を遣わず、円谷プロにも気を遣わず（笑）。みんなが思う存分に自分の持っているものをぶつけていた。だから面白いんじゃないかな、すごい高みに登っていったんじゃないかなって思います。普通はどこかで作品の世界観に縛られたりっていうのがあるんですけど、『ダイナ』ではそういう垣根を全く感じなかったから演じている方も面白かったです。だからアスカみたいなもんですよ。アスカって自由じゃないですか？　それと同じで『ダイナ』も自由だった。そしてスーパーGUTSと同じで『ダイナ』も冒険野郎だった。そういうことなんだと思いますね。

自由な『ダイナ』の現場。スーパーGUTSはいつも楽しい冒険野郎の集団です

Mariya Yamada | Actor

# 山田まりや

## リセット&パワーチャージみたいな感じの素晴らしい現場でした

山田まりや氏が演じたのは最年少隊員にしてコンピュータのエキスパートであるミドリカワ・マイ隊員。司令室での活動が多いため出撃回数こそ多くはないが、名作「移動要塞《クラーコフ》浮上せず!・前後編」(25~26話)での命がけの作戦行動は多くの人に感動を与えた。超多忙だったという『ウルトラマンダイナ』撮影の日々について、デビュー作となった『ムーンスパイラル』の話から続けて伺った。

聞き手:八木毅

### 主演を務めた『ムーンスパイラル』のころ

山田　『ダイナ』からもう25年も経っているのが驚きですよね。八木さんは全然お変わりないですけど。

八木　まりやさんこそ全然変わらないですけど、最初の出会いは『ムーンスパイラル』(96)でしたね。

山田　あのときはまだ15歳でした。皆さんには私はグラビアデビューとして認識していただいていると思うんですけど、実はその前に円谷プロさんの『ムーンスパイラル』という作品に出ているんですよね。オーディションに行かせていただいて、それに受かって番組に出演させていただいたのがデビューでした。

八木　つまりまりやさんは最初から女優だったということですね。

山田　デビュー的にはそうなりますね。ただ女優志望というわけではなかったし、自分がお芝居をできるなんて思ってもいなかったんです。でも『ムーンスパイラル』で運よく芝居に携わらせていただいて、まさかそれを皮切りに女優さんというカテゴリで自分がお仕事をしていくことになるとは……。ちなみに『ムーンスパイラル』の台本には「超能力美少女役」と書いてありました（笑）。

八木　美少女です（笑）。『ムーンスパイラル』は円谷昌弘さんのプロデュース作品で、僕はオーディションのときからずっと付いていていたんです。

山田　私も覚えていますよ。まだ足立区に住んでいるときで事務所にも入りたてでしたから。ちょうど「ミスヤングマガジン」の選考に残ったくらいのころですね。テレビには全然出ていなくて、宣材撮影でスタジオに何回か行ったくらいでした。オーディションで伺った円谷プロさんはテレビ局のがっちりした感じではなく、言い方がちょっと悪いですけど「掘っ立て小屋」みたいな建物でした（笑）。だから「あれ？　なんかボロくない？」「ここでオーディションをやるの？」って思ったのを覚えています。

八木　「世界の特撮を牽引する」というくらいの会社なのに……と思いますよね。イメージとしては未来的な建物を想像するんですけど、実際に行ってみると当時は昔ながらの昭和な木造やプレハブの建物でしたから（笑）。

山田　パイプ椅子と長テーブルがあって3～4人がいらっしゃって、八木さんがカメラを回していたんですよね。それでボーカルレッスンを受けているという話をしたら「どんなレッスンを受けているの？」って聞かれて。「ノドを開くために口の片側で鉛筆とかペンをくわえて歌うんです」と答えたら「やってみて」って（笑）。そのときは工藤静香さんの歌を歌った記憶があります（笑）。恥ずかしいですね。メイクなんかもほぼしていなくて、オレンジのピタピタのタートルネックに黒の合皮のスカートを合わせて、安室奈美恵ちゃんの全盛期で厚底のブーツを履いていたような気がします。まだ膝小僧を出していましたね。

八木　たぶん写真を撮ったからだろうけどその組み合わせはよく覚えています。

山田　あのときの私の一張羅だったんですよ。竹ノ塚のお洋服屋さんで買ったものですね。

八木　まりやさんがオーディションの会場に入ってきたときに部屋がパーッと明るくなったのをよく覚えています。でもそれが「超能力を持っている美少女」という設定に合うのかどうかというと必ずしも……（笑）。

山田　逆ですよね。普通は超能力美少女ってちょっと影のある感じですから。太陽と月だったら月の方のイメージで。

八木　純粋さもあるけど狂気もちょっとあってみたいなイメージじゃないですか。でも非常に「陽」の人が入ってきた（笑）。それで意見が真っ二つに割れたんです。僕はかなりの確信を持ってまりやさんがいいと思っていたんですけど、決定権はありませんでした（笑）。でもあの後のことを考えても見る目は正しかったんだなと思っています。

山田　それはうれしいですね。あの後は意外とすぐ合否の連絡が来て、あっという間に演技の練習なんかもなくすぐに現場に入った記憶があります。それから収録に遅刻したらご迷惑がかかるということで、撮影の前に足立区から新宿区に引っ越しもしました。両親を離婚させるために母親と弟もそこに「昼逃げ」させたりもして、いろいろプライベートが大変な時期でした。しかも子ども過ぎて電気を通すとかカーテンを買うといった引っ越し準備も一切していなかったので、丸腰で撮影現場に行っちゃったという感じでしたね。だからすごくフワフワしてというか。皆さんに多大なご迷惑をおかけしたんじゃないかなって思っています。

八木　そんなことは全然ないですよ。

山田　でも皆さんすごく優しかったですし、逆にスタッフさんの方がキャラ立ちしていて（笑）。後々考えてみると面白い方々がいらっしゃったなと思います。髙野（敏幸）さんなんか名物監督でしたよね。だからすごく楽しかったんですけど、円谷プロさん特有の怪しい雰囲気に自分がはまるのかなっていう不安はありました。ドラマはラブコメディくらいしか見ていないし、ああいう世界観を全く知らないで現場に入っちゃったから本当にめくるめく感じでした（笑）。でも変な先入観がなかったのが逆によかったんですかね？　小細工もなにもできずでしたから。

八木　とてもよかったと思いますよ。超能力美少女としては「陽」だけど、結局その中で『ムーンスパイラル』の主役のキャラクターができていったわけですから。それがよかったから『ダイナ』でも「やっぱり山田まりやさんで！」という話になったということで。

山田　お芝居でオーディションを受けて入ったのは『ムーンスパイラル』と「朝ドラ」（『すずらん』／99）しかないんですよ。だからすごく貴重な経験でした。

## 『ウルトラマン』＝スモークという連想

八木　では『ダイナ』に出演が決まった辺りの話をお聞かせください。

山田　オファーが来たときはすごくびっくりしました。というのは『ムーンスパイラル』のときにスモークを焚くシーンで声が出なくなってすごくご迷惑をかけちゃったんですね。そのトラウマがあったから『ウルトラマン』＝スモークという連想で、「また声が出なくなったらどうしよう？」って思ったんです。それなのにまた呼んでいただけたというのがまずうれしかったですね。あとは10歳下の弟がいたので喜んでもらえるかなっていうのもありました。

八木　まりやさんは『ムーンスパイラル』の後にすぐブレイクされたじゃないですか。だからよく『ダイナ』に出ていただけたなと思っているんです。

山田　『ダイナ』の放送スタートが1997年ですよね。その前年に「ミスヤングマガジン」「大磯ロングビーチキャンペーンガール」「フジテレビビジュアルクイーンオブザイヤー」なんかを獲っていて、雑誌の表紙も年間で200誌を飾るという年でした。あとはバラエティ番組の生放送とかもあったので、みんなは撮影所にがっつり週5日みたいな感じで入っていたけど私は週に1回とか2週間に1回くらいのペースでしか参加できなかったはずです。

八木　マイが外に出てくる話もたまにありましたけど基本的には司令室でしたからね。

山田　「A地区に怪獣が出ました！」とみんなに知らせるとかでしたね。

八木　『ダイナ』は基本的には2本持ち（各監督が1回に2本ずつまとめて撮影する）で月に4本撮っていたんですけど、そうすると2週間に1回くらいの参加ということでしょうね。あとはロケに行く場合にその分の回数が増えるということだったと思います。

山田　しかも台本を覚える時間とか世界観をゆっくり自分の中で噛み砕いていく時間は持てなかったので、各現場で皆さんから「まりや、ここのシーンはこれ！」って言われて演じるという感じでした。あとはコンピュータのエキスパート役だったじゃないですか。今だったらうちの8歳の息子もタイピングはできるしプログラミングを習ったりしていますけど、私の世代はパソコンなんて全然やっていなかったんですよね。だからタイピングはできないのに手元のアップなんかがあって、まあそれっぽい感じでやっていましたけど（笑）。なぜかマウスがなかったから不思議な感じでしたけど。

八木　当時はコンピュータやインターネットが今ほど普及していませんでしたからね。

山田　でも今ではアップルウォッチとかも普通に現実にあるしチップを体内に埋め込む人もいるくらいですから。今からこういうお話を考える人は大変でしょうね。そういえば『ダイナ』って何年の設定でしたっけ？

ミドリカワ・マイ。弱冠18歳だがスーパーGUTSで一番のコンピュータの天才。「ウルトラマンダイナ」というヒーローの名前を命名した。

八木　2017年から2020年が舞台ということでしたから『ダイナ』の時代はもう通り過ぎてしまったんです。
山田　それはびっくりですね。これはすごいことですよ！
八木　ではマイの役づくりなどはいかがでしたか？
山田　ミドリカワ・マイは、当時のバラエティ全盛期の私としてはテンションなんかが多少重なるところがありましたね。地球を守っている責任感とかいろいろはありつつも、プライベートのシーンなんかでは結構はっちゃけた感じでしたから。
八木　地球を守っている責任感だけではないというのがいいところでしたね。一番若いキャラクターだったし見ている子どもや親子に共感を得られるようなちょっと楽しい自由なところがありました。その落差というか、融合したキャラクターがマイとしてよかった。
山田　しかもウルトラマンダイナの名づけ親は一応私になっているんですよね。
八木　『ウルトラ』ファンはご存じでしょうけど、『ダイナ』の第1話「新たなる光（前編）」でマイが言っています。
山田　「ダイナミックのダイナ」「やだやだ、ダイナじゃないと嫌だ！」って。
八木　他の隊員が「ウルトラマンスーパーデラックス」とかいろいろなことを言うんですよね（笑）。
山田　そうそう、鬼ダサいやつを出してくるんですよ（笑）。
八木　でも歴代のヒロインでウルトラマンに名前をつけたのはマイだけかもしれないですね。
山田　それはうれしいです。今だから言えますけど前にイベントでアスカ隊員に「お前が名づけ親じゃないか」って言われて思い出したんですけどね。「そういえばそうだったね！」って（笑）。

## 『ダイナ』には陽だまりのような温かい感じがあった

八木　共演者の方々はいかがでしたか？

山田　オファーをいただいたときに共演者の方々は誰なんだろうって思いましたけど、私としてはまず「ふっくん！（布川敏和）」という感じでしたね（笑）。あと覚えているのは現場に行ったときにヒロインという気負いは全くなかったということです。

八木　『ダイナ』はマイとリョウのダブルヒロインなんですよね。

山田　そうそう。それでリョウ隊員（斉藤りさ）を見たら完璧なフィギュアボディでね。自分もグラビアとかをやったりしていたけど体型には全く自信がなかったんです。だからピタピタのボディスーツはヤバいな、恥ずかしいなって思っていて。で、リョウ隊員が綺麗じゃないですか。声も素敵だし芝居も上手。「ああ、もうすごい！」って憧れの先輩ができた感じでした。しかもすごく優しいですから。

八木　2人は先輩後輩のいい関係でしたよね。

山田　年がいくつ違うのかとかもあまり気にしなかったですし、それだけ緊張感を与えないでいてくれていたっていうか。すごく温かかったです。これはふっくんや木之元亮さんも含めてそうなんですけど、皆さんおおらかで優しかったですね。特に役者さんってオンとオフがある人って結構いるじゃないですか。でも『ダイナ』の人はみんな変わらない。ふっくんがそうだしジョウジョウ（小野寺丈）もそう。つるちゃん（つるの剛士）は主演で本人的にはいろいろ気負いはあったかもしれないけど、誰かに緊張感を与えるとかそういう感じではない。リョウちゃんもそうだし加瀬（尊朗／現在は加瀬信行）くんもそうだよね。木之元亮さんなんて、あんなに綺麗な人はいないっていうくらい心がピカピカで。この間、対談でお会いしましたけど年を重ねても全然お変わりがないですから。ピュアなままでありがたかったですね。

八木　スーパーGUTSは本当に仲がよかったです。

山田　『ダイナ』は現場に着いてメイク中もしゃべる。リハ中もしゃべる。本番中は演じる。終わった後はまたしゃべる（笑）。もうみんな、ずっとしゃべってるんじゃん！っていう現場でしたね。しかも役者だけじゃなくてスタッフもしゃべっていたからそこは他の現場とは違いましたね。別の現場でびっくりしたことがあるもん。「あれ、こんなに出番前は静かなの?」「本番前は声をかけちゃいけないの?」って。

八木　キャストもいいしスタッフもいいし、あの東宝ビルトという場所もよかったんだと思います。僕もスーパーGUTSの司令室に入っていくと楽しい気持ちになりましたから。

山田　他にもいろいろな『ウルトラマンシリーズ』があって座組はさまざまあれど、『ダイナ』には『ダイナ』でしか作れなかった空気感があってそれはファンの方たちにも画面を通して伝わってくれていたかなって思います。

八木　僕は『TDG』や他の『ウルトラマン』もやっていますけど、それぞれにいいところがあるんです。『ダイナ』のよさは、たぶんキャラクターが変わらなくて明るくて楽しいところ、温かいところだと思います。

山田　『ダイナ』には陽だまりのような温かい感じがありましたよね。

**私が芸能活動を続けられたのは『ダイナ』のおかげ**

山田　『ダイナ』のときはフィルム撮影でしたよね。だから今でも覚えてますけどNGを出したら大変！みたいな感じでした。

八木　いえいえ、全然大丈夫でしたよ。

山田　でも「NGが多いとお金がかかる」って言われていたんですよ。あれはだまされていたのかな（笑）。
八木　それは本当（笑）。
山田　やっぱりお金がかかるんだ！
八木　フィルムだとNGになったものは全部捨てないといけないから確かにコストはビデオとは全然違ったんです。
山田　じゃあ私は多大なご迷惑をかけたでしょうね（笑）。
八木　全然そんなことはないです。でも現場にはフィルムならではの緊張感ってありましたよね。
山田　ありましたね。NGのこともそうだけど、カメラマンさんが大きなカメラで撮って照明さんたちとも掛け合いがあって。もう職人技だったじゃないですか。そういうのを見ることができた最後の世代だな、すごくいい経験をできたなって思います。あれから現場のカメラはどんどん小さくなって、今だとコンデジみたいな小さいのでドラマもバラエティも撮ったりしますからね。そういう小さいカメラで撮られるのが当たり前になってしまうと緊張感とかもろもろ違うんじゃないかなって思います。
八木　全くその通りですね。あとフィルムだと監督が「よーい！」と言った瞬間に撮影部がカメラのスイッチを押してフィルムが回り、その瞬間にサード助監督がカチンコを出して監督の「スタート！」の声でたたくやいなや引くわけですから真剣勝負でした。ビデオだとここが悠長な感じなんですよね。だからテンションが全然違います。
山田　本当にそうでした。みんなが精神統一して、その場で「よーい、ドン！」で演技できるように集中力を高めておかないと無理でしたから。あと当時の現場は光の作り方がうまかったですよね。陰影を意識した影のかっこよさとか女優さんを綺麗に見せる撮り方、そういうことへのこだわりが強かったと思います。
八木　『ダイナ』では撮影部のチーフの各務修司さんが露出計で顔の前を測って、ということをやっていましたよね。

山田　懐かしい！　測っていましたよね。

八木　あれでどれくらい顔が出ているか、背景がどれくらい落ちているかを計算して画を作っているんです。機材があまり発達していない時代だったけど逆にみんな技術を理解して作っていた。だから『ダイナ』の映像は綺麗です。

山田　撮影現場でもそういうスタッフさんたちの職人技をずっと見ていて、あの空気感が好きでした。役者同士はみんな明るい人たちなので集まってワイワイしゃべっていましたけど、私は家で予習してくるよりも現場で台本をたたき込んでその場で出すみたいな感じじゃないとできなかったので、集中して台本を読んでっていう感じでしたけど。本当にそれくらい忙しかったので。

八木　当時さすがだなって思ったのは、まりやさんは現場では本当に明るくて疲れを見せなかったですよね。楽しく振る舞われていたのが印象的でした。

山田　バラエティとかってその場のノリで盛り上がるけど、その後ってすごく寂しいんですよね。終わったら「おつかれさまでしたー！」って早々に次の現場に行ったりして。でも『ダイナ』は1年間おなじみのメンバーで気心も知れて、となってくると本当にほっとしていましたね。リセットみたいな感じでした（笑）。

八木　リセットできる現場って素晴らしいですね（笑）。

山田　どんどんみんな仲よくなっていったので、リセット&パワーチャージみたいな感じの素晴らしい現場でした。ピークで忙しい時期って気持ち的に負けて辞めていってしまう子もたくさんいるんですけど、私が芸能活動を続けられたのは『ダイナ』のおかげだなと思いますね。自分には帰る場所と気を許せる場所があって、元気づけてくださる方たちがいる。しかも『ダイナ』自体にもたくさんのファンがいらっしゃるということを実感する度に力をもらっていました。やっぱりグラビアとかテレビとはまた違うファンですし、役にファンが付くということにもすごく感動しましたね。

八木　そう言っていただけると『ダイナ』を作ってきたスタッフとしてよかったなって思います。

山田　だから皆さんからの愛情をひしひしと感じる現場でした。

## 八木さんはいじられキャラで現場のムードメイカーでした

山田　当時を思い出すと八木さんの空気感はすごかったですよ。さまざまな現場を見てきたから言えることですけど、上から下にものすごい圧力をかけるとか、いじめじゃないけど厳しい現場もあるじゃないですか。そういうことには役者の皆さんって敏感で第六感的なものが働いて感じ取ると思うんです。でも八木さんが持つ柔らかい感じは『ドラえもん』の道具で出てきた人みたいな感じで（笑）。しかもそのぽわーっとした感じが伝染するんですよね。あれが八木さんじゃなくて、監督に言われて萎縮しちゃって冗談を冗談として受け止められない、心の余裕がない人だったらバランスが崩れていったと思います。八木さんはみんなとのコミュニケーションのとり方でも明るくて上手でしたからね。

八木　なにか言われても大丈夫なんですよね（笑）。

山田　本当にそうでしたね（笑）。八木さんはいじられキャラで現場のムードメイカーでした。

八木　反省してないっていう意味ではないんですけど、助監督は怒られ役っていうこともありますしね（笑）。だから萎縮はしないというか。それに僕自身もこの作品をよくするために頑張っているという前提がありますし、言う方もよくするために言っていますから。あと作品をよくするために楽しい現場、人が萎縮しなくてやりやすい現場にしたいとは思っていました。ただそれは自分だけの力では全然なくて、みんながかかわったということですよね。それで思い出したんですけど、僕は『ダイナ』では1~2話の途中から入っているんです。というのはまだ『ティガ』を撮っていたからなんですけど、まりやさんたちは先に小中（和哉）監督と始めていらして。それで僕が初めて司令室に入っていったらまりやさんも入ってこられて「あれ？　八木さんなんでいるの？」って（笑）。

山田　そういうところが私はダメなんですよ（笑）。

八木　でもこれはいい話なんです（笑）。あのときにまりやさんと『ムーンスパイラル』のころのように楽しくお話をできたので、1~2話に途中から入ったセカンド助監督という新参者が一瞬にして市民権を得られたわけですから。みんな「あの人は誰だろう？」っていう感じだったのが、まりやさんと親しく話をしていたから「ああ、あの人は大丈夫なんだろう」って。

山田　私って仲よくなるとどっぷりっていうところがあるから（笑）。

八木　あのおかげで最初からいい感じで『ダイナ』に入れたんですよね。

山田　そうだったらうれしいですね。八木さんには『ムーンスパイラル』でオーディションの段階、一番素のところから見られていて、もう「オムツを替えてもらったお兄さん」みたいな感じですから（笑）。

八木　そんな偉そうなものではないですけど（笑）、そのころから知っているから『ダイナ』ではよかったですよね。

## マイ隊員は超命がけで地球を守りました

八木　そんな感じで『ダイナ』の1年間が始まったわけです。

山田　事故もなく無事に完走できたのはよかったですね。丈夫なメンバーがそろっていましたからインフルエンザで中止とかもなかったですし。まあ『ダイナ』の現場はスタッフさんも強かったですよね。

半魚人兵士ディゴンを倒した直後のマイ。ガッツブラスターがさまになっています。「移動要塞《クラーコフ》浮上せず！（後編）」より

**八木**　来る日も来る日も撮影が続いて、ほとんど休みがなかったですからみんなよくやったなと思います。そんな中でも印象的だった回はどれでしたか？

**山田**　ファンが一番好きなのはやっぱり「移動要塞浮上《クラーコフ》せず！・前後編」ですよね。でもあのときは台本を読みながら「なんでミサイルで行って爆発しないんだろう？」って思いました（笑）。普通に考えたら「ミサイルで突っ込んだら私はどうなるの？」ってなるじゃないですか。なのにミサイルから降りてパソコン操作までしているから「私ってすごくない？」と思いましたけど。マイ隊員は超命がけで地球を守りましたね。

**八木**　「クラーコフ」では結構朝早くにスタジオに入って芝居に集中されていましたよね。控室で役づくりをされていた記憶があります。

**山田**　円谷プロの作品に携われて贅沢だなって思うのは、あれだけの基地のセットの中であいうスーツを着てバッチリ形からも入れるじゃないですか。だから家でどんなに台本を読んでいたとしても、やっぱり現場での方がセリフはすっと入ったんですよね。私はセリフ覚えがいいというわけではないんですけど、現場の空気感に触れないとセリフが入ってこないというか。『ダイナ』の現場に来るまではバラエティで熱湯に入ったりと全然違うことをやっていたわけじゃないですか？　だから器用に役には入れなかったというか。あと撮影は、夏は暑いけど冬はめっちゃ寒かったのを思い出しました（笑）。いま思えば体調の変化についていくのが大変でしたね。

**八木**　革のスーツはかっこいいんだけど夏は暑いし冬は寒いんですよね。あと東宝ビルトも雨が降っていると屋根の雨音が大きくて撮影できないようなスタジオで、空調も完備というわけではありませんでしたから（笑）。でもそこがいいんですよね。

**山田**　思い切り昭和な感じでしたよね。スーツを初めて着たときは「こんなにコルセットみたいに硬いのを着て芝居するの?」って思いましたし。それに若かったから自分の気持ちの整理や感情のコントロールがうまくできなくて、リョウちゃんにもいろいろ相談したりしていたかな。

**八木**　先輩のリョウに相談されていたんですね。

**山田**　りさちゃんがあの声で「まりや、大丈夫だよ!」って言ってくれて、頭をなでなでされるだけでも「浄化されました!」っていう感じでした(笑)。意地悪な人なんて1人もいなかったし、他人を出し抜いてどうこうっていう人も1人もいなかったし本当にバランスがよかったです。あと思い出としてはハネジローが可愛かった! ハネジローに会えたのはいまだにうれしいですね。現場にはハネジローを操る人がいるじゃないですか?

**八木**　人形師の原田克彦さんですね。

**山田**　でも私には原田さんが見えていなかった(笑)。ハネジローは生きていると思っていましたからね。本当に可愛かったな。

**八木**　子役だったけど本当にE.T.がいると思って芝居をしていたという『E.T.』(82)のドリュー・バリモアみたいなエピソードですね。

**山田**　しかも「さらばハネジロー」(47話)で弟を出してもらえたのも大きかったですね。「弟のヒロキです」ってびっくりするくらいの棒読みで「わー!」って思いましたけど(笑)。自分の本当の弟を出してもらえたっていうのはうれしかったです。

**マイのその後は?**

**山田**　『ダイナ』の未来ってどうなっているんですかね? やっぱりスーパーGUTSのみんなも立場や役職を変え

て後輩の育成とかをしているのかな。
八木　管理職になっているかもしれませんし、ネオフロンティア時代だから宇宙に行っているかもしれないですね。
山田　私は杉本彩さんみたいな役をやってみたいな。映画（『ウルトラマンティガ&ウルトラマンダイナ』／98）でスーパーGUTSの上のTPCのキサラギ博士だったじゃない？　あんな感じでマイは超偉くなっていたとかね。なにしろコンピュータのエキスパートなんだから。
八木　知力が持ち味ですからそれこそ総監みたいな役もいいでしょう。女性の偉い人が出てくる作品はやるべきですよね。そういうのは『ウルトラマン』から変えていくのがいいんじゃないかなと思います。
山田　ぜひ八木さん監督で1本作ってください。そしてそのときは弟じゃなくて息子を出してくださいね！（笑）。
八木　そういえば息子さんのムネ（草野崇徳）くんも役者さんなんですよね。お母さんがスーパーGUTSで地球を守っているっていうのは息子さんにとってはどういう感覚なんですか？
山田　『ダイナ』を擦り切れるほど見てくれてうれしいですね。ママが若いっていうのが面白ポイントみたいですけど、「クラーコフ」でママがミサイルに入るところなんかは涙を流して見てくれました。でも最近は「これってどういう風に撮影するの？」って聞いてくるんですよ。「火薬もちゃんと入っているの？」って。
八木　それはすごい理解力ですね。ちなみに当時は火薬みたいなものは実際に使って撃っていましたよね。
山田　撃っていたし、熱いし痛いしっていう現場でした（笑）。私はあんまり戦闘には行っていないですけど、映画では爆破シーンを初めて経験して本気でビビっていました。それで「わわあぁ！」なんて可愛くない驚き方とかをしちゃって（笑）。
八木　そんなに大きな音はしないけどガソリンだからブワ！って炎が行くんですよね。

山田　みんなは慣れているけど私は初めてだったから本気で怖かったですね。しかも熱いし（笑）。まあそんなこともありましたけど、『ダイナ』はいつまでもみんなの心に希望の明かりを灯せる作品だったんじゃないかと思いますね。というのは、今でもSNSでは世界中のいろいろな国の言葉で私のアカウントに「ヘイ、マイ！　元気？」っていうコメントが寄せられるんです。それが面白いなって思っていて。

八木　『ダイナ』は世界中で人気がありますからね。前に中国で特撮を撮ったことがあるんですけど、通訳の方が『ダイナ』ファンだったということもありました。

山田　インドとか中国とか「え？」って思うような国の人からコメントが届くんです。中には歴代のヒロインを追いかけているような人もいて、自分がその1人になれているっていうことがもう「レジェンド！」っていう感じです（笑）。うれしいですよね。

八木　実際、レジェンドですから（笑）。

山田　当時はピチピチの17～18歳だった私の青春の貴重な1ページ、いや1ページどころじゃないですけどね。色濃く、鮮やかに残っている経験ですね。ですからまた円谷作品に携わってこういう世界観にどっぷり浸かりたいと思います。今だったらもっと面白さも分かるし、SF／ファンタジーの世界は世界中の人に共通じゃないですか？　政治も国境も肌の色も宗教も超えてみんなにメッセージを届けられたらうれしいなって思います。SF／ファンタジーだからこそ今の世界情勢とかウイルスとかを含めたいろいろなメッセージを盛り込めると思うので。

八木　それは未来に絶対やりたいです。

山田　もしやるとしたら企画から参加したいですね。クラウドファンディングなんかもからめて面白いことができると思いますよ。ぜひ近々、企画会議をやりましょう！

ある日の東宝ビルトオープン。アスカのスチール撮影を見守るマイとリョウ。とても楽しそう。スーパーGUTSは皆さん本当に仲がよいのです。楽しいチーム

# 木之元亮

Ryo Kinomoto | Actor

## 僕は今でも「シュワッチ」なんてよく言っています

スーパーＧＵＴＳを率いる隊長、ヒビキ・ゴウスケ。スーパーＧＵＴＳを象徴するような明るさとパワーを有し、出撃することも多かった現場主義のプレイングマネージャーだ。そんなヒビキ隊長を演じた木之元亮氏は、実は筋金入りの『ウルトラ』ファンでもあった。では氏は、『ウルトラマンダイナ』の撮影にはどのような思いで臨んだのだろうか。まるで隊長そのままの明るく豪快な木之元氏に胸の内を明かしていただいた。

聞き手：八木毅

### 大抜擢だったロッキー刑事

八木　『ダイナ』が終わってからも木之元さんとはいろいろなところでバッタリお会いしましたね。

木之元　高田馬場で2回くらい会ったよね。あとは新宿の紀伊国屋書店のＤＶＤコーナー、覚えてる?

八木　もちろん覚えていますよ。それから代々木公園の北海道フェアでもお会いしました。僕は仕事でちょっと離れたところを歩いていたんですけど木之元さんの大きな声が聞こえて。「あれ?」って思ったらいらっしゃって。

木之元　そうだった。あれは先輩と北海道フェアに行ったときですね。

八木　そんな感じで何度かお会いできてはいたのですが、今日はゆっくりお話を伺いたいと思います。まずは『ダイナ』以前ということで、『太陽にほえろ！』（72-86）のロッキー刑事のことからお聞きできたらと思います。

木之元　僕はあれがデビュー作で役づくりもなにもない状態でした。俳優の養成所に行っていてちょうど1年くらい経ったころかな？　お金もないしヒゲを剃る余裕もないしで無精ヒゲを伸ばしていたんですね。それで日払いのアルバイトなんかをやって食いつないでいたんだけど、痩せていたから養成所では「キリスト」なんて呼ばれていて（笑）。そうしたら当時は本部の事務所の方で養成所の生徒たちの写真を撮って、マネージャー連中が顔見知りのプロデューサーの机の上に置いてくるみたいなことをやっていたらしいんです。

八木　では木之元さんも「キリスト」のような風貌で写真を撮影されたわけですね。

木之元　あくまで養成所の生徒なんだけど、マネージャーがその写真を当時の『太陽にほえろ！』のプロデューサーだった岡田晋吉さんの机の上にポーンと置いてきたらしいんですよ。で、その写真をたまたま見つけたのが岡田さんのところにご挨拶に来ていた松田優作さんだった。松田さんが「ヒゲの刑事も面白いんじゃないの？」なんて言ったらしいんですね。それで岡田さんも「じゃあ1回会ってみようか」ということになって事務所の方に電話があった。「ちょっとお会いしたいんですけど」なんて話だったんだけど、やっぱりプロデューサーから直で連絡があるっていうのは本当に珍しいことで。事務所の方でもよく分からないから、犯人役のチンピラかなんかですぐに殺されちゃうんだろうなって思っていたんだよね。

八木　養成所の生徒だったからちょい役だと思っていたということで。

木之元　僕もまさか新人刑事の役だとは思っていないから、「じゃあちょっと日テレに行きましょう」っていう軽い気持ちでマネージャーと一緒に会いに行ったわけ。それで岡田さんと話しているとどうも話が食い違うんだよね。話しているうちに「え？　新人刑事？」ってなってマネージャーもびっくりしちゃった。そうしたら今度は養成所に稽古の様子を見に来たいっていう話になって、下落合にあった稽古場に日テレとか東宝のプロデューサーさんがズラッといらっしゃったんですね。もう、それで養成所は大騒ぎ（笑）。

**八木**　大抜擢だったわけですごいことですよね。

**木之元**　その後はじゃあ1回カメラテストをしましょうっていうことで、警察犬の調教師の役をやったんですね。まあこれはカメラテストっていうよりもスタッフと1回顔を合わせるみたいな感じでしたけど。それで決まったんですけど、ヒゲ面だから山男のイメージだということで「ロッキー刑事」になった。アルプスだとかマッキンリーとかエベレストとかいろいろ山の名前が挙がったらしいんだけど、やっぱりロッキーが一番言いやすくていいんじゃないのっていうことだったらしいですね。

**八木**　ヘタしたらエベレスト刑事だったかもしれないわけですね（笑）。でもやっぱりロッキー刑事がかっこいいです。

**木之元**　僕としては漁師のセガレですから山なんか全く経験もなかったんだけどね。

## 「芝居が駄目なら体力付けろ」

**八木**　『ダイナ』のときに「新人刑事はとにかく走るんだよ！」ということを木之元さんから伺ったことがあるんですけど、これはやはり『太陽にほえろ！』での実体験ということですよね。

**木之元**　もうとにかく走れ走れでしたから。でも養成所時代にはお金がなくてね、体重も減っているから体力もなくてフラフラでした。だから立ち回りをやっても走ってもすぐに息があがっちゃう。立ち回りなんかは全然うまくできないしさ。

**八木**　養成所の1年生ですからそうなりますよね。

**木之元**　そうすると立ち回りでからむ殺陣師の方とかが、「ロッキーはなんにもやってないな」っていうのを感じ取って綺麗に飛んでくれたりしないんです。これはもうそういうもので、「もっとちゃんとやれよ」「鍛えろよ」っていうことなんですよね。それが分かってからはスポーツジムで鍛えるようになって、ギャラも入るようになったのでご飯もちゃんと食べてね（笑）。半年くらい経つと皆さん分かるようで、「ロッキー、やってんの?」って。それで「はい、ジムで走り込んで筋肉も付けています」「そうだろう。全然違うよ」ということで、綺麗に飛んでくれるようになった。特にアクションですからサボってなにもしない俳優さんはダメなんです。普段から身体をきちんと作っておくというのは最低限やっておくべきことなんですね。「芝居が駄目なら体力付けろ」と（笑）。

**八木**　すごい言葉ですね。

**木之元**　これは竜（雷太）さんに教わったことですね。「体格俳優」なんて言われたりもしましたけど、まずは日頃からの最低限の身体づくり。「いつ現場に行ってもいいようにしておく」というのはずっと言われてきたことで、これは今でも心がけていることなんです。

**「1話につき1回、隊員たちに『バカモーン!』って言わせてほしい」**

**八木**　今でも身体を鍛えていらっしゃるというのは素晴らしいですね。そういう意味ではロッキー刑事とヒビキ隊長には一脈通じるところがあると言えるでしょうか。

**木之元**　ヒビキ隊長は半分ロッキーだと思うんですよ。そして半分ロッキーっていうことはやっぱり僕そのもの、木之元そのものなんです。僕はテクニックで芝居をするようなことはやってこなかったので、本当に半分は地のまんまですからね。北海道の漁師のセガレがたまたまこういう世界に入って、養成所にも行きはしましたけど芝居の勉強だってやったうちに入らないくらいのもので。現場で経験しながら勉強するというのが大前提でしたから。

**八木**　ではヒビキ隊長のオファーがあったときはどう思われました？

**木之元**　ヒビキ隊長をいただいたことで、ロッキーからもっと木之元に近づけるんじゃないかと思ってワクワクしました。もっと木之元になれるんじゃないか？　もっと自分を出せるんじゃないか？　素直にそう思えてうれしかったですね。それで最初の顔合わせのときだったかな、監督やプロデューサーには「1話につき1回、いや2話につき1回でもいいから隊員たちに『バカモーン！』って言わせてほしい」と言ったんです（笑）。

**八木**　あの有名なセリフは木之元さんのリクエストだったんですね。

**木之元**　ええ、僕がお願いしたんです。「バカヤロー！」じゃなくて「バカモーン！」って言わせていただきたいと。言ってみれば僕はスーパーGUTSの隊長であり、スーパーGUTS家の家長でもあるということですね。だから愛情をもって「バカモーン！」の一言を発して、みんなが「分かりました！」って元気になって行動してくれればいいなということでね。もしかしたら実際にはお父さんやお母さんにそんな言葉は言われたことがないかもしれないけど、木之元＝ヒビキ隊長に愛情を持って言われれば心地良さも感じてもらえるんじゃないか。そういうことで言わせてもらったんです。

**八木**　確かにあの「バカモーン！」は怒っているというのとは全然ニュアンスが違いますよね。

**木之元**　だから「バカモン隊長だ」っていうことでね。基本的にはアナログ人間でコンピュータなんかは全く関係ない。自分の手足を動かして、自分で調べる。古い人間っていうか、古いオヤジだよね（笑）。

ヒビキ・ゴウスケ隊長。冒険野郎たちの集まり隊であるスーパーGUTSを引っ張る隊長。「バカモーン！」が口癖で、この言葉には愛がある

八木　『ダイナ』の舞台設定は2017年でしたが、まさに昭和のオヤジのようなヒビキ隊長でした。
木之元　そうだよね。気分は昭和のオヤジだった（笑）。
八木　他にセリフで気にされていたことはありましたか？
木之元　あんまり汚い言葉は使わないように意識したのと、あとは「スーパーGUTS、出動！」だよね。これは気合いを入れて言いました。
八木　それに対して隊員が「ラジャー！」と元気よくこたえるのがスーパーGUTSですね。
木之元　でも1回くらい僕も「ラジャー！」って言っちゃったんじゃないかな？　みんなが言っているからやりたいなーなんて思って（笑）。自分で言っちゃいけないのにね。
八木　それは見直して確認してみたいですね。ちなみに最初の顔合わせに参加されていた監督は小中和哉監督ですよね？
木之元　そうです。小中さんも不思議なんだけど、2020年に渋谷でばったりお会いしているんですよ。その日は（山田）まりやのインタビューの取材で円谷プロに行く用事があったんだけど、時間があったから東急プラザをぶらぶらしていたんです。「新しくなった東急プラザには初めて来たなー」なんて思いながら歩いていたら目の前に小中さんがいて。
八木　木之元さんはそういう偶然を引き寄せる方なんですね。
木之元　それで小中さんが「あれ？」なんて言っているわけ（笑）。「今日はどうしたの？」って。だから「今日はまりやがインタビュアーで『ダイナ』の取材を受けるんですけど、以前の小中さんの発言で確かめたいことがあるんです」っていう話をして。

八木　偶然出会ったことで小中監督に直接疑問点をぶつけることができた。すごいですね。

木之元　「小中さんの発言で僕はすごく感動したことがあって、今日はまりやにもそのことを話したい。でもこれって本当に小中さんが話したことなんですか？」ってお聞きしたら、間違いないということでした。それで僕は自信を持ってまりやに話をすることができたし、まりやも感動していましたね。

八木　小中さんの以前の発言というのはとても気になります。

木之元　要するに『ティガ』は女性隊長で、作品自体も理知的なソフトなイメージだった。でも『ダイナ』は続編ではあるけどその雰囲気を引っ張りたくなかった。だから今までにないワイルドな男性隊長を起用して、スーパーＧＵＴＳは冒険野郎の集まり隊にしたい。そういう発言だったんですね。だから『ティガ』とは全然違うんです。

八木　それは僕も読んだ覚えがあります。

木之元　撮影が終わってからだったけど小中さんの発言を読んで本当に感動してね。この話は20年の暮れに（小野寺）丈ちゃんのユーチューブ番組『丈熱ＢＡＲ』でつるちゃん（つるの剛士）、ふっくん（布川敏和）ともしたんだけど、みんな「その通りだったよね」ってやっぱり感動していた。でも撮影のときに僕らは「冒険野郎の集まり隊でお願いします」なんていうことはなにも言われていないんですよ。でも実際にスーパーＧＵＴＳはそうだったよなっていう話になって、どう見たって理知的じゃない（笑）。元気で真っ直ぐで、そういうヤツらの集まりだったよねって。

八木　冒険野郎ということでは、ヒビキ隊長が結構な割合で出撃して危険な目に遭っています。これも『ダイナ』の特徴ですよね。

木之元　やっぱり現場に行かないと楽しくないでしょう。だから司令室であぁだこうだっていうのはなるべく少なくしてほしい、というのはありましたね。やっぱり現場に行きたいし、苦労をするなら隊員と一緒に苦労をしたい。映画（『ウルトラマンティガ&ウルトラマンダイナ』）の最後なんかすごかったですよ。クルマもない、武器もない。そんな状態で「隊長、どうしますか?」って聞かれて、「俺たちにはこれがあるだろう!」って脚をポーンとたたくんですから（笑）。それで隊員たちが「わかりました!」って走っていく。そんなバカな話はないけど、スーパーGUTSならあり得る。あれはスーパーGUTSのことを分かってもらえるなっていうシーンでしたね。だから隊員たちにはいまだに「隊長! 俺たちにはこれがあるんですよね!」って言われる（笑）。だから本当に冒険野郎の集まりなんですよ。

## 「『ダイナ』は心意気のB級でありたい!」

**木之元**　そのときに小中さんが言っていたことがもう1つあって、これは「『ティガ』が志のA級ならば、『ダイナ』は心意気のB級でありたい!」ということ。これはちょっと問題になったらしいんですけどね。

**八木**　B級映画のB級ですから決して悪い意味ではないですが誤解されやすいかもしれませんね。

**木之元**　もちろん小中さんもB級が劣るものという意味では言っていなかったんだって。要するに非常に庶民的でみんなに近くて真っ直ぐなイメージということだったらしいですね。僕はこの「『ティガ』が志のA級ならば、『ダイナ』は心意気のB級でありたい!」という言葉には泣けました。

**八木**　すごく力強い宣言ですよね。

**木之元**　『ダイナ』は実際にその通りになりました。本当に心意気しかなかったからね、『ダイナ』には。

**八木**　もちろん志もありましたけど、心意気もすごかったです。やっぱり前向きで冒険野郎だったし、木之元さんを中心に現場が明るかったのが印象的でした。

木之元　本当に明るかったね。斜に構えて芝居するようなヤツもいなかったし、みんな常に真っ直ぐで単純明快でした。やっぱり子どもたちはどこかで真っ直ぐなものを望んでいるんですよ。だからよかったのかもしれないですね。スーパーGUTS、そしてダイナそのものが子どもたちにとって近い存在だったということで。

八木　『ダイナ』は身近で親しみやすいメッセージを発信していたと思います。

木之元　それは自負しています。あとスーパーGUTSは本当に仲がよくて、いまだにスマホで連絡を取り合っているみたい。僕はガラケーだからやっていないんだけど（笑）。それに『丈熱BAR』で会ったり、まりやにはインタビューを受けたりしたりしているから、いつも会っているような感覚がありますね。丈ちゃんとは『7ナナ』（21）という芝居を一緒にやったりもしていて、これがまた親分の役なんだよ（笑）。

八木　『7ナナ』は丈さんの作・演出ということですが、木之元さんは隊長から親分になられたんですね。

木之元　でも、丈ちゃんなんかいまだに「隊長！」って言ってくるからね。

八木　そういえば木之元さんには映画『大決戦！超ウルトラ8兄弟』にも出ていただきましたが、横浜ベイスターズの監督役でした。アスカとリョウを見送るカットでつるのさんとの「監督、それでは行ってきます！」「よっしゃ。宇宙で迷子になるなよ」というやりとりがありましたが、本番でつるのさんがいきなり「隊長、それでは行ってきます！」って（笑）。でもしばらくは誰も気が付かないんですよね。この2人が話していたら「隊長」と言うのが自然すぎて、言い間違いに思えないということがありました。

木之元　スーパーGUTSはもうそれくらい「当たり前」の存在になっちゃっているんだよね。

ヒビキ隊長のトレンチコート姿はボギーも真っ青な渋い迫力。着こなしも決まっています。「平和の星」より

## 「ワンダバ」を使っているのはうれしかった

**八木**　では木之元さんの思い出に残っている『ダイナ』のお話を教えていただけますか？

**木之元**　僕はあんまり出番がなかったけど、作品的には「少年宇宙人」（20話）ですね。

**八木**　太田愛さんの脚本で僕も大好きな作品です。

**木之元**　円谷プロにはまさしくあれが『ウルトラマン』の原点だと思ってほしいんですよ。宇宙人の少年が飛べないのをダイナが「頑張れ！」って応援して、ついに飛べて自分の星へ帰っていく。そして最後に2人残った子どもたちのセリフがすごい。1人が「俺は大きくなったらあいつに会いに行くんだ」って言うと、もう1人が「よし分かった。じゃあ俺はお前が乗っていける宇宙船を作ってやる」ってこたえる。あれは感動的でした。3人は今でも違う世界じゃなくて同じ世界に住んでいるわけ。自然にそういう会話になるのが、ああ『ウルトラマン』だなってジーンときた記憶がある。大した格闘シーンがあるわけではいんですよ。でも子どもたちを応援したくなる、そんな作品でしたね。

**八木**　あの脚本が来たときは現場でもすごく盛り上がりました。美術監督の内田（哲也）さんも気合いが入って、子どもたちの秘密基地なんかは本当に遊べるものを東宝ビルトのオープンに建てているんです。

**木之元**　うん、あの脚本は本当によかったから。友達の1人が実は宇宙人だったのが分かるんだけど、残りの2人が友達として変わらずに応援するんだよね。だから気持ちもいいしさ、地球人とか人間なんていうところで小さくまとまっているんじゃなくて、もっと大きい心で宇宙とか星を見れたらいいのになって。火星だなんだっていうのも資源だとかの人間のエゴで興味を持つんじゃなくて、ロマンで興味を持っていかないとなって思います。

**八木**　僕も「少年宇宙人」は大好きです。ヒビキ隊長回ではいかがですか？

**木之元**　「平和の星」（33話）はヒビキ隊長の私服が出てきて面白かったかな（笑）。私服で出ているのがすごく記憶に残っていますね。トレンチコートは自分でも持っているけど滅多に着ないから、あのとき特にリクエストしたわけではないんだけど。

**八木**　『カサブランカ』（42）とかのハンフリー・ボガートのイメージですね。

**木之元**　なんかいい感じでしたね。「平和の星」にはヒビキ隊長の娘も出てきますからぜひ見てほしいです。あとは大阪にみんなで行きましたよね？

**八木**　「滅びの微笑・前後編」（35〜36話）ですね。

**木之元**　スーパーＧＵＴＳの衣装を着て大阪城の門のところをみんなで歩いてきてさ、あれはすごかった。周りには一般のお客さんがダーっていて見ているし。

**八木**　ＧＵＴＳ隊員もいて、みんなで『Ｇメン'75』よろしく歩いてくるシーンですね（笑）。

**木之元**　そうそう。あれは楽しかったね。その後は「来れる人は来てよー」なんていうことで7〜8人で飲みに行きましたけど、ＧＵＴＳ隊員もいたんじゃなかったかな？

**八木**　しかし当時のことを思い出していると本当に楽しいですね。楽しいことしか思い出さないというか。

**木之元**　でも実際、現場に行くのが楽しかったですよ。しかも1年間ですよ？　しかもみんなも「楽しかった」って絶対言うはずです。そういう現場でしたからね。あとはＣＧとか合成があったから最終的にどうなるかが分からないから仕上がりも楽しみでしたね。それで上がってきたのをみんなで一緒にスタッフルームで見たりして。

**八木**　そういうところも仲がよかったですよね。

**木之元**　あと『ダイナ』は前半で「ワンダバ」を使っているんですよ。あれはうれしかったな。スーパーＧＵＴＳは全員感動していました。

八木　そういえばテストのときに、「スーパーGUTS、出動！」っていう号令の後で隊長が「♪ワンダバ〜」って歌いながら歩いていることもありましたね（笑）。
木之元　あんまりうれしくてそんなこともしていたかもしれないね。
八木　「きっとワンダバがかかるだろう」っていう感じで。やはり楽しい現場でした。
木之元　最高でしたね（笑）。

## 大人の目なんて気にしなくていい

八木　では『ダイナ』という作品で51本を演じられてきて、いま思われることなどをお聞かせください。
木之元　今はフリーで活動していて、それで自分でも発信をしようと思ってユーチューブチャンネルなんかも開設したんですね。そうしたら２０２０年に23歳の看護師さんから連絡がきて、『ウルトラマンダイナ』の大ファンですっていうわけですよ。もともとはお父さんがファンだったらしいんだけど、ＤＶＤなんかを見ているうちに自分も好きになっていろいろなものを集めているんだって。
八木　オンエア時には生まれていなかった新しいファンですね。
木之元　それで「ヒビキ隊長にサインをいただけませんか？」なんていう手紙がきたんだけど、『ダイナ』の中で一番心に残っているセリフがあるんだって。映画『ウルトラマンティガ&ウルトラマンダイナ』だったと思うんだけど、まりやがケガをしちゃって入院してアスカが責任を感じて屋上にいるシーンで。そこに隊長が来て「アスカ、ピッチャーのマウンドがどうして高くなっているか分かるか？」って言うわけ。「それはな、みんなの声援がピッチャーの背中に届きやすくするために高くなっているんだ。頑張れよ、諦めるなよ」って。最後まで諦めるなということを諭すわけだよね。奈良のその子はこのシーンが好きで何度も見て、勇気づけられて看護師の道に入ることができたんだって。そういう若い子がいるというのは、円谷プロが考えているよりも『ウルトラマン』の持っている影響力ははるかに広くて長い期間にわたるものだからだと思うんだよね。いい意味での理想を与えているっていうことでね。

**八木**　素晴らしいですね。

**木之元**　まずはそれが思うことだよね。あとは30年も40年も俳優をやっていれば、「こういう作品をやりました」って自負する作品の1つや2つはあると思うんです。でも皆さんに「あー、あれですね!」って言ってもらえる作品はなかなか珍しい。そういう意味では『太陽にほえろ!』のロッキー刑事と『ウルトラマンダイナ』のヒビキ隊長という2つの役を演じられたことは、俳優としてとてもありがたいことですね。ロッキー刑事って言えば「ああ、ヒゲの!」ってなるし、ヒビキ隊長って言えば「知ってる! 知ってる!」ってなりますから。

**八木**　しかもその2つの役は木之元さんご自身にも近いということです。

**木之元**　そう考えると僕はずっとヒビキ隊長なんだろうし、つるのも含めてスーパーGUTSのみんなとも付き合っていくんだと思います。家族というわけではないけど、俳優だけのつながりではない関係が続いていますからね。「隊長! スマホに替えてくださいよ」って言われて、「バカモーン! 俺はガラケーだ!」って言うんだけど(笑)。そんな感じで多少年が違う僕にも声をかけてくれるので本当にありがたいですね。

**八木**　スーパーGUTSの素晴らしい結束ですね。

**木之元**　あと僕は『ウルトラマン』は中学や高校のころから見ているわけですよ。だからやっぱり『ウルトラマン』ってなんだろうということは考えていて。それは難しい話ではなくて、やっぱり円谷プロがここまで『ウルトラマン』を頑張って続けてきたのはとても大切なことだと思うんです。日本の映像にとっても財産なわけじゃない? だからこれからもぜひ作り続けてほしいんです。なぜかといったら、この『ウルトラ』の心も精神も技術も継承していかないといけないから。

**八木**　本当にそう思います。

**木之元**　もちろんCGも使っているわけだけど、人間が中に入って演じるのが『ウルトラマン』の基本じゃない？　そういうことを大事にして途切れることなく若いスタッフに伝えていく義務が円谷プロにはあると思いますね。要はそれくらい素晴らしいことなんです。そしてやっぱり子どもたちにはまっすぐに生きること、夢を抱くことの素晴らしさを直球で伝えていってほしい。これが『ウルトラマン』のすごく大事なところじゃないかなって。1年間『ダイナ』をやらせてもらって、この年になっても『ウルトラマン』のファンである僕が思っているのはそういうことですね。みんなはもうあんまり言わないかもしれないけど、僕は今でも「シュワッチ！」なんてよく言っていますから（笑）。

**八木**　木之元さんは初代『ウルトラマン』からご覧になっている世代ですからね。でも「シュワッチ！」って内心で言っている人は案外多いかもしれませんよ。

**木之元**　本当に難しい話ではなくて、円谷プロの制作陣にはあまり斜に構えずに子どもたちに向き合ってほしいですね。大人の目なんて気にしなくていいんですよ。大人ってどうしても「今までとは違うものを作りたい！」と思って変化球を投げたくなる。これはどんなドラマでもそうなんです。でも人も変われば時代も変わるわけで、まっすぐに演じようがまっすぐに作ろうが変わっていくんです。だからハナっから「変えよう！」なんて思わない方がいい。それを信じてこれからも直球の『ウルトラマン』を作っていってほしいですね。それでいうと『ダイナ』の最後もね、いつかアスカは生きているんだということを1回見せてほしいという話はみんなで言っていたんです。やっぱりスーパーGUTSの思いはアスカが生きているということだから。あれで終わっちゃっていると「アスカは死んじゃったのかな?」っていう悲しさが残るでしょう。だから変化球じゃなく、「ああ、アスカは生きていたんだ」って思えるものをファンの方に直球で届けられたらいいなと思いますね。

# PART 2
# プロデューサー編

MASATO OIDA
笈田雅人
KAZUO TSUBURAYA
円谷一夫

# 笈田雅人

Masato Oida | Producer

## 人類が力強く前向きに進んでいくという方向で世界観を作りたかった

『ウルトラマンティガ』に続いて『ウルトラマンダイナ』でもプロデューサー（クレジット名義は「企画」）を務めた笈田雅人氏は、溢れる『ウルトラ』愛を胸に平成三部作を牽引した立役者だ。では氏のもとで『ダイナ』はどのように構想されスタートを切ったのか、そしてエンディングの意味するものはどのようなことだったのか？　作品世界の最深部を伺っていくことにしよう。

聞き手：八木毅

**続編で嫌なのが前作を掘り起こしてグチャグチャにしちゃうこと**

八木　『ティガ』はもともと2クールで始まって、評判がよいということで4クールに伸びたんですよね。だからもともとは『ＴＤＧ』という平成三部作のシリーズとして構想されたわけではなかったのですね。

笈田　結果的に3年続いていますけど、当時の局の最大のスパンということで契約は全部2クール26話だったんです。その中で次回作が決定となって、『ティガ』の4クール目の脚本の打ち合わせが終わったらすぐにメインスポンサーと会議をやっています。参加していたのは講談社さん、ＭＢＳさん、バンダイさん、読売広告社さん、あとは円谷の高野宏一（監修）さん、（円谷）一夫（製作）さん、僕というメンバーですね。そのときに高野さんが用意していたのは『アイアンキング』（72‐73）みたいなロードムービーの企画で、主人公は旅をしている放浪の青年というものでした。この企画書をまとめたのが長谷川圭一さんです。

**八木**　『アイアンキング』ですから『渡り鳥』ということですね。

**笈田**　基地はなくて、隊は出てくるけど現場に駆けつけるような形でね。『アイアンキング』には高野さんがやりたい要素が結構入っていたんでしょう。でもその企画書を会議で配ったけど「おお、いいね」ということにはなりませんでした。それでバンダイさんからは『ウルトラマン刑事《デカ》』はどうですかっていう話が出たんです。担当の部長からデザイン画が出されて、これはウルトラマンがピストルを装備してアーマースーツを着てみたいなことだったから、みんな「うーん」ってなっちゃって。だから僕は思いつきで「今度は3人のウルトラマンでどうですか?」って言ったみたいの。3人のウルトラマンが最後は1つにまとまるというものだったけど、「ダメだよそんな『トリプルファイター』（72）みたいなの」って言われて「いや、最初は1人にエネルギーを集めて、3人のうちの1人が巨大化するんです」なんて言っても、「ダメダメ、『トリプルファイター』みたいじゃん（笑）」って一夫さんに言われて。じゃあ次回までの宿題にしますかってなりそうだった瞬間に光が射したんです。『テレビマガジン』の小川（徹）編集長が講談社代表で参加されていたんですけど、「皆さん、新作ではなく『ウルトラマンティガ』の続編でいいんじゃないですか?」っておっしゃったんです。

**八木**　そうだったんですね。

**笈田**　丸谷（嘉彦／企画）さんも「それはあり得るな」ということでした。丸谷さんとしては外してほしくないポイントが2つあって、1話の出だしの画はガラッと変えて新作というインパクトを出してくれというのが1つ。あとはヒーローのウルトラマンのデザインも変えてくれと。その2点を守ってくれればＭＢＳとして異論はないということでした。それで一夫さんも好感触で「笈田、どうだ?」と聞かれたので、「なんとか行けるんじゃないですか」と言って引き受けました。僕としても、すぐに新シリーズに切り替えるのではなく『ティガ』の流れでいくというのは正直うれしかったんですよ。そして、それは円谷からはあまり言えないことですから。それで「企画」という立場をもらったので、一夫社長に監修していただきながら右田（昌万）さんと『ダイナ』につながる企画書を早急にまとめ上げた。そういう流れですね。

**八木**　企画書をまとめるに当たってのテーマ的なものはなんでした?

**笈田**　とにかく続編で嫌なのが前作を掘り起こしてグチャグチャにしちゃうこと。『ティガ』はここまでなんとか作品世界を構築できたわけですから、設定的に過去のものを掘り起こしておかしくしちゃうのだけは避けようというのが最初に考えたことです。だから『ティガ』が２００７〜２０１０年という設定だったのに対して、『ダイナ』は7年後の２０１７年〜２０２０年の3年間にしました。その間の7年間にいろいろ設定が変わっているということで。じゃあ『ティガ』で人類が到達した境地からどういう方向に行くのかを考えた結果、ネオフロンティアだろうと。これはＪ．Ｆ．ケネディ大統領のニューフロンティア政策……アメリカが1回豊かになってその後に行き詰まった社会情勢を打破するために掲げられた政策に通じるものです。つまり国民一人ひとりが国になにをしてもらうかではなく、自分たちが国になにをできるかを考えようということですね。そういう積極的な時代であってほしいなという思いを込めてネオフロンティアというのを設定したんです。地球人類、みんなが前向きな気持ちで新しい領域に踏み込んでいく。そういう時代であれば深海から宇宙から地底、体の中、そして心まで、今まで自分が見てきたＳＦワールドの題材がより自由に使えるんじゃないかなという目論見もありました。あと続編ではあるんだけど『ティガ』とは真逆の作風にしたい、1ミリもかぶせたくないという思いもあったので、『セブン』的な『ティガ』に対して初代『ウルトラマン』的な『ダイナ』にしようとか、隊長も荒々しい父親的なキャラクターにしようとか、そういう方向性のシフトチェンジを考えていましたね。そうすることで作品的に抵触することも傷つけ合うこともなく、別ものとして見てもらえるだろうと。

**八木** シリーズなんだけど正反対な2作品だったわけですね。ちなみに笈田さんは『ティガ』ではプロデューサーでしたが『ダイナ』での「企画」という立場についてはいかがでしたか？

**笈田** これは高野さんに言われたことなんですけど、『ティガ』の次も同じようにやるんだったら「企画」という立場の方がやりやすいんじゃないかと。製作面を段取りしてくれる小山（信行）さんがプロデューサーで、二人三脚でやっていった方がスムーズじゃないかということでした。それで『ティガ』と同じように脚本のとりまとめをやらせてもらえるのであれば小山さんと連携してやりましょうか、と。二つ返事で決まったんです。

## 「SF特撮シリーズ」

**八木** では脚本づくりの部分をお聞かせください。

**笈田** 主軸としてはネオフロンティアのSF性があるから、ファンタジーとかコメディも含めてもっと展開を広げたいなということはありました。シリアスな『ティガ』との差別化を図る上でも、バラエティの豊かさは『ダイナ』の特徴になるだろうと。あとは『ティガ』の後半から「お話が難しいよ」「昔の『タロウ』や『レオ』のころみたいにのどかな怪獣プロレス的なノリでもいいんじゃないの」という声が内外からちらほら聞こえてはいたので、じゃあ『ダイナ』では第2期の『ウルトラマン』の魅力を追求してみようかと。『ティガ』では自分自身のこだわり、小中千昭（脚本）さんのこだわり、村石宏實監督のこだわりを中核にMUSTの部分ってかなりあったんですけど、なんとか次につながったから今度はCANで、いろいろ自由にやってもらおうということですね。遊べる余裕がちょっとできたので、ジャンルも問わずに広げていけるんじゃないかなと思っていました。だから最初にテーマ設定を敷いたら後は脚本家さんや監督さんに自分たちの思いをぶつけていただいて、それでどれくらいハネさせられるのかっていう挑戦状みたいな気持ちがありましたね。

**八木**　1〜2話の脚本はコンペだったそうですね。

**笈田**　結果的に長谷川さんのプロットが一番よくて脚本にまでなりましたけど、その段階で『ティガ』から引き継いで次のシリーズに行くという仕事に関しては一段落できたかなとかなりほっとしましたね。この路線で行けば間違いはないんじゃないかなっていう安堵感を覚えました。3話以降に関しては脚本家さん、監督さんに自分たちのアイデアを出してもらってどれだけ盛り上がれるか。ネオフロンティアの方向性をもってどこまで広げていってくれるのか、お手並み拝見というか楽しみな部分でした。

**八木**　『ティガ』では「僕に魂をください」という勢いだったのが『ダイナ』では「お手並み拝見」ですから、『ティガ』を完走して少し余裕があったんですね。

**笈田**　そういうことですね。それでお声がけした脚本家の方々は企画書を一緒に作った右田さん、『ティガ』でデビューして勢いがついてきた長谷川さん、太田愛さん、小中千昭さんのご紹介で古怒田健志さん、それから一夫さんが好きだった『有言実行三姉妹シュシュトリアン』（93）では「ウルトラマンに逢いたい」（40話）も書かれた武上（純希）さんは継続で、川上（英幸）さんも引き続きですね。吉田伸さんは上原正三（脚本）さんのご紹介で、上原さんが「なにかあったらバックアップするから」ということでいきなり3話から参加されています。そして後々参加され

雨の「ツインリンクもてぎ」で撮影の対策を話し合う企画の笈田雅人さん（右）。左から助監督の勝賀瀬重憲さん、制作担当の高橋誠喜さん、そして原田昌樹監督。「夢幻の鳥」より

る六本木学さんは江藤（直行／シリーズ構成）さんの紹介でした。

八木　小中千昭さんは最初から参加されなかったんですよね。

笈田　小中さんが参加しなかった理由は明確にあって、『ティガ』の最終回をまとめていただいて疲れはててしまったっていうのが1つ。「やりたいことをぶつけて燃え尽きた」と小中さんもおっしゃっていました。それと1～2話の脚本をご覧になって「こういう流れだったら進めてください」って同意してくれたんです。僕としては小中さんにはぜひ次のシリーズもってお願いをしたんですけどね。また、古怒田さんを紹介してくださって、「ダメだったら俺がフォローするから」ということでした。

八木　千昭さんっていい人ですよね。

笈田　弟分的に送り込んでくれたのが古怒田さんです。古怒田さんは一夫さんとも知っている仲でしたしね。ちなみに『ティガ』のときにはスタッフ用の台本に「『ウルトラマン』生誕30周年記念『ウルトラマンティガ』」って書いたんですけど、『ダイナ』では「SF特撮シリーズ」としていてもろにSF特撮を打ち出しています。当時の自分たちが見ていたSFワールド的な世界観で、いろいろなテーマを追求していこうという思いがありましたね。

## アスカは頑張って次の世界に行ったんだ

八木　SFという部分をもう少し詳しく伺えますか？

笈田　やはりアーサー・C・クラークですね。『2001年宇宙の旅』や『幼年期の終り』でゾクゾクした世代だから、人類の進化、今の人類が未来にはどういう方向に行くのかなっていうのにはイマジネーションをかきたてられる。それにみんなにも答えを模索してほしいなという気持ちがありましたね。自分としてはケネディに共感していたし、人類が力強く前向きに進んでいくという方向で世界観を作りたかった。『ティガ』で平和を勝ち取った、地球が平和になってめでたしではなくてね。長谷川さんの言葉じゃないけど「本当の戦いはここからだぜ！」という気持ちでどこまで行けるのか。話は一気に飛びますけど、『ダイナ』の最後は銀河系の大ピンチにアスカが果敢に自己犠牲的な精神を持って飛び込んで最後は光になるわけじゃない？　これは小中和哉監督と長谷川さんで提案してくれたものですが、現実世界をベースにしたら「死」とも取れるけど広い意味で言えば別次元に昇華できたということです。そういう、残った人たちに難題を突きつけるような終わり方をしているんですよね。

**八木**　そこはプロデューサーとしてはどういうお考えだったんですか？

**笈田**　最初に企画したものの終着点としてさらにその先へとイメージが途絶えずに行ける。「あの後はどうなったんだろう？」というイマジネーションが永遠に途切れないのでこの結末でいいんじゃないかと思いました。２０２０年でスーパーGUTSの活躍は終わりではなく、その後にアスカはどうなったのか、スーパーGUTSの先はどうなるんだろうっていう想像に通じる結末になるんじゃないかという思いがありました。『ダイナ』は生き生きと始まった世界観で、でも突き進んだ先でちょっと考えさせる結果で終わるというのは意外性もあったし、そこで終わらずその後をSF的に考えられる材料になったんじゃないかなって。

**八木**　宇宙に旅立つのではなく別の次元に行くということですよね。

**笈田**　『ダイナ』では光が宇宙に現れてそれで変身するという始まりだけど、そのベースとしてもともとウルトラマンは次元の違う存在が現実世界に力を注いでいるというところがあるんじゃないかと思うんです。だからアスカが最後はその次元に一歩ステップアップしているとも取れるんじゃないか。説明はしなくてもそういう方向性に誰しも考えを持っていけるんじゃないか。そういう願いみたいなものもあって無理のない方向性だとは思いました。これは賛否両論があるし、分かりづらいという声があるのももちろん知っていますけどね。

**八木**　現場にいて思ったのは明るく楽しく始まった『ダイナ』が、最後に突然哲学的な終わり方になってみんなついていけなかったんじゃないかなということなんです。おっしゃるような『幼年期の終り』みたいなテイストのものが途中に何度か入って、「このシリーズは明るく見せていますけどこういうことなんですよ」っていうのがあればまた違ったんでしょうけど。僕は『ダイナ』が好きなだけにどうしてもそこが引っかかってしまうんです。ネオフロンティアということなので、火星まで行ったアスカがもっと新しい宇宙に旅立つくらいでよかったんじゃないかなって。でも笈田さんは進化ということを考えていたわけですよね。

**笈田**　中盤のエピソード「運命の光の中で」（29話）で光になった父親カズマを追うアスカっていうのは描かれているし、ラストはその延長線上にあるという流れになるんじゃないかな。

**八木**　『2001年』でも最後にボーマンが生きているのか死んでいるのか分からないですよね。つまり肉体としては死んでいてボーマンは帰ってこない。でもスターチャイルドになって帰ってくるのかもしれない。ただアスカは最終回でリョウに「帰ってくる」と言っているんですよね。

**笈田**　だから死んではいないんだよ（笑）。僕たちがいる現実の世界からは消えているから「死」とも受け取られてしまうけど、この現実がすべてではないと考えると別の次元にステップアップしているとも言える。つまりはそうとらえてほしいなっていうことですね。

**八木**　あれは「死」ではなくステップアップだったということですね。ここは明確にしておきたいところです。

**笈田**　もちろん「死」ではないですよ。最終回で物語が終わりということではなくて、アスカは頑張って次の世界に行ったんだってみんなが思うところに、残った人たちへの置き土産としての輝きがあるんじゃないか。そういう風に受け取ってほしいという願いがあったんです。

八木　小中さんがメイン監督というのはどうやって決まったのでしょうか?

笈田　これは高野さんからの提案でした。映画との連携もあったのかもしれないけど、「企画の詰めを小中さんとやってくれ」と高野さん経由で言われて。それですぐに成城の飲み屋で打ち合わせをしたんです。小中さんはノンアルでしたけどね(笑)。僕はそのときが初対面でしたがすぐに意気投合したんです。『ティガ』ではシリアスな路線だったけど『ダイナ』ではもっと明るく爽快にベクトルを変えていきたい、シリーズとしてはつながっているけど別の時代、別の色ということで行きましょうって。また、和哉さんのやりたい方向性も一致していたし、すぐ意気投合できました。だからスタート時に和哉さんとマッチングしてもらえたのは企画に弾みがつく方向で具体化作業につながって幸運でした。ただ、わりとすぐに長谷川さんも和哉さんも映画の方に3~4ヵ月持って行かれたので、途中をどうするかっていうところで川上さん、太田さん、古怒田さんの起用が増えて。監督では北浦(嗣巳)さん、原田(昌樹)さん、村石さんっていう方向になっていったんじゃないかと思います。1つのポイントは大阪編(35~36話「滅びの微笑・前後編」)ですよね。監督は村石さんですけど長谷川さんにまた書いていただいていますから。和哉さんに関しては33~34話「平和の星」「決断の時」が次のポイントかな。コウダが副隊長になる「決断の時」は重要な回だしね。長谷川さんとは「平和の星」についてかなりディスカッションをしましたけど、異色作の多い『ダイナ』でも「平和の星」が一番好きですね。

## 「平和の星」が一番好きですね

八木　木之元亮さんもこの回をお好きでしたね。

**笈田**　ＴＰＣの歴史としてスーパーＧＵＴＳとＧＵＴＳの移行期間をうまく入れたいなっていうのがあったので、そこはかなり長谷川さんと話した覚えがあります。僕は椰野素子さんが演じてくれた宇宙人（ナルチス星人）の設定がすごく好きなんですよ。自分たちがいたのは争いの絶えない星だったので、闘争本能を全部消去して平和を勝ち取った。しかしそうなったら今度は周りの存在が恐ろしくなった。地球人の宇宙進出が怖くてたまらないから地球人の暴力的な精神を1つのエネルギー体、怪獣にして地球人を抹殺しますっていうね。すごく逆説的で恐ろしい宇宙人なんだけど不気味で好きでしたね。平和とはなんぞやっていうこともあるし、進化というＳＦ的なテーマを考える上でも１つの素材になっています。

## 東光太郎とおゝとりゲンをブレンドしたようなアスカ隊員

**八木**　話は戻りますがミジー星人やハネジローは『ダイナ』の世界を豊かにしましたよね。

**笈田**　ハネジローに関してはバンダイさんからのリクエストですね。『ティガ』ではガーディみたいな怪獣を出したいっていう提案があったんだけど、その延長線上にマスコット的な怪獣を出せませんかっていう提案を受けていて。ただブースカみたいなものがいたら基地のリアリティがなくなっちゃうから、小動物系だったら『ウルトラ』の世界観に落とし込めるかなということでしたね。まあ『ダイナ』の主軸はＳＦにしているけどジャンルは多岐にわたっていて、熱血青春とかオカルト、コメディ、太田さんのラセスタ星人（20話「少年宇宙人」）などのファンタジーと、1本1本が映画的なメリハリがあって幅広かったよね。これは第2期『ウルトラ』の影響というか、『ティガ』ではフォローしきれなかった『ウルトラ』の魅力を『ダイナ』に入れたいということでした。例えば『ウルトラマンＡ』の青春ものとかなんだけど、それを集約しているのがアスカ隊員のキャラクターですね。企画のイメージとしては東光太郎（『ウルトラマンタロウ』）とおゝとりゲン（『ウルトラマンレオ』）をブレンドしたようなものにしたかったんです。

**八木**　若いし熱いということですね。

**笈田**　それである種の爽やかな部分もあり、ということですね。でも『ダイナ』の51本でこれまでの『ウルトラ』でやってきた魅力的なものはだいたい納得いくまで作れたんじゃないかなと思っています。まとめとしては今年が2021年で、『ダイナ』の世界観が2017年から2020年じゃないですか。しかも『ガイア』も『ティガ』も『ダイナ』より前だから、平成三部作で一番未来を描いているのが『ダイナ』なんです。その未来が終わっている現在、そろそろ『ダイナ』の後の世界観を打ち出してもいいんじゃないかな、さらなるその続きを夢見る時期に来ているんじゃないかなって思いますね。

# 円谷一夫

Kazuo Tsuburaya | Executive Producer

## 誰もが知っている実在の街を撮影に使いたい

『ウルトラマンティガ』に引き続き『ウルトラマンダイナ』でも円谷プロ社長として製作を担当した円谷一夫氏。今回も「夢幻の鳥」「君を想う力」の2話で原案を担当するなど、エグゼクティブプロデューサーという肩書には収まりきらない作品への関与度の高さは健在である。『ダイナ』という作品はいかにして生まれ、形をなし、人々に届けられていったのか。円谷氏の証言をお届けしよう。

聞き手：八木毅

### なかなか決まらなかったマイ隊員役

八木　まずは『ダイナ』立ち上げ時の話から伺わせてください。

円谷　『ティガ』は最終回が近づくにつれて人気がスゴくなってきて、円谷プロにもファンレターや電話で『ティガ』を続けてほしいという意見が多く寄せられていたんですね。でも長野（博）くんや他の役者さんたちのスケジュールも決まってきていたので、実際には『ティガ』を続けるのは難しい状況だったと思います。それで後番組をどうしようか、新しい『ウルトラマン』をどうしようかとみんなで考えていたときに、『ティガ』の続編ではどうかというアイデアが出たんです。これには毎日放送さん、読売広告社さん、スポンサーさん、協力会社さんもいいのではないかということで。それで『ティガ』から7年後の世界を描くシリーズに決まったと記憶していますね。

**八木** 時期的にはいつごろの話ですか?

**円谷** 時期はあまり覚えていないんだけど『ティガ』の終盤だったよね。この辺のことは他の人も詳しく話してくれると思うんだけど、八木監督は分からないんだよね。

**八木** 僕は現場でずっと『ティガ』をやっていて『ダイナ』の立ち上げの経緯は知らないんです。

**円谷** そうだったね。いきなり『ダイナ』のオーディションに話が飛ぶけど、あれは確か砧の円谷プロの会議室で行なって、リョウ隊員が新人隊員の前で訓示をしてそれに受け答えするというシーンをやったはずです。小中和哉監督がメインで質問などをして各プロデューサーや私も参加しました。確かマイ隊員役がなかなか決まらなくて、オーディション会場を出たら打ち合わせ室前の中庭に(円谷)昌弘さんがいたんだよね。タバコを吸っていて。それで「あ、そうだ!」って。昌弘さんは『ムーンスパイラル』で山田まりやちゃんを起用していたし、当時まりやちゃんはブースカを好きでよく宣伝してくれていたので円谷プロ作品なら出ていただけるのではないかなと。昌弘さんに「まりやちゃんは出られませんかね?」って聞いたら「事務所に聞いてみるよ」といつもの軽めな調子で言って。それですぐに所属事務所のマネージャーさんに電話をかけてくれて後日正式に出演がOKとなりました。つないでくださった昌弘さんには感謝ですね。もちろん最終的に決めたのは監督でしょうけど、まりやちゃんはオーディションじゃなくオファーで決まったということです。

**八木** 山田まりやさんのドラマデビュー作が昌弘さんのプロデュース作『ムーンスパイラル』なんですよね。

**円谷** 昌弘さんはまりやちゃんとも親しかったし事務所とのつながりもあったのでちょっと聞いてみてもらったわけ。

八木　『ムーンスパイラル』の「赤巻紙、青巻紙、黄巻紙」で僕はディレクターデビューしたんですけど、まりやさんはナレーションを付けてくれたんですよね。でもそういう経緯があって『ダイナ』に出演されたんですね。

円谷　八木監督としても『ムーンスパイラル』は思い出深い作品だね。つるちゃん（つるの剛士）とまりやちゃんの思い出でいうと、熊本のウルトラマンランドの2周年祭とウルトラマンショップのオープニングセレモニーでテープカットに来ていただいたのが印象に残っていますね。2人は大人気で大勢のファンが押し寄せてきたのを思い出します。歓迎会を隣接するホテルで行ないましたが、ここは『ティガ』の熊本ロケでも撮影に使用させていただいたところですね。

八木　ヴェルデという洒落たホテルですよね。

円谷　イーヴィルティガが出てきた建物だから結構聖地みたいにもなっているみたい。宴会場で2人の歓迎会を行なったんだけど隣の会場では地元の看護学校の卒業謝恩会が開催されていて。つるちゃんとまりやちゃんがサプライズの飛び入りで参加したいということだったので幹事さんに相談したら「大歓迎です」って。それで2人は謝恩会の会場に行ったんだけど、看護学校の生徒さんたちは突然の訪問に大興奮の大盛りあがりでした。あれは卒業して新しい道に進むに際してのいい思い出になったんじゃないかな。

**学芸員の役は最初から右田くんをイメージしていた**

八木　『ティガ』同様に『ダイナ』でも一夫さんは原案を書かれているので、その辺のお話も聞かせてください。

円谷　「夢幻の鳥」（19話）は『ティガ』の「幻の疾走」の続編ですね。この回にはシンジョウ・マユミ役の石橋けいさん、青木三兄弟の末っ子でバイクレーサーの青木治親さん、青木三兄弟のお父様の青木圀衛さん、クリエイティブ・オフィス・ヤップの堀井社長、そして回想シーンには青木三兄弟の次男、青木拓磨さんにもご出演いただいてます。『ティガ』と『ダイナ』がつながっているとあらためて認識することができる話だと思いますね。脚本は「幻の疾走」と同じ武上純希さんで監督は原田昌樹さん。原田監督はバイクがお好きだったようで走行シーンは迫力のある画が撮れていたと思います。あとマイ隊員がファンになった治親さんを訪ねるバイクショップは杉並にある桜井ホンダさんでロケを行なっていて、治親さんとメカのやりとりをされているのは桜井ホンダさんのメカニックの方でした。サーキットのシーンはオープンして間もないツインリンクもてぎを使用させていただき、つるちゃんもバイク好きだから青木家の皆さんと楽しそうにバイク談義をしていたのをよく覚えています。久しぶりに石橋けいさんにお会いできたのもうれしかったですね。

**八木**　あのときは栃木の茂木町で大ロケーションでしたよね。できたてのサーキットに降りてカメラを設置して撮影したりして盛り上がりました。普段はなかなか入れないところも使わせていただいたりして。

**円谷**　ピットとかも使わせていただいてね。

**八木**　原田監督はとても喜んでやられていました。ちょっと時間に余裕があったんですかね、サーキット周辺のおいしいお店で食事をしたりして楽しいロケだった記憶があります。

**円谷**　エンディングも含めてすごくよかったなと思っています。拓磨さんと治親さんとつるちゃんが並んで映っているシーンがあるんだけど、あれを見てちょっとうるっときちゃった。いま思えば、長男の宣篤さんにも出てもらえばよかったのと、あらためて原田監督って素晴らしいなと思いましたね。

**八木**　本当に素晴らしいエンディングでした。

**円谷**　次が「君を想う力」（46話）ですね。脚本は右田昌万さんで監督はやはり原田さん。これは最初の私の案ではとある星から来た女性の異星人と小川村天文台の学芸員さんのお話で、長野県小川村と松本市が舞台でした。なぜ小川村と松本市を舞台にしたかというと、フジテレビで放送された松本市が舞台の『白線流し』（96）というドラマが好きだったから。3話の「天文台の秘密」で酒井美紀さん演じる主人公たちが小川村天文台のバンガローで受験勉強のための合宿をするんですよね。そのときの小川村の景色と天文台の美しさに感動して、自分が『ウルトラマンシリーズ』を作ることができたならばいずれロケ現場として使用したいと思っていたんです。少し時間は経ってしまいましたがその機会に恵まれたので松本市を訪れ自分なりにアイデアを練りました。それと同時に小川村天文台にも問い合わせをして学芸員の坂井義人さんにロケの可否を伺って、村のOKもいただけたので実現した話ですね。坂井さんが『ウルトラ』ファンだったというのもうれしかったです。

**八木**　そうだったんですね。

**円谷**　そのとき提案されたのが、天文台の広場でウルトラマンショーをやってもらえないかということで。小川村の子どもたちは東京でウルトラマンフェスティバルなんかをやっているのは知っていたんだけど、遠くてなかなか行けなかったんですね。それで小川村&松本ロケ前に「ウルトラマンティガ&ウルトラマンダイナショー」として握手会や撮影会を開催したんです。これは笈田（雅人／企画）くんと事業部の大野まゆみさん、キャスタッフの人たちと実現したものです。後には『ウルトラマンコスモス』（01-02）でも同じ広場でショーを開催して、大勢の家族が集まり大盛況でした。

**八木**　ファンを大切にする一夫さんらしいエピソードですね。

**円谷**　そんなこんなで右田くんから上がってきたのは、異星人ではなく天文台の学芸員さんとリョウ隊員が幼馴染というお話でした。この脚本を読んだときには「さすが右田くん、とてもいい話だ」と思いました。私としては学芸員

© 円谷プロ

小川村天文台で少女時代のリョウ役の岡村英梨（現・喜多村英梨）さんと談笑する製作の円谷一夫さん(左)。「君を想う力」より

の役は最初から右田くんをイメージしていたので、思い切って「ヒラオは右田くんが演じてみたらどう?」と提案してみたんだよね。そういうやりとりがあって脚本を書いた本人がヒラオを演じることになったんです。僕は役者としての右田くんも好きなので、以降は『ガイア』を始め何本もの作品に出てもらっています。

**八木**　右田さんはもともと役者ですからね。実際の撮影はいかがでしたか?

**円谷**　「君を想う力」ではスケジュールの都合で小川村天文台ロケにしか参加できなかったんだけど、原田監督にお会いしたときに松本城、旧開智学校、縄手通り、薄川、松商学園など、撮影してほしいポイントをお話しさせていただきました。特にこだわったのは松商学園前の薄川の土手の上の道で、できればグラウンドで松商学園の野球部が練習している風景が映り込むといいのですが……という話をして。出来上がりを見たら、リョウ隊員とヒラオの乗ったクルマが薄川の土手上の道を走る車窓にはしっかりと松商学園野球部の練習風景が映っていたのには感激しましたね。

**八木**　僕はロケハンに行っているので分かりますが、一夫さんが挙げられた場所は基本的に撮るということで全部見ました。しかも原田監督は松本のご出身でしたよね。

**円谷**　そうそう。だから場所もよくご存じだったんですよ。ラストシーンの美ヶ原高原の風景は僕のオーダーにはなかったもので原田監督のアイデアですね。確かに松本市だったら美ヶ原高原は絶対に外せない場所で、あのロマンチックな映像はとてもよかったです。あとは「あがたの森」とか、青翰堂書店という歴史のある古書店があるんだけど、そんなところもしっかり撮ってくれていて。よく撮影してくれたなと思っていました。出演者でいうと松本城のカップルは助監督の今泉(吉孝)さんとその奥さんですね。そしてリョウ隊員が初めて天文台を訪れるシーンでは学芸員の坂井さんご自身に演じていただきました。あと、ヒラオとリョウの子ども時代を演じてくれた2人の子役さんの演技も素晴らしかった。小川村天文台と松本市を舞台にしたこの話をとても引き立ててくれたと思いますね。ぜひ「君を想う力」と『白線流し』を併せて見ていただけるとより一層楽しんでいただけるかなと思っています。

**八木** 実は今泉さんご夫婦は原田監督のキャスティングなんですよね。今泉さんは『ダイナ』では助監督をやられていないのですけど結婚祝いということだったんです。

**円谷** 僕は松本市内のロケには行けなかったので後で見て「いいな」と思ったんだけど（笑）。あれは記念のキャスティングだったんだね。

**八木** それからリョウの子ども時代を演じた岡村英梨（現在は喜多村英梨）さんは声優として大成されたそうですね。

**円谷** そうなんだ。それはすごくよかったね。「君を想う力」ではあと1つ、この間つるちゃんがBSの番組で長野をキャンピングカーで旅していて「僕は松本が大好きで、『ダイナ』のときに守ったことがあるんです」と言ってくれていたのがうれしかったな。「ああ、覚えていてくれたんだ」って感激しました。

**八木** 『ティガ』の「いざ鎌倉！」もそうでしたが一夫さんにとっては「土地」というのが大事なんですね。

**円谷** 空想ものってある程度架空の街みたいな設定があるじゃないですか。だけど僕には誰もが知っている実在の街を撮影に使いたいというのがあるんです。ロケ地巡りなんかするのが好きなので、見た人がそこを訪ねてくれるような作品を作りたいと思うんでしょうね。

## 震災からの復興への励ましも込めた大阪・神戸ロケ

**円谷** あと印象的だったのは、僕の原案の話ではないけど「滅びの微笑・前後編」（35〜36話）ですね。元GUTSのイルマ隊長、ムナカタ副隊長、シンジョウ隊員、ホリイ隊員の出るお話でした。スケジュールの都合で通天閣のロケには参加できなかったけど、大阪城、大阪ビジネスパーク、神戸の六甲山のロケには参加しています。スーパーGUTSでは練習機になっていたガッツウイングをホリイが保管していたり、ムナカタリーダーとシンジョウが西アジア支部からエクストラジェットで駆けつけたり、最後には大阪城でスーパーGUTSと元GUTSのメンバーが歩いてきたりと、長谷川圭一さんの脚本と村石宏實監督の演出にはぐっときましたね。このころにはエンディングテーマは「ULTRA HIGH」になっていたんだけど、笈田くんに伝えて前編は「君だけを守りたい」、後編を「Brave Love, TIGA」のインストバージョンに変更してもらいました。このエンディングテーマの変更はとてもよかったと思っています。あとはロケの途中で毎日放送さんの特番の取材があって出演したことも懐かしいですね。

**八木**　あの特番は楽しい作りでよかったですね。スタッフ、キャストのみんながしゃべっていて今では貴重な映像資料です。

**円谷**　神戸の震災から3年くらいだったのでその復興の励ましも込めた大阪・神戸ロケということでした。もともと神戸に行くのもすごく好きだったんだよね。それで地震が起きて映像を見たときにはすごく寂しい気持ちになっていて。だから丸谷（嘉彦／企画）さんから神戸でもロケをするような話が出たときにすごくうれしかった覚えがある。六甲山に登ったのはあのロケが初めてだったけどすごく風が強かったよね。

**八木**　山道で風が強くて「これが六甲おろしか！」って思いました。スケジュールを見るとつるのさん、布川（敏和）さん、影丸（茂樹）さん、スタッフ一同は新幹線移動していて、3月15日の12時東京発で大阪に向かっていますね。そして翌日はビジネスパークでの撮影からスタートしています。ビジネスパークをやって、梅田をやって、南港をやって、次の日が神戸に行って異人館、六甲山ですね。そしてその翌日の18日が通天閣。

**円谷**　通天閣は行っていないんだよね。

八木　ということは、一夫さんは17日にいったん出て、大阪城の撮影があった20日に戻られているんですね。
円谷　大阪城ではみんなで記念写真を撮って解散した記憶があるんだよね。
八木　そうでした。スタッフは残って撮影の「残」をやって、翌22日に東京に帰ってきています。
円谷　あとロケで覚えているのは最終章の大船フラワーセンターだね。当日はあいにくの雨だったけど、大温室の中だったので撮影にはそれほど影響はなかったと思います。アスカとダイゴとレナの3人が娘のヒカリちゃん役の子役さんと楽しそうにしていたのが印象的でした。
八木　長野さんの衣装が神々しかったですね。
円谷　神秘的な衣装だったよね。『ティガ』が終わってからも長野くんとはよく食事に行ったりしたんだけど、『ダイナ』にはいずれ長野くん（ダイゴ）の出番がくるだろうとは思っていました。だけど実際に会ったときに私の方から「出てくれるよね？」みたいなことは一切言いませんでした。そのときが来たら正式に事務所を通せば長野くんも（吉本）多香美ちゃんも絶対に出てくれると思っていましたから。ちなみに当時長野くんとよく一緒に行っていた小料理屋さんでは、彼はよく鮭のハラス焼きを注文していました。渋いですよね（笑）。
八木　そこは僕も連れていっていただいたお店ですね。鮭のハラス焼きは確かにおいしかったです。
円谷　話を聞いていると長野くんは本当に優しいし素晴らしい人だよね。この間も少し電話で話したんだけど、話をしているうちに自分の気持ちが前向きになり爽やかな気持ちになっていくんだよね（笑）。

## 実相寺監督のこと

八木　最終回の話になってしまいましたが（笑）、他の回でのエピソードがありましたらお願いいたします。

**円谷**　『ダイナ』では東映の小林義明監督にも２本撮っていただいているんですが、実は「円谷プロの作品を監督してみたい」ということで小林監督から直々にお電話をいただいたんですよね。とてもびっくりしましたけど。それでまずはお会いしましょうということで砧の円谷プロまでお越しいただいて、僕と笈田くんでお話を伺いました。僕は戦隊ものや『仮面ライダー』シリーズなどの東映作品も大好きだったので、東映的な『ウルトラマン』を見てみたい、東映風な爆破シーンをぜひ撮ってくださいということをお願いした記憶があります。その後は笈田くんに引き継ぎましたけど、完成したのが23話「夢のとりで」と24話「湖の吸血鬼」です。「湖の吸血鬼」の方に爆破シーンが使われていますよね。あの爆破はとてもよかったなと思っているのですが、つるちゃんとりささんには苦労をさせてしまったと思っています。

**八木**　迫力あるカットでした。

**円谷**　それから脚本家の古怒田（健志）さんは『ダイナ』がデビューですから、小林監督同様に新鮮な方の参加となりました。ただ古怒田さんとの出会いはだいぶ前で、彼はもともと朝日ソノラマでファン向けのライターをフリーランスでやられていたんですよ。僕は円谷では出版の担当をしていたので、そのころから古怒田さんとお付き合いがあったんです。イラストなんかも描けるし東映の『特救指令ソルブレイン』（91-92）という作品の挿入歌を歌ったりもしていて、「多才な方だな」と思っていました。当時僕は営業部の方も見ていたりして、森永製菓さんが新製品で『ウルトラマン』のスナック菓子を出すに当たってその中におまけを入れたいという話がきたんですよ。それで古怒田さんの絵を思い出してシールのイラストを描いていただいたということもありました。聞けばシナリオも書いているということだったので、笈田くんに「機会があったらシナリオを書いてもらったらどう？」なんていう話をしたのが『ティガ』のころだったかな？　笈田くんは僕の下で営業をやっていたから古怒田さんとは顔見知りだったしね。

そういうこともあって5話「ウイニングショット」ができたんじゃないかな。古怒田さんは野球もやっていたからネタもバッチリでしたね。

**八木** そういう経緯があったんですね。

**円谷** 彼はそれまでもシナリオを書いたりはしていたんですけどデビューはしていなかったはずで、それで笈田くんに話したら彼も気にしてくれていたんじゃないかな。

**八木** 一方で『ティガ』に続き実相寺（昭雄）監督も参加されています。

**円谷** 『ティガ』も『ダイナ』も携わってくださって僕としてはすごくありがたかったですよね。このときは監督から連絡があって「こういう話が来ているんだけど、一夫くんとしてはやってもいいんだよね?」「はい、ぜひお願いします」「それだったらやるよ」っていうやりとりがあって（笑）。たぶん笈田くんから話が行ったときに、わざわざ僕に確認してくれたんですね。

**八木** 実相寺監督は1本持ちだったので撮影もあっという間に終わってしまいました。ただあのとき僕は初めて実相寺監督と本格的に仕事をしたんです。『ティガ』は別班でコダイ制作でしたが『ダイナ』は本隊が作ったので。撮影、照明、美術デザイナーと技師だけをお迎えして、演出部として初めて実相寺監督とお仕事ができました。それは素晴らしい体験でしたね。実相寺監督も昔はきっと怖かったんだと思いますけど、あのころは仙人のようになられていて（笑）。厳しいけれど優しい方でした。

**円谷** 実は僕はコダイの名刺を作っていただいたんですよ。その前に監督がお好きなウルトラマンキッズっていうキャラクターを使って「円谷プロダクション　実相寺昭雄」という名刺を作らせていただいて。「役職のところは映画監督でよろしいですか?」ってお聞きしたら「いや、ディレクターにしてくれ」というオーダーだったんですね。それで珍しいなと思いつつ作ってお渡ししたら、後日、「コダイの名刺を作ったからあげるよ」って。監督としてはウルトラマンキッズの名刺をもらったから、お返しとして僕にコダイの名刺を作ってくれたということだったんでしょう。でもいただいた僕からしたら、コダイの一員として認めていただいたんだなっていう気持ちがありましたよね。個人的で勝手な解釈ではありますけど。

**八木**　実際にそうだったんでしょうね。

**円谷**　そうだったとしたら僕としては感激ですね。

**八木**　実相寺監督は制作や『ウルトラ』に対する思いという部分で一夫さんをすごく買っていたと思います。実際、そういう話をお聞きしたこともありますし。

**円谷**　そういうことを聞くとすごくうれしいですね。そう思っていただけていたんだなって。

**八木**　一夫さんは『ダイナ』でも原案を書かれていますしロケ現場にも度々顔を出されていました。やはり作品へのかかわり方が濃いですよね。

**円谷**　ただ『ダイナ』のころは会議や打ち合わせ、来客などもあり、またウルトラマンランドとか地方のイベントに役者さんを呼んだりする機会も多くあって、そのアテンドなんかをしていたのでバタバタ忙しかったんですよね。神戸なんかでもパナソニックさんがらみの今で言う配信の走りのようなイベントがあったりしましたし。だから『ティガ』に比べると『ダイナ』『ガイア』では現場に行く回数はそれほど多くなかったんです。キャストの方々には申し訳なく思っています。それでも『ダイナ』でもメイキングビデオは撮っていたんですけどね（笑）。

**八木**　では最後に『ダイナ』という作品についていま思われることを教えてください。

**円谷**　やっぱり『ティガ』と『ダイナ』は2つの作品だけどつながったシリーズじゃないですか。だから壮大なスケールの作品になったし、特に関西ロケではそういう手応えも感じました。そして『ダイナ』が終わるころには『ガイア』の企画も進んでいたわけだけど、さらにスケールが大きい大河ドラマのようなシリーズへと引き継ぐことができた。だから『ダイナ』は非常に重要な作品だったんじゃないかなと思いますし、『ダイナ』に携わったすべてのキャスト、スタッフ、関係者の方々に感謝と敬意を表したいと思います。特にありがとう！　スーパーGUTSのメンバー。最後になりましたが、タラバマンのポスターもパネルに貼って今でも大切に保管していますよ（笑）。

# 全話体験記　八木毅

## 1〜2話「新たなる光・前後編」

なにもかもが新しい『ウルトラマンダイナ』です。マイの言う「ダイナミックなダイナ！　大好きなダイナ！」という言葉がピッタリ。明るく前向きで楽しい作品です。『ダイナ』の舞台は『ウルトラマンティガ』から7年後の2017年。当時はすごく未来のことに思えましたが、現在（2021年）から見ればもう過去のことなのです。驚きますがこの『ダイナ』世界は人類が宇宙へ進出したネオフロンティアの時代。われわれの世界とは違います。そんな夢いっぱいな未来世界で繰り広げられるのが『ウルトラマンダイナ』の物語です。

『ダイナ』1〜2話の本編班、小中（和哉）組のクランクインは1997年7月8日。けれど、この大切な撮影初日に私はいませんでした。まだ『ウルトラマンティガ』の最終回・村石（宏實）組の本編班で撮影中だったのです。『ティガ』を撮影してきた円谷プロ本編班の撮影が終わらないので、『ダイナ』は別編成チームが撮影の準備を進めてクランクインしました。これは演出部チーフに髙野敏幸さん、セカンドに石川整さんという『ウルトラ』で後に監督になるお2人と、撮影に石渡均さん、美術に山口修さん（『ウルトラマン80』のデザイナーで『ダイナ』ではスーパーGUTSの作戦司令室などを設計）という方々を中心に集まった強力チームでした。一方で私が属していた『ティガ』本編班は『ティガ』のクランクアップ後に少しだけ休んで3〜4話から合流するという段取りになっていました。

私は『ティガ』本編班時代はサード助監督でしたが、『ダイナ』からセカンド助監督に昇進することが決まっていました。ですから1日も早く新しい作品に参加したくて、『ティガ』終了直後から休まずに第1〜2話の小中組に合流（『ティガ』本編班では1人だけ）しました。私が『ダイナ』に参加したのは7月17日からです。

さて、7月17日は特別に重要な行事から始まりました。朝8時30分から東宝ビルトに『ダイナ』の主な関係者、つまり放送局、キャスト、事務所、スタッフ、関係会社、スポンサーなどが集合して、神社の神主さんに来ていただき撮影の安全と作品の成功を祈願したお祓いが執り行なわれたのです。スタジオ内に神棚を作って、それはそれは厳かな儀式でした。ちょっと驚かれるかもしれませんが、映像業界ではクランクイン前にほとんど必ずお祓いをするものなのです。ネオフロンティア時代を舞台にした最新SFが日本古来の神事によって守られる。不思議に感じられるかもしれませんが本当のことです。伝統を大切にしているのです。そして、お祓いが終了して撮影です。

この日の撮影は東宝ビルト1スタに建て込まれたスーパーGUTS司令室の初日でした。司令室というのは『ウルトラ』では定番で最も重要なもの。ここでのお芝居がすべてを決めると言っても過言ではありません。物語の中心ですし作品カラーも印象づけます。そしてこの日はスーパーGUTSの隊員たちが『ダイナ』の撮影で初めて全員集合する日でもありました。そんな特別な日にワクワクしながら作戦司令室に入って行くと、そこはすべてが新品でピカピカ。『ダイナ』班の新編成のスタッフがテキパキと撮影準備をしていました。美術スタッフの方が新しい〝自動〟ドアの素晴らしい効果を見せてくれたりしてテンションも上がります。実は『ティガ』のGUTS司令室の〝自動〟ドアは、スタッフが裏に隠れて手動で開閉していたのです。つまり本当の〝自動〟ドアではなかったのでした。あんな素敵な未来の物語でありながら変ですよね。これもムービーマジックなのですが、今回のスーパーGUTSの司令室のドアはついに本物の〝自動〟ドアになったのでした。モーターが仕込まれていてスイッチ1つで開閉できる。当たり前ですが……すごいです。少し大げさですが『ウルトラ』の未来世界が現実になってきているような気がしてさらにテンションが上がりました。「未来ですね」と喜んでいると、新しい隊員服を着た新しいレギュラー隊員たちが入ってきました。スーパーGUTSの木之元亮さん、布川敏和さん、斉藤りささん、山田まりやさん、加瀬尊朗（現在は加瀬信行）さん、小野寺丈（現在は丈）さん、そして主役のアスカ＝つるの剛士さんです。明るい楽しい雰囲気いっぱいなのです。新鮮なものを感じました。これが『ダイナ』です。その輝くばかりの姿に新しいことが始まると感じた瞬間、マイ役の山田まりやさんが「あれ？　なんで八木さんいるの！」と弾んだ声で話しかけてくれました。『ムーンスパイラル』を一緒に作っていましたから知っていたのです。そして今日が初参加だった新しいセカンド助監督はそのまま自然に『ダイナ』の仲間となったのでした。『ダイナ』らしい楽しい始まりでした。

この撮影チームには石川整さんという強力なセカンド助監督がいましたから私は見学的立場でのお手伝いです。石川さんの動きを見ていろいろと学びました。撮影の石渡均さんは映画の方で、物静かに現場を進めていく。撮影現場の雰囲気が『ティガ』本編班と全然違うのです。そして繰り返しになりますが、キャストたちが演技するのを見てとても新鮮な気持ちになりました。新しいものができつつある。素晴らしかったです。この1～2話の脚本は『ティガ』で脚本家デビューした長谷川圭一さんです。長谷川さんは『ティガ』の撮影最初のころは装飾部の親方で、サード助監督だった私はとてもお世話になったのでした。そんな先輩が今やメインライターです。長谷川さんの描くネオフロンティアを存分に表現しようと思いました。小中監督のもの静かで客観的な演出も新しく私にはとても勉強になりました。圧倒的な力強さ、いきなりの傑作で『ダイナ』はロケットスタートします。

**3話「目覚めよアスカ」**

『ティガ』本編班として1年間の撮影を終えて少しだけ休んだ

『ティガ』のメンバー、演出部の勝賀瀬重憲さんや撮影の倉持武弘さんたち大勢がこの話から合流しました。そしてここに1～2話の別班チームとの混成による『ダイナ』の新しい本編班が出来上がりました。でも準備は1～2話の別編成チームと一緒に進めましたから3～4話はまだ助走期間です。ところでこの話ではスーパーGUTS射撃訓練場が登場しますが、ここに少し問題がありました。『ティガ』の物語で既にバーチャル空間を舞台にした物語などまで作ってきたのに、なぜ7年未来の『ダイナ』のスーパーGUTSがベニヤ板に絵を描いただけの標的を相手に射撃訓練するシーンがあるのだろうと疑問を感じた方も多いと思います。長谷川圭一さんもこのことはインタビューで語っていますが私も同じでした。小さな問題が重なってこうなってしまったようです。このときに私は反省して、この素晴らしい『ウルトラマンダイナ』をもっと真剣に作っていこうと強く思いました。

そのスーパーGUTS射撃訓練場が撮影されたのは幽霊が出るという噂で映像業界では有名だった廃墟・八王子中央病院です。ここはマイ役の山田まりやさん主演『ムーンスパイラル』の撮影でも使用しました。撮影に行く度に必ず謎のトラブルがあるところなのです。フォグメーカーが壊れたり照明が消えたり。おかしいですよね。やはり幽霊がいるのでしょうか？　こういうことがあるので変な噂が立つのですが使い勝手がよく便利なので頻繁に撮影に使われていました。今はありませんがなかなかな廃墟でした。

**4話「決戦！地中都市」**

ジオシティは当時まだ新しかった幕張メッセで撮影しました。幕張は埋め立てられた人工的な街で植物がほとんどないので温度が上昇します。まだまだ暑い夏の日でしたから撮影は大変でした。でも『ティガ』2話「石の神話」の採石場ロケに比べたら全然大丈夫。助走期間とはいえ、『ダイナ』では『ティガ』開始当初のような大混乱はもちろんありません。

3～4話の特撮はあの佐川和夫監督です。『ウルトラマン』『ウルトラセブン』の特撮A班の撮影で『マイティジャック』の特技監督。『帰ってきたウルトラマン』以降も円谷特撮、つまりは日本特撮を引っ張ってきた大御所です。ですから今さら言うまでもないことですがミニチュアも戦闘機も怪獣もアクションもなにもかもすべて素晴らしいです。東宝ビルトオープンで撮影された、怪獣を倒しながら現れるダイナの登場カットも例えようもなく美しい。オープンでの特撮は光の空気感も相まって本当に素晴らしい。その後の格闘のキレのよさと迫力も最高であるとしか言いようがありません。移動するカメラが特撮の空間を表現して緊張感を煽り、大技が次々と連発される。ジャイアントスイングもあります。特技監督の遥か彼方の後輩としましては勉強するべきものばかり。『ダイナ』の特撮としてのキャラクターはこの3～4話の佐川組で明確に確立されました。

**5話「ウイニングショット」**

古怒田健志さんの脚本デビュー作です。そして、『ダイナ』で異色作を連発することになる原田昌樹監督の初演出回です。冒頭のTPCカフェはお台場テレコムセンター。『ティガ』のGUTS基地とは違う設定ですが撮影場所は同じです。テレコムセンターは未来的で素敵な場所ですね。ここには実際にカフェがあり、それは撮影で使用したものではありませんがキャスト、スタッフに人気でした。特に人気だったのはアフォガート。濃厚なバニラアイスクリームに熱いエスプレッソがたっぷり注がれています。甘くて美味い。カフェインで目も醒める。撮影向きです。休み時間などによくみんなでいただいていました。球場は千葉です。マイがヒムロのファンで次から次へとプレゼントを渡す楽しいカットでは、私が山田まりやさんの後ろに隠れてプレゼントを手渡していました。難しそうなカットですが、まりやさんは勘が良くて一発でOK。さすがでした。

楽しい始まりのこの回はアスカの物語。「無茶かもしれないけど無理じゃない」というアスカらしいセリフは最初はライバルで親友のヒムロの言葉だったのでした。アスカの性格形成の背景も語られる重要な話です。「見た？　俺の超ファインプレー！」というアスカらしいおおらかなセリフも飛び出して大満足です。

ところで『ダイナ』の新編成本編班が単独で準備からすべてをやったのはこの回からでした。私もこの組から本格的にセカンド助監督として動きました。『ダイナ』の本編班はダブルセカンド体制でしたから『ティガ』でも助監督だった黒木浩介さんが一緒に準備を中心に進めてくれて、私は撮影を中心に進めるという役割分担でした。ですので私はメインロケハンにも参加することになりました。メインロケハンとはクランクイン前に撮影する場所を回り監督、撮影、照明、美術、録音、制作、そして演出部が準備してきたことを共有しながら撮影の段取りを最終的に確認するとても重要な行事です。監督、メインスタッフが撮影場所を前にしてそれぞれの狙いを話し合いますので、撮影を進める助監督には必要な情報です。メインロケハンでのことを前提にして撮影を進めますから。とても大切なのです。それに個人的なことですけれど、ここでの監督や技師の方々との会話は新人セカンド助監督にはとても勉強になりました。実際の現場では次から次へと撮影しますから、なにか余分な話をする時間などないのですが、ロケハンでは少し余裕がありますから無駄話ができる。この無駄話が重要でいろいろと教えていただきました。監督とはもちろんのこと、内田哲也（美術監督）さん、倉持武弘（撮影）さん、佐藤才輔（照明）さん、楠本龍巳（録音）さんといった素晴らしい技師の方々とたくさん話しました。ところで当時ロケハンではお昼からお酒が出ました。軽く飲みながら雑談まじりで打ち合わせをするわけです。少し驚きますが余裕もあるしアイデアも出るしスムーズで効率的なのですね。考えてみれば映画界は昼からお酒ということが多かったように思います。円谷プロの新入社員当時、製作部の部屋に詰めていたころなど先輩方にお昼に連れて行っていただきましたが、例えば高野宏一（『ダイナ』監修）さんは食事と一緒に必ずワインか日本酒でした。イタリアンならワイン。高野さんはこだわりがあって白が好きでしたから肉でもなんでも白です。トンカツもお好きでトンカツには日本酒。お酒を飲みながらの楽しいお昼ごはん。まるでフランス人ですね。『ダイナ』でも大活躍の『平成ウルトラ』の立役者、村石宏實監督もやはりお昼ごはんからお酒でした。村石監督はビールとレバ刺しの王道コンビ。このシブい組み合わせが大好物。栄養のバランスはどうなのでしょうかと思いますが、これで元気に撮影されていましたから全然OK。皆さんお酒が創作のための立派な活力になっていました。と、話がそれまくりましたが『ダイナ』ではロケハンにも参加するようになって私は撮影に全力で臨んでいたのでした。もちろん最初からセカンドをパーフェクトにこなせたわけではありませんが、とにかく一生懸命の楽しい現場でした。

**6話「地上最大の怪獣」**

武上純希さんのネット社会を予見した脚本で原田監督が得意な遊びがたっぷり入った関係者キャスティングも楽しい回です。冒頭の警備員は殺陣師の二家本辰巳さん。二家本さんは『ウルトラマンレオ』のスーツアクターでもあり、『相棒』の殺陣などでも活躍されている大御所。素晴らしい存在感です。これが好評でこの後にも二家本さん演じる警備員のキャラクターは登場することになりました。フォーガスの男は顔が出ませんが演じたのは石井浩さん。『ウルトラマンガイア』のサブレギュラーの瀬沼龍一を演じた方ですね。そしてクラーコフの通信員は『ダイナ』のスーツアクター、権藤俊輔さんと中村浩二さんが演じています。お2人から滲み出る迫力が素晴らしいです。

この回におけるクラーコフでのコウダ隊員＝布川敏和さんの熱い芝居こそが『ダイナ』です。熱血なのです。なにしろスーパーGUTSは「冒険野郎の集まり」ですからね。落ち込むアスカを慰めるリョウとのシーンはお台場テレコムセンターでした。テレコムセンターの硬質な空間が2人のよい雰囲気にピッタリ。フォーガスに襲われた都市は幕張です。幕張の無機質な都市はお台場に近い扱いで未来都市のイメージ。マット画を多用してキノコの街を作り上げました。

**7話「箱の中のともだち」**

村石宏實監督が得意な等身大キャラクターも登場して、脚本の川上英幸さんとの息もバッチリ合った王道特撮回。そして村石監督おなじみの三浦半島・荒崎ロケです。荒崎周辺は円谷プロの撮影御用達エリアでした。円谷プロがある世田谷から荒崎までクルマならば1時間でとても近いのです。海が見える場所は景色も変わってよいものですしね。ゼレットのゼラリアン砲が初登場で大活躍です。前作『ティガ』のシャーロックのスクロール砲は本物の金属製でしたから、よく言えば重厚、悪く言えば動作がゆっくりでした。しかしこちらは軽い新素材。クルクルと素早く機敏な動作がかっこいいですね。これは車内にある操作用に作られた隠しスイッチで操作します。このメカの扱いは私の担当でしたからシーンの状況に応じて車内で隠れて操作したり、外に線を引っ張って動きを確認しながら操作したりいろいろとやりました。九州の三井グリーンランドの隣にあったウルトラマンランドへ行ったとき（そのころは『TDG』の劇用車がすべてそこに展示されていたのです）に、エンジンをかけてこのリモコンを久しぶりに操作してみました。シャーロックもゼレットも私の担当でしたからマニュアルなどなしにすぐ操作できるのです。撮影が終わって5～6年くらい経っていたと思いますが、メカが健在で往時のままクルクルと動いてくれました。あの機構は今も現役のはずです。

ところで、スーパーGUTS司令室の自動扉ですが、撮影に慣れてくるこのころにはモーターが外されて使われなくなりました。いろいろなことがあったのです。例えば、出動時スーパーGUTS隊員たちの駆け出してゆくスピードに自動ドアが対応できずぶつかってしまったり。飛び出して行った隊員たちの後ろでのろのろとゆっくり閉まったり。せっかくの未来の機能だったのに使いこなせず「やっぱりドアの気持ちになって開閉しないとね」などと言いながら、いつしか手動に戻ってしまったのでした。少し笑えます。これは初代『ウルトラマン』の科学特捜隊からの伝統ですからね、きっと今でも司令室のドアは手動なのではと思います。2005年の『ウルトラマンマックス』ではまだ手動でした。映像は映ったものがすべてですから。映像のテンポに合わせて気持ちよく開閉できることが大切なのです。これもムービーマジックの一種かもしれません。

**8話「遥かなるバオーン」**

硬質な作品が得意な村石監督と叙情的な作品が素敵な太田愛さんとのコンビが作る、想像を絶する楽しいファンタジー／コメディ編。傑作です。私は大好きです。のどかな「ふるべ村」は実は神奈川県にある「ふるさと村」です。のんびりした村でののんびりした楽しい撮影。時間が止まったような空間。東京の近郊にこんな場所があることに驚きます。

ふるべ村の仮設テント。ここで村人たちがコウダ、アスカ、リョウ、カリヤ、ナカジマたちにおにぎりや豚汁などの夕食を振る舞うシーンだけは東宝ビルトオープンで撮影しました。最初のロングショットは、オープンでクレーン撮影した人物の芝居に特撮で撮影したミニチュアを合成した特別なカットです。提灯が飾られ賑やか。ちょっとした村祭。村石監督からこの状況に合わせてエキストラの演出を考えるようにと指示されて楽しくお芝居を付けました。ビルトオープンらしいよい雰囲気です。村石監督は『ティガ』の硬質な雰囲気の世界観を構築し、クールで激しいアクション演出の印象があるのですが、実はこういうのもお得意。とても楽しい作品です。『ダイナ』を代表する傑作ですね。

さて、2005年に私が『ウルトラマンマックス』をプロデュースするとき、こんな楽しい作品が『マックス』にも欲しいと考えて太田愛さんと村石監督のコンビにお願いしました。20話の「怪獣漂流」がそれです。これにはスーパーGUTSのナカジマ役の丈さんもゲスト主役をしてくださり、またまた荒唐無稽で素敵な作品となりました。

**9話「二千匹の襲撃」**

前半Aパートからウルトラマンダイナが登場して怪獣と闘う贅沢な大怪獣映画編です。いい意味で大味なところも『ダイナ』の魅力で、佐川和夫監督の圧倒的な特撮がそれを存分に表現しています。

マット画合成で作られた情景は『ダイナ』的未来世界。河川をギアクーダの破片が流れるシーンから警備員が襲われるまでの流れの不気味さはホラー演出が素晴らしい石井てるよし監督ならではですね。でも現場では美術が作った大切な怪獣の破片が流れていってしまわないように大騒ぎしながらの撮影で、その様子はまるでコメディのようでした。

警備員が襲われる工場の一角は東宝ビルト所内です。街灯などは美術部が用意して飾ったもの。作り込んでスタジオだとは分からないようにしていますが、ここはあくまでもスタジオの通りです。でも、この場所はさまざまな『ウルトラ』作品で頻繁に登場する〝聖地〟なのです。例えば『ULTRA SEVEN X』1話「DREAM」の未来的な街角も一部はここを飾っての撮影でしたし、9話「RED MOON」で獣人が登場するのもここでした。全然違う状況設定ですが撮影所内ですから目的に合わせて自由に飾れます。だからイルミネーションが輝く未来の回廊にしたり、人が襲われそうな寂れた通りにしたり、なんでも自由自在なのです。ここ東宝ビルトは『ウルトラシリーズ』のアトリエでした。こんな素晴らしい場所だったからこそ、あの『ウルトラQ』から始まる傑作な作品群が作られたのです。ところで、警備員の後方に写っているのが第1、2、3ステージです。この中にはスーパーGUTS司令室やコックピットなどのセットがあるのですが、そう思ってこのシーンをもう一度見るとホラーチックな演出とは違ってちょっと楽しく感じますよね。そしてこの場所にSUVで到着したアスカ、リョウが怪獣と遭遇します。そのすべてが東宝ビルトです。ここ東宝ビルトは世田谷に実在した夢工場でした。

さて、そこに怪獣の分身体が大勢登場してくるとどこか愛嬌があって番組は全然怖くなります。怪獣、可愛いですよね。視聴者層のことを考えれば本気でホラーを作るわけにはいきません。『ウルトラマン』ですからバランスが大切。対象を間違えたり無視したりすると大変なことになります。本編班で怪獣の着ぐるみの撮影をすることは少ないですからこのときはテンションが上がりましたね。怪獣の着ぐるみの撮影は本編では珍しいですし、楽しいのです。

戦い終わってオレンジジュースの乾杯。1人だけコーヒーカップを持つカリヤ隊員。みんな好きなものを飲んでいます。スーパーGUTSは自由で楽しい組織ですね。そんなところもスーパーGUTSと『ダイナ』の魅力です。

**10話「禁断の地上絵」**

『インディ・ジョーンズ』のような冒険映画的始まりでワクワクします。洞窟はもちろんロケではありません。東宝ビルトに作られたセットです。丁寧な作りでいま見ると感心してしまいます。洞窟のセットというのは撮影していて面白いものでした。このような、現実であり虚構でもある空間というのが空想特撮には必要です。一方で秋月博士の邸宅は鎌倉にあるお屋敷。本物です。風情ある立派なお宅でした。ここへ着ぐるみも連れていき、美術部が飾ってリアルな現代の御伽噺になりました。『ダイナ』ではさまざまな状況に合わせて、美術セットであったり制作部が探してくるロケセットであったりがとても的確に配置されています。素晴らしいチームワークだったのだなとあらためて思います。この話はカリヤ隊員・加瀬尊朗（現在は加瀬信行）さんのお話です。星新一賞にも入選した作家でもある加瀬さん。冷静に現場をご覧になっている物静かで雰囲気のあるかっこいい方です。楽しい人ですけど。加瀬さんの燻し銀な存在感がこの物語を盛り上げます。

**11話「幻の遊星」**

ハネジロー初登場回です。可愛いです。とても可愛いです。『ティガ』にはなかった大きなファクターで、『ダイナ』の世界を象徴するキャラクターの1人（1匹？）です。ハネジローは、本編でお芝居するための関節の柔らかいものと、吊って飛ばすためのものとの2つを用意して使い分けました。お芝居用は人形師の原田克彦さんが動かしていました。実際に原田さんが動かすと可愛いハネジローに生命が吹き込まれてさらに可愛さ倍増。撮影現場はとても和みました。飛ぶハネジローの一部はCGで表現されていましたが、基本的には操演の村石義徳さんが現場操演で飛ばしていました。ハネジローにピアノ線を仕込んで竿に吊って振っているのです。いわゆる特撮での飛行機の飛ばし方と同じ考え方です。ハネジローの声は声優ではなくて、スクリプターの青木順子さんの声を原田監督が気に入って採用しました。声が加わると、またまた可愛さ倍増。特撮はつくづくお芝居だなと思いますし音だなとも思います。

**12話「怪盗ヒマラ」**

どこからどこまでも太田愛さんの世界です。素晴らしいです。原田監督の映像も凝っています。撮影の倉持武弘さんと原田監督の相性もバッチリ。実相寺組ばりにレンズのフィルターにワセリンを塗ってみたり、とても情感たっぷり。夕焼けも美しいです。多摩地区でロケされた街も美しい。原田監督作品には多摩地区がよく似合います。監督は多摩地区の住人でしたからその魅力をよくご存じでした。

丘の上に遊園地の観覧車が見えます。よみうりランドですね。今や丘の上に遊園地の観覧車が見える街という美しい場所も珍しくなってしまいました。と言いますか東京ではここだけになってしまいました。25年前には東京近辺でも多摩テックや向ヶ丘遊園など楽しい遊園地の情景が点在していました。丘を見上げるとそこに遊園地がある。今では考えられない子どもが王様の時代。それはとても素敵な時代でした。特撮も本編もロマンチックで美しいお話。『ダイナ』の世界ならではの傑作です。

**13話「怪獣工場」**

名作が続きますが、これは北浦嗣巳監督と川上英幸さんの素晴らしいミジー星人です。個人的にもミジー星人が大好きです。ミジー星人はハネジローと並んで『ダイナ』を象徴するキャラクターだと思います。「怪獣工場」は太田愛さんと原田監督のヒマラワールドとはまた違って楽しくコメディチックな傑作。『ダイナ』にはこんな話がよく合いますよね。

冒頭は狛江の多摩川土手です。余談ですが、実はこの辺りは砧の円谷プロから近くて円谷プロ製作部やスタッフ、キャストとよくバーベキューに来た場所でした。円谷プロ製作部の倉庫には撮影機材と一緒に本格的バーベキューセットがそろえられていました。実は高野宏一さんを始めとして鈴木清さんや円谷昌弘さんなど皆さんはバーベキューが大好き。その上に高野宏一さんや鈴木清さんは料理の腕も一流ですから、みんなで料理の材料を買ってきてお酒をたくさんクーラーボックスに入れて繰り出しました。撮影は全力で、と言いますか命がけでよいものを作って、遊ぶときは大いに思いっきり遊ぶ。『ムーンスパイラル』や『平成セブン』の打ち上げもここでしたね。駐車スペースもあり円谷プロからも近くて、狛江の多摩川土手は撮影にもばっちりな万能な場所です。

メインの舞台となるミジー星人のガラオン製造工場は狛江の工場です。ここに特撮を合成して宇宙人の工場が出来上がりました。ガラオンの操縦席はもちろんセット。『ティガ』から参加されたデザイナー内田哲也さんの美術はすごいです。『ダイナ』の世界を豊かにしていますよね。私は『ウルトラマンマックス』をプロデュースするときに、しばらく『ウルトラマン』から離れていた内田さんにお願いして帰ってきていただきました。どうしても『マックス』に内田さんの力が必要だと考えたからです。それはやはり『TDG』を一緒に作っていたときに素晴らしい美術を何度も見せていただいていたからです。結果はご覧の通り、『マックス』の美術も『TDG』時代に負けない素晴らしいものになりました。

さて、ミジー星人たちの一本締めのような風変わりな変身ポーズは現場での北浦監督の即興演出でした。桜金造さんに「どうやって変身しましょうかね？」と訊ねられた北浦監督がその場で「よーお、ポン。こんな感じですかね」とやってみせたときには隣で私もビックリしましたし、みんな盛り上がりました。なんて面白い変身なんでしょう。桜さんもそれを見て「分かりました」と一発で納得していました。ミジー星人、よいです。『ダイナ』ならではの傑作回です。

**14話「月に眠る覇王」**

極めて王道な名作。初登場のガッツディグはセットも新造。特撮も素晴らしい地下空間。大変なカロリーの作品です。マット画と特撮を組み合わせた地下空間は壮大で素晴らしい。グリーンバックでの撮影はイメージが掴み辛くて大変なのですが出来上がるとこの通り。よいですよね。TPC基地でのアクションはもちろんお台場テレコムセンターです。いろいろな場所に飛び回ってSFテイスト満載です。

**15話「優しい標的」**

『ダイナ』の撮影現場も脂が乗ってきて撮影ペースも確立されて、どんどん楽しくなってきたころです。見ていても現場の和やかさが伝わってきて楽しい気持ちになりますね。

これは村石監督と長谷川圭一さんの王道な物語。マイを思いやるリョウを始めスーパーGUTSのチームワークが美しいです。もちろんこれは脚本に沿ってのお芝居ですが、でもこの助け合う感じはリアルにスーパーGUTSのキャストの方々の姿なのではと思います。スーパーGUTSのキャストはここで描かれているような仲のよいチームでした。と言いますか、これは今でも続いているので現在進行形ですね。スーパーGUTSは本当に明るくて楽しい、映像から感じられる印象のままの素晴らしいチームです。演じる方々の性格がとてもいいのです。だからとても幸福な撮影現場でしたし、今、再びお会いしても感じることは一緒です。温かいものを感じます。『ダイナ』をどこから見ても楽しいのはここに大きな理由があるのではと思います。

さて、このエピソードでもグリーンバックを多用しました。TPC地下工場やTPC基地本部でのお芝居は、さり気ない特撮との合成によって世界を広げています。こういう表現は特撮の醍醐味。村石演出らしいブレがない豪速球です。

**16話「激闘！怪獣島」**

ハネジロー再登場回。村石監督演出のハネジローも可愛いです。これは大特撮怪獣映画のお約束である怪獣島を舞台にした物語ですね。いきなり怪獣同士が戦う状況。それに登場人物、アスカ、コウダ、ナカジマが遭遇する。おかしな博士も登場してすべてが基本のお約束。真鶴海岸を島に見立てています。東宝怪獣映画の古典的なテイストの名作です。

初代『ウルトラマン』の時代には怪獣島のジャングルのようなシチュエーションは世田谷の砧緑地（現・砧公園）で撮影

できたそうですが、この25年前の時点ですでに都内では不可能でした。でも発想は同じです。選択されたロケ場所を南国の島に見立て飾ったりマット画を合成したり。すると、こんな楽しい映像になるのです。これもいわゆるムービーマジックです。そして「おーい」と言って主役が帰還するラストシーンまで『ウルトラ』のお約束。

**17話「幽霊宇宙船」**

幽霊宇宙船の内部はもちろんセットです。グリーンバックで撮影したり現場で操演したり、着ぐるみもいますし小道具もたくさん。とても派手。大掛かりな回です。でも、特撮はそれに輪をかけてすごいです。『ティガ』で特撮レベルを引っ張っていた神澤信一監督が抜けてしまって以降、牽引者がいなかった特撮に佐川和夫監督という『ウルトラマン』を最初から引っ張った天才が復帰したことで、『平成ウルトラ』は再びぐっとレベルアップしたように感じます。個人的には佐川監督とのお仕事は、『ウルトラマンガイア』の最終3話でゾグの表現の演出について打ち合わせをさせていただいたのが最初でした。でも佐川監督とはそれ以前にも円谷プロ入社以来、高野宏一監督のお酒の席などで何度もお会いしていました。佐川監督から見れば私は円谷プロの後輩です。可愛がっていただきました。「鬼の佐川」と呼ばれて現場では怖れられていますし事実、仕事ではとてつもなく厳しい方です。でも実は優しい方です。佐川和夫監督は円谷テレビ特撮を完成させた方ですね。現在最高の特技監督だと思います。

**18話「闇を呼ぶ少女たち」**

石井てるよし監督お得意のホラー演出。高橋レーシングの素晴らしいカースタント。亀甲船の村石義徳さんの操演。派手で激しい始まりです。校長室に並ぶ魔術的な書籍『闇を呼ぶ儀式』は美術部の特製でこのエピソードのために作ったもの。本棚にある『宇宙のアニマ』『闇の薔薇園・エンドリックカライザキ』『両性具有の太陽と月の子』『黄金の神曲』などの妖しいタイトルの本もこの物語のために作りました。ちょっと読んでみたいタイトルですよね。原稿づくりは楽しい仕事ですが基本的にサード助監督の仕事です。私はセカンドになってからは必要に応じて変則的に書くだけでしたが、でも、このタイトルは私の原稿。デザイナーの内田さんから「八木、書いてよ」と言われて楽しんで作りました。

工事現場のシーンでは（合成カットもありますが）少女とアスカを現場で実際に吊りました。安全には万全の注意を払っているとしても危険なカットですから、撮影本番前に確認のために、そしてライティングのためにもスタンドインとして私が吊られて準備しました。助監督はなんでもやるのです。もちろん安全対策は完璧なのですが、それが分かっていても怖かったです。アスカ＝つるのさんはこの状況で演技をするわけですから大変だったと思います。ご存じのように『ウルトラ』の主役はダイゴ隊員＝長野博さんから始まって歴代、みんな大変な目に遭っています。水に落ちたり、高い所で吊られたり、爆破に曝されたり、さまざまです。でも主役がこれだけの大変な撮影をこなすから『ウルトラ』は面白いとも言えるのです。そして、これについて誰も文句を言いませんでした。全員が全力でよいものを作ろうとしていたのです。素晴らしいです。だから助監督の私がスタンドインで安全確認やライティングのために吊られることなどはなんでもないのです。重要なのはよい作品を作ることだからです。
さて、シジルさんが登場しますがシジル魔術は実際に存在します。本当に悪魔を召還できるかどうかは分かりませんけれども、長谷川圭一さんと一緒に2017年に作ったホラー『霊魔の街』の1エピソードでもシジルさんは登場しました。この『霊魔の街』はなかなかの摩訶不思議ホラーになっていると思います。全6話を長谷川さんが書かれて全6話を私が演出しました。もし機会があればご覧いただきたいです。今さら言うまでもありませんが長谷川さんの脚本は大好きです。映画『大決戦！超ウルトラ8兄弟』は長谷川さんと一緒に作りました。『ウルトラマンティガ』で出会ってから長いことお世話になっている兄貴分です。その長谷川さんの脚本がこの回でも『ダイナ』的で冴えまくります。「勝てるわけないじゃない」と言われて「それでも行く。絶対に逃げないっていうのが俺の信念なんだ」と言うアスカがとてもアスカらしい。アスカならではの言葉です。

**19話「夢幻の鳥」**

シンジョウ・マユミ＝石橋けいさん登場編。『ティガ』の15話「幻の疾走」の続編です。撮影のメインロケは前作でも使われた豊洲の東京ガスとその周辺。マユミ、アスカが乗車するゼレットが走るのは晴海埠頭。その後のアクションからが東京ガスです。亀甲船が現場操演のナパーム（ガソリン）の爆破で青木治親さんのバイクの走りを盛り上げます。この日は朝から夜まで1日東京ガスでした。東京のど真ん中にある広大な空き地での撮影はとても気持ちよいものです。ここは360度パノラマ。レインボーブリッジや東京タワーなどを始めとして東京のすべてが見渡せる場所でした。でも、一面に草が生えていてのどか。開放されている場所ではなかったので関係者以外はいませんからリラックスできます。『ウルトラマンティガ 25年目の証言録』でも書きましたが『ULTRASEVEN X』を始めとして円谷プロ作品はお世話になった場所です。ですからここも『ウルトラ』の聖地の1つです。たくさんの名作が生まれました。その場所に今はあの有名な豊洲市場が建っている。どこか不思議です。
さて、登場するサーキット場は当時完成したばかりの栃木県茂木町にある「ツインリンクもてぎ」です。サーキット内に入っての撮影は素晴らしかったですね。そして疾走するバイクの迫力はすさまじかったです。このロケでは撮影の空き時間に一度解散になって自由に街を散策できました。駄菓子屋さんを見つけて、みんなでおでんを食べました。風情があってしかもとても美味しかったです。東京にはほとんどなくなってしまった素敵な情景。そんなものがまだ残っていました。

**20話「少年宇宙人」**

脚本の太田愛さんと原田昌樹監督による『ダイナ』の傑作の1本です。個人的にも大好きな作品。この脚本の白本（撮影準備のために印刷された決定稿以前の脚本）がスタッフルームに届いたときのことは今でもよく覚えています。私が読むよりも早く美術監督の内田哲也さんがこれを読んでいて、「八木、いい脚本が来たよ。こういうホンを『ウルトラ』はやるべきなんだよなあ」と感激して話してくれたのでした。内田さんは心底気に入っていてすごく盛り上がりました。この回の美術は気合いが入っています。内田さんの美術はいつでも気合い十分なのですが今回は特にですね。中でもすごかったのは悟《さとる》たちが遊ぶ空き地の秘密基地。これは東宝ビルトオープンに作ったセットでした。脚本上では廃バスというシチュエーションでしたが、内田さんが脚本から受けたイメージとして、もっと開けた場所がよいのではと考え、ビルトオープンになら可能だということで、悟たちの秘密基地というシチュエーションを提案したのでした。いつでもですが内田さんのセットデザインは俳優の動きまでも想定して設計される演出なもの。ここでも内容に踏み込んでの提案でしたが、作品を豊かなものにしています。実はこれは内田さんが子供のころに「こんな場所があってそこで遊んだら楽しいだろうな」と空想した秘密基地なのだそうです。ロマンチックですね。このようにすべてのパートが全力でしたから、繰り返しになりますが『ダイナ』は素晴らしいのです。

悟の家は代々木上原のロケセットでした。当時はバブルの後遺症で、都会にあるあんな素晴らしい昭和の名残は壊されてしまった後のことでした。ですから都会のど真ん中にここまでステキな風情のある家が残っていて驚きました。家の中は本物が持つよい雰囲気です。この時に原田監督から子どもたちに演技の練習をさせておけと言われて、私は3人の子役と一緒にキャスト控え室にしていた悟の部屋で練習しました。セカンド助監督になるとこんなこともやるわけです。もちろんこれは演出をしたなどという意味ではなくて単なる練習です。でも、この傑作のお芝居の助けに少しはなったのかと思うとうれしいです。太田愛さんの脚本は助監督時代から好きでした。私は後に『ウルトラマンネクサス』で初めて太田さんの脚本で監督することができました。「監視者-ウォッチャー-」（30話）と「鳥-バード-」（31話）という作品です。とても透明感のある素敵な脚本をいただきうれしかったです。自分がプロデュースした『ウルトラマンマックス』でも「遥かなる友人」（25話）と「クリスマスのエリー」（26話）という大切な作品を一緒に作りました。ちなみに「遥かなる友人」のゲスト主役は、つるの剛士さんの盟友・河相我門さんです。

河相さんも素晴らしい方でしたね。そして『ULTRASEVEN X』では「CODE NAME "R"」（2話）と「RED MOON」（9話）です。これは私が作った円谷プロでの最後の『ウルトラマン』テレビシリーズですからある意味で到達点。太田さんと一緒にノリノリで作りました。ぜひご覧いただきたいと思います。

さて、『少年宇宙人』に戻りまして、ラストシーンの秘密基地のある広場。「まってろよ」「たつお」「みのっち」「さとる」は子供たちが実際に書いた字です。素晴らしいエンディング。きっと3人は未来で再会していることでしょう。

**21話「発熱怪獣3000度」**

御殿場ロケが風光明媚で素敵です。富士山は撮影で狙うと写らないと言われますが、この時はしっかりと撮影できました。司令室のシーンも南国バカンス風に飾り込んでの撮影で、こういう撮影はスタッフも楽しいものです。熱い『ダイナ』の現場で暑いシーンを撮影しましたがこれはムービーマジックです。実際には暑い季節ではなかったので快適でした。

**22話「ツクヨの兵士」**

リョウの先輩・アヤノ役を演じる片桐はいりさんの個性がこの話のすべてのような気もしますが、これは北浦嗣巳監督のキャスティング。北浦監督らしいです。太田愛さんの脚本なのにそう感じられないところもある意味すごいですね。アヤノの後輩として活躍するリョウの私服姿はハードボイルドでかっこいいです。そして、リョウが乗る水色のクルマは私のシトロエン2CVでした。『ティガ』でレナ隊員のクルマとして初登場したときはスチールのみでしたから、やっと『ダイナ』で本格的に登場しました。ピカピカな状態で映っていてうれしいです。運転しているのは斉藤りささんご本人と高橋レーシングの田邊秀輝さんです。撮影で疾走する2CVの姿はとても可愛らしかったです。特にお台場でのシーンなどはホレボレして見入っていました。

**23話「夢のとりで」**

アスカとコウダの熱い掛け合いはスーパーGUTSならでは。燃える展開。大西信介さんの正攻法の脚本。新規のガッツマリンのコックピットもよかったです。新しいコックピットの撮影はいつでも楽しいものなのです。冷静なコウダ隊員が熱くなるからさらによいのです。「俺たちの夢を、夢を壊すな！」にはしびれますよね。コウダ役の布川敏和さんが素晴らしいコウダ回です。

**24話「湖の吸血鬼」**

そして続いてナカジマ隊員役の（小野寺）丈さんの回です。こちらはマリモをたくさん作って、たくさん飾った回です。とにかくマリモでした。マリモに始まりマリモに終わる。何個作ったんでしょう？　撮影前に美術ルームに行ってもマリモだらけ。現場ももちろんマリモだらけ。クルマに襲いかかるマリモはCGでもなんでもなくて現場操演で動かしました。

もちろん引き画では一部ポスプロで増やしていますが、基本的にはすべて現場処理です。マリモ、マリモ、マリモ……大変な撮影でした。

登場するテレビリポーターが所属するテレビ局。DTNです。Daily Television Network の略なのですが、これは『平成ウルトラセブン』「地球星人の大地」に登場したテレビ局と同じ名称です。この『ダイナ』世界はあの『セブン』世界とつながっているのでしょうか？　興味深いですね。

ナカジマが食べまくる「ここちゃんのフライドチキン」は私の原稿でした。この場合の「ここ」は『マックス』の「ココ」とは関係ありませんが、音は同じ。可愛いです。そしてこのシーンでフライドチキンを食べさせようと提案したのは美術でした。脚本ではナカジマが食べるのはお弁当なのです。でもフライドチキンを両手に食べまくった方が面白いというアイデアなのでした。ここでもそうですが、『ダイナ』では各パートが作品をよくするために自分のパートの外へ踏み込んで作っています。

**25〜26話「移動要塞《クラーコフ》浮上せず！・前後編」**

『ダイナ』で多くの方が思い出に残る作品として挙げるのがこの「クラーコフ」です。もしかしたら最も印象深い作品なのかもしれません。私にとってもそうです。『ダイナ』の『ダイナ』らしい傑作だと思います。この脚本が来る少し前にスーパーGUTSの皆さんと飲む際に脚本の長谷川圭一さんが合流したことがありました。そのときにスーパーGUTSのメンバーが（私も一緒にですが）、スーパーGUTSが活躍する激しいアクション編が欲しいと長谷川さんと語り合いました。『ダイナ』にはそんな物語が少ないと考えていたのです。そのときの長谷川さんの答えは「大丈夫です」というものでした。そしてしばらくして届いたのがこの脚本だったのです。長谷川さんの話ではこの脚本のオリジナルは『ティガ』時代のものですから、あの飲み会を受けて直接書かれたものではありません。けれど、われわれ現場もスーパーGUTSも望み通りの脚本が来て大いに燃えました。村石監督の演出も最高です。1〜2話を撮影した後に映画の方へ行ってテレビを撮れなかった小中監督に代わって、実質的に『ダイナ』を引っ張っていたのは村石監督です。村石監督はこの前後編を完璧な傑作に仕上げています。

クラーコフはビルトに作られたセットです。クラーコフ内の通路は浸水の表現のために水が張れるようになっていました。でも水が溜まるのには時間がかかりますし、漏れたりしないかの確認などもあり、撮影前日からわれわれは美術部を中心に準備をしました。水にバスクリンを入れて色を付けたりと、寒い時期ですしいろいろと大変でしたが全然準備が終わらない。途中でかかってくる楽しそうな電話の声を聞いて「行きたいなあ」と思いながら作業を続けました。実はこの日は、つるの剛士さんや斉藤りささんたちに飲みにいこうと誘っていただいていたのです。セカンドになって、私はたまに役者の方々ともお酒に行くようになっていました。結局は水に浮くゴミを取らなければならなくなり、作業は深夜までかかりお酒には行けませんでした。でも、次の日の撮影で水を張った通路は大活躍しました。準備したセットで迫力ある映像が撮影できてみんな大満足でした。前の日に飲みには行けなかったけれど撮影がよければ大満足なのです。

この前後編では大満足な撮影が他にも何度もありました。中でも斉藤りささんと山田まりやさんの２人芝居は本当に素晴らしかったです。村石監督の演出的指示によって、スタジオにリョウのセットとマイが入るミサイルを隣り合わせに並べて同時に撮影するという大掛かりな仕掛けでした。撮影の当日は普段は朗らかな山田まりやさんが、朝から控え室にこもって出てこない。完璧な役づくりをしていました。そして本番でのお芝居は感動的でした。斉藤りささんと山田まりやさんお２人の役づくりが完璧に素晴らしく、村石演出が冴え渡り、最高のシーンが出来上がりました。『ダイナ』全シリーズの中でも屈指の名シーンです。またこの話ではヒビキ隊長もコウダもそれぞれに名シーンがあります。「クラーコフ」の前後編、やっぱり最高だと思います。撮影していても『ダイナ』で最高の充実度の回でした。

ラストシーンでカラオケに行く姿はスーパーＧＵＴＳらしいです。その仲のよさ。それは現実世界の彼らの姿でもあります。「クラーコフ」こそ、フィクションと現実を結びつけた『ダイナ』の名作。個人的にはこれこそが『ダイナ』のあるべき姿だと思いますし、『ダイナ』らしさにあふれた『ダイナ』の最高傑作だと思います。

**27話「怪獣ゲーム」**

初登場の児玉高志監督の回です。現場は静か。でも作品は躍動します。冒頭のアスカの格闘は府中の解体屋さん。実際にクルマを転がしたり操演弾着をしたりと現場処理で撮影は大騒ぎでした。最近ならほとんどがポスプロ処理で可能です。でも、このときはすべて現場で撮影しきった本物のアクションが力強いです。そして再びシトロエン２ＣＶが登場します。リョウのクルマという設定での隠密捜査ですからゼレットではなくて２ＣＶが活躍するのです。１９４８年にデビューした２ＣＶが走り回ると『ダイナ』が何年の物語だったのか忘れてしまいますが、これは21世紀。１９９７年の放送当時からは20年後の未来のお話なのです。だからロケ地などはなるべく未来的な場所にしていましたが、クルマのデザインは普遍性のあるものを選んでいました。だから2CVでよかったのです。当時の最新の日本車を使用していたら、25年後の今だと25年分古く見えたでしょう。でも２ＣＶならばそれがいつなのか分かりません。２ＣＶはＳＦ向きです。

**28話「猿人の森」**

冒頭のリョウ隊員のお婿さん候補のお見合い写真は楽しい内

トラ写真大会。1枚目は『ティガ』のセカンド助監督だった今泉吉孝さん。2枚目は『ダイナ』の美術の小出憲さん。その後も制作の松田憲一良さん、特機の田村誠さん、そして助監督の私までいますね。もちろん笑えるように全員で思いっきり役づくりしました。西アジアに墜落した後の森林でのアスカとギガンテスの出会いからその後の格闘への流れはあの名作映画、1933年の『キングコング』へのオマージュでしょうか。ギガンテスの目が美しいんです。独創的な着ぐるみでした。

**29話「運命の光の中で」**

「シン、お前はなんのために飛んでいる?」「おれは前に進むためだ」。アスカのアイデンティティである「前へ進む」ことへの思いが強く描かれる回です。月面基地ガロワが舞台。ほとんどがセットでの撮影。ガロワは横浜鶴見の貸スタジオです。

**30話「侵略の脚本《シナリオ》」**

冒頭の怪獣番組撮影シーンは東宝ビルトオープン。登場するスタッフは『ダイナ』本編班の面々。タワーイントレから撮影したビルトオープンの雰囲気がよく分かる面白い映像から作品が始まります。その後に登場する製作会社のオフィスは円谷プロの製作部の新しい部屋です。普段ここにいる円谷プロ製作部の面々がそのまま登場します。これは当時の円谷プロ製作部の姿です。面白いですよね。さて、この製作会社が製作中の新企画が『タラバマン』です。これはロケハンのときに美術デザイナーの内田哲也さんが北浦監督に「舞台となる製作会社で製作中のヒーローものの番組ポスターがあった方がいいんじゃないですか」と提案したことから始まった劇中作品です。この提案に北浦監督はすぐに乗られ、どんなイメージですかねという内田さんの質問に、「カニなんかいいんじゃない」とこたえました。そして出来上がったのがこの『タラバマン』なのです。内田さんのデザイン画をCGチームの田嶋秀樹さんがブラッシュアップして制作。さらに背景も描き足して素晴らしいポスターが出来上がりました。ちなみに田嶋さんは『ティガ』『ダイナ』のCGチームで活躍された方。『ダイナ』のオープニング映像では構成を考えコンテを描いて演出までしてCGも作っています。私はこのポスターでは「オホーツクからやって来た、人の痛みの分かる奴」というコピーを書きました。この「人の痛みの分かる人間」というのは大学時代の恩師の一人が口にされていた言葉。それをこのキャラクターに拝借いたしました。いいのですかねえ? ともあれこのポスターだけでもたくさんの人の力が込められているのです。スピンオフで作っても楽しかったでしょうね。

このエピソードは、あの強烈な宇宙人ミジー星人再登場編です。ミジー星人が住むのは代官山にあった東光苑アパートでした。お洒落です。あんな昭和モダンで古い歴史的な集合住宅がまだ代官山などに残っていた最後の時代です。そして建物内部の部屋は美術部が作ったセット。すごいです。ロケセットではなくてこれはセットです。しっかり作っていました。ラストシーン。多摩川の川原での番組撮影。再び本編班の内トラカットです。こんなメンバーで『ダイナ』は撮影していたのです。『ティガ』からはかなりメンバーチェンジしていますね。この回も『ダイナ』らしい傑作です。ミジー星人は『ダイナ』を代表するキャラクターでしょう。

**31話「死闘！ダイナVSダイナ」**

増田貴彦さんの脚本です。『ウルトラ』ではお約束の展開。王道のニセウルトラマンの話です。

冒頭のアスカのお昼寝シーン。打ち合わせでの原田監督の発言のメモには「でかいホットドッグ」となっていますが、実際にアスカが食べているのは「でかいサンドイッチ」です。登場するのは美術部が張り切って作ってくれた劇用食。とても美味しそうですよね。撮影で映るものは本来の機能は必要なくて、映ったときにそれらしく見えればいいと書きました。でも、こういう劇用食は実際に美味しいです。美味しくないと演技にも響きますしね。美術部が一生懸命作ります。

その後は原田監督が大好きな内トラ大会。CGチームの田嶋秀樹さんや北浦嗣巳監督が登場しますね。北浦監督の後ろには「合成は私の命です」という標語が飾られていますが、これは合成のスペシャリストで合成カットも多かった（多すぎた？）北浦監督ならではの原稿です。もちろん私が書いた原稿ではありません。先輩に向かってこんな原稿を書くわけにはいきません。これはきっと原田監督のイタズラでしょうね。

ちなみに「今日のラブモス情報」を伝えるTPC広報は私です。これも原田監督の指定です。役者でもないのにしっかり衣装合わせまでやって撮影しました。ニセウルトラマンダイナに変身するグレゴール人は宮坂ひろしさん。『ムーンスパイラル』で山田まりやさん演じる八股ちひろの父親・八股傑作役だった方です。

**32話「歌う探査ロボット」**

TM-39、通称ラブモスが可愛いエピソード。山田まりやさん演じるマイ隊員の物語です。冒頭、土星で活躍するラブモスを伝えるTPC広報は前話と同じく私が演じています。マイのラブモスとの夢空間の撮影では原田監督のオーダーでワルツを用意、リハーサルでは音楽をかけながら演技しました。「美しき青きドナウ」など優雅なクラシックをそろえました。

TPC基地の表は八王子工科大学です。『平成ウルトラセブン』「地球星人の大地」もここで撮影しましたし、数々の特撮作品に登場する特撮作品の聖地かもしれません。ところで、撮影をしたのはもう寒い時期でしたからキャストの皆さんは本番以外はスタッフジャンパーでモコモコになっていました。『ダイナ』のスタッフジャンパーは薄紫色で、インナーにはボアが付いているとても機能的で綺麗なものでした。暖かかったのでみんな愛用していましたが、表裏をひっくり返して着ると白いボアが表面に現れてシロクマみたいになります。そんなシロクマみたいになったキャストがうろうろ歩いている現場は可愛かったですね。とても和みました。

**33話「平和の星」**

メイン監督である小中和哉監督再登場回です。ハスミの事務所兼自宅は西新宿のビルのロケセット。窓外にひろがる本物の都会のビル群が雰囲気を盛り上げます。ハスミがソノカを連れていくバーは新宿三丁目のお店です。この店は『ティガ』から続いての登場でした。『ティガ』でムナカタや小野田が会って飲んでいたのは、最初は六本木の店でしたが途中からこの店になりました。マスターもつながりで村石宏實監督です。エンディングの最後には、『ティガ』で登場した小野田とハスミが一緒に写っている写真や『ティガ』で使用したコルクボードの写真が登場します。装飾部がしっかり保存していました。物語としては7年の時間が流れていますが、『ティガ』と『ダイナ』は地続きですからこんなことも可能です。

木之元亮さんのトレンチコート姿はまさにハードボイルドですね。かっこいいです。言うまでもなくヒビキ隊長編です。

**34話「決断の時」**

コウダ活躍編です。布川敏和さんは元「シブがき隊」です。ジャニーズのスターです。そして、インタビューでも語られているように『ウルトラ』に対する思いも格別に強い方です。それに撮影所の近くにお住まいでしたから撮影がなくてもよくビルトに遊びにいらしていました。そんな布川さんですから『スーパーGUTSを隊長の木之元亮さんとともに引っ張って『ウルトラマンシリーズ』屈指の名チームにしました。

脚本の吉田伸さんは私の監督デビュー作『ウルトラマンガイア』の49話「天使降臨」の脚本家。かっこいい脚本を書かれます。ゲストは伴大介さんと大滝明利さん。人造人間キカイダーと『ティガ』のムナカタ副隊長ですからね。これはきっとキャスティングの安藤実さんのイタズラだったに違いないと思います。安藤さんは洒落たキャスティングをされる方でした。

さて、このお話。ヒビキ隊長を救うために一致団結するスーパーGUTSのチームワークが素晴らしいです。リアルに仲がよいスーパーGUTSの関係性が画面から見えてきて感動的なのです。コウダは副隊長に昇格。まさに名実ともに布川さんはここに副隊長となりました。

**35〜36話「滅びの微笑・前後編」**

再び村石監督での前後編。今回は関西大ロケーションです。村石監督ならではのベテランの力強さ。素晴らしい娯楽大作になりました。『ダイナ』立ち上げのチーフ助監督で後に「チュラサの涙」の監督もするスーパーチーフ髙野敏幸さんも一時的に復帰して、撮影の現場は安定感バッチリ。楽しい撮影でした。

これは全面的に関西ロケです。実際のMBSの報道フロアで撮影しましたし、道頓堀でも新世界界隈でも。爆発がらみの一部カットだけはロケで撮影できないので東宝ビルトオープンに大阪を再現して撮影しましたが、でも他はすべて関西ロケです。新世界の撮影で映り込む「づぼらや」さんではスタッフ、キャスト全員でてっちりをいただきました。大満足でした。関西は見るもの食べるものすべて新鮮でした。撮影にはMBSの特番が入りましたから、このときの様子は今でもDVDの特典映像などで見ることができます。

そして、この関西ロケ編には『ティガ』のGUTSが再登場します。言うまでもありませんが『ティガ』『ダイナ』の世界においてGUTS隊員、スーパーGUTS隊員はスーパースターです。だから、この回は『ウルトラマン』におけるオールスター映画です。

**37話「ユメノカタマリ」**

実相寺組の大番頭・服部光則監督の作品です。実相寺組のために準備していた脚本のうちの1本が撮影に間に合わなくなって急遽決まった作品です。

ゴミや携帯が動いていくのは操演で、ピアノ線で動かしています。アナログ特撮全開ですね。ゴミ集積場は東宝ビルトオープンに作り込みました。ビルトオープンは不思議な場所で本当になんにでもなりますね。このときは完璧にゴミ集積場でした。

服部監督は実相寺昭雄監督のプロデューサー的な役割を担われていた方です。実相寺監督のために特技監督もするし脚本も作るしキャスティングもする。実相寺監督を全面的に補佐されていました。『ウルトラマンマックス』で私がプロデューサーとして実相寺監督に監督をお願いしたときにも、服部監督にはさまざまな段取りにおいて大変にお世話になりました。

「ユメノカタマリ」と次回の「怪獣戯曲」の脚本は村井さだゆきさんです。言うまでもありませんが素晴らしい脚本です。

私はメイン監督だった『ウルトラＱ dark fantasy』では村井さんと「右365度の世界」（23話）というエピソードを作りました。これは自分の監督作品の中でも特にお気に入りの1本です。それから朱川湊人さん原作『都市伝説セピア』の実写ドラマ化の際にも脚本をお願いしました。これまたお気に入りです。2つとも『ウルトラ』的な摩訶不思議ワールドで面白いと思います。村井さんの脚本は本当に素敵です。

**38話「怪獣戯曲」**

この「怪獣戯曲」制作が決まってから本編スタッフは大いに盛り上がり、そして大いに緊張していました。言ってみればそれはお祭りのような状況でした。今でもそうですが、当時も実相寺昭雄は大巨匠でした。私はもともと大ファンでしたし多くのスタッフにもなにか感じるところがあったはずです。だって、あの実相寺昭雄ですからね。中には実相寺監督に来ていただいてもねえ、という意見もあるにはありました。でもそれでさえ実相寺監督の存在感に対する反作用。実相寺昭雄監督の登場はとにかく強烈でした。

実相寺組がクランクインする前に配られた監督の制作メモにはこう書いてあります。「非常識こそよい。フレーミングも、出鱈目が望ましい」。これですね。参りました。こうでなければいけません。しかも、そのメモの最後には「すべての責任は監督にあり」とありました。素晴らしいです。思いっきりやることをスタッフに求め、すべての責任は監督の自分が取ると宣言している。だから実相寺昭雄監督作品はいつも傑作なのです。

実相寺組の撮影初日は大森ベルポートでした。撮影するのはS#4、6・TPC廊下。これはアスカ、カリヤのところにマユミが合流して記憶をなくした男について報告をするシーンです。打ち合わせではこのシーンの撮影にはガラス管を使うということでした。撮影当日まで私にはそのガラス管の使い方が謎だったのですが、低く構えたカメラのレンズ前に撮影の中堀正夫さんがニコニコしながらテープで貼り付けていきました。レンズがガラス管を大きくナメているので、役者が動くことによってシルエットが反射する。それは初めて見る美しさでした。つるの剛士さん、加瀬尊朗（現在は加瀬信行）さん、石橋けいさんら出演者たちも、ビジコン（カメラが撮影している映像を確認できるモニタ。『ティガ』『ダイナ』の本編班にはなかった機材。実相寺組では必需品）に映ったその映像を見ながらどんどん実相寺組の魔力に魅せられていきます。だって見たこともない美しい映像でしたから、全員とても楽しそうにお芝居をしていました。そして、いろいろな不思議なアングルで撮影が進み、あっという間に第1現場は終了しました。すべてがこんな感じです。創意工夫に満ちて素晴らしいのです。そして最初のシーンを撮り終わってから気づいたこと。それは実相寺組は驚愕の映像を撮るけれど撮影スピードがすごく速いということです。そもそも監督が一切悩まないしブレないし無駄なカットも撮らないのです。コダイのメインスタッフの方々も監督の意図を理解していますから、とにかく速いのです。そして静か。これにも驚きました。怒鳴る人なんていません。皆さん紳士。もはや魔法の現場というよりも楽しい現場でした。ですから撮影はあっという間に終わりました。悩むわけでもなく、揉めるわけでもなく。どちらかと言えば普段のわれわれのペースと比較してもとても速く。

撮影はこの後も楽しく続きました。楽しくです。本当に楽しかったです。天王洲アイルでの撮影では中堀さんが移動車にカメラを斜めにぶら下げ、超広角レンズを付けて驚きの移動撮影を行ないました。あんなアングル、私は大好きです。ゼレットの撮影も、東宝ビルトスタジオ内に黒幕を吊ってフォグメーカーとジェットファンとライティングで走行するイメージを表現しました。コックピット撮影もいつもとは全然違

ウルトラマンダイナとバロック怪獣ブンダー。佐川和夫特技監督の素晴らしい特撮。美しいです

う。なにからなにまで違う。すべてが衝撃的でした。私は以前から敬愛していた実相寺組に助監督として参加してその撮影を垣間見られただけで大満足でしたが、その上たくさん学びました。「怪獣戯曲」でのモニタ内の原稿はすべて私です。それに舞台では黒服を着てエキストラ出演までしてしまいました。もはやなにも言うことはありません。

円谷側スタッフにしてみればこれは、〝不思議の国の実相寺組〟と言っても過言ではないほど普通ではない特別な時間だったと思います。なんとも表現しづらい常識を覆す強烈な体験でした。とても充実していて楽しい素敵な時間だったのです。この実相寺組での経験の影響がその後のシリーズにも残っているでしょうか。きっとなにかの影響が円谷本体のいろいろなところに残ったはずだと私は思います。私に関しては完全にそうです。このときに体験した作り方をその後は目標にしてやってきました。本当です。とてもクリエイティブで素晴らしい現場だったのです。

そして、この回では特撮もすごいです。実相寺昭雄監督同様に昭和『ウルトラ』の伝説である佐川和夫監督の実験的な映像が炸裂します。特撮も『ダイナ』での最高傑作なのではないでしょうか。『ウルトラマンガイア』で大きく話題になった「平台爆弾」もここで既に登場します。実相寺作品というのはかかわったすべての人を熱くするようですね。おかげで『ウルトラマンダイナ』に傑作が1本加わりましたから、なにも言うことはありません。素晴らしい傑作です。

**39話「青春の光と影」**

フドウとアスカが歩くTPCの廊下は有明スポーツセンター。以前はこの状況はテレコムセンターで撮影しましたが、このころは混在していますね。TPC遺伝子工学研究所は緑山スタジオ。ここは『TDG』ではさまざまな状況で使われています。ここもサブレギュラーセットです。フドウを演じるのは『超星神グランセイザー』『俺はあばれはっちゃく』などで有名な吉田友紀さん。アスカとフドウがゾンボーグ兵と戦うのは有明下水処理場です。

**40話「ジャギラの樹」**

ナカジマ隊員、（小野寺）丈さんが大活躍。素敵なラブストーリー。これは六本木学さんの脚本です。クラシックなホラータッチが楽しいですが結構怖いですね。映像が硬質でより怖さを増しています。つぶしで撮影した擬似夜間カットは本当に怖いです。本ナイターに比べると異空間的なテイストがあります。ボッパーの撮影方法は少し実相寺組の影響があるのでしょうか。コウダ副隊長が触手に巻き付かれた男を救出するために発砲するシーンがあります。ここで触手に巻き付かれている男は私です。本来はエキストラがやるような役なのですが火薬を使った弾着カットですから、もし火の粉が飛び散って怪我したらいけないということで私がやりました。助監督はやっぱりなんでもやるのです。もちろん亀甲船の素晴らしい技術による弾着ですから安全対策はバッチリ。全く問題ありませんでした。

**41話「ぼくたちの地球が見たい」**

脚本の太田愛さんと川崎郷太監督の傑作です。純粋なSF。本格SFです。こんな作品が私は大好きです。『ウルトラ』はSFであると考えていますから、自分でプロデュースするならばこんな作品をもっと作るべきだと考えています。素晴らしいです。

川崎組は『ティガ』では癒しの和み組でした。大変にぴりぴりしていた『ティガ』初期のころの撮影現場でも、川崎組だけはいつも落ち着いていました。それでありながら新しく実験的な組でもありました。『ティガ』のスタイリッシュで革新的な部分を牽引したのは間違いなく川崎郷太監督です。松原信吾監督、村石宏實監督という両巨匠と共に川崎郷太という眩しい才能が存在したからこそ、『ティガ』は傑作になったのだと考えています。だから、私は『ダイナ』に帰ってくる川崎組をとても楽しみにしていました。

川崎郷太監督は画コンテを持参されて指示しますから狙いが明確です。『ティガ』以来の倉持武弘さん、佐藤才輔さんとの息もピッタリ。撮影はガンガン進みました。でも『ダイナ』の川崎組は2本とも高カロリーだったので撮影分量が多くて大変ではありました。これは残念な部分で、『ダイナ』での撮影は癒しとか和みにはなりませんでした。でも撮影とは本来は戦いですから、これはこれで正しいことだったと思います。ガゼル号のブリッジはビルトに建て込んだセットです。デザインとライティングの陰影の美しさと相まって素晴らしい存在感ですね。TPC参謀会議室も普段とは雰囲気が全然違う。川崎演出で別空間に見えます。ダイオリウスの幼虫は本編班で撮影しました。これは川崎監督が持参された「しらたき」です。つまりは、おでんの具です。打ち合わせで川崎監督から説明されたときはスタッフ一同驚きましたが川崎監督らしいです。水槽に入れて、グリーンバックではなくブルーバックで動きがあるように揺らして撮影しました。なにかの不思議な生物に見えます。これこそが特撮です。

さて、出来上がりの方はご覧になった通り。傑作です。

**42話「うたかたの空夢」**

『ダイナ』最大の問題作です。これは脚本、監督、特技監督が川崎郷太さんです。直球な『ダイナ』ではある意味で問題作ですが、もし私がプロデュースしたなんでもありな『ウルトラマンマックス』ならば全く問題ない作品だったでしょう。問題ないどころか、どんどんやってくださいという作品です。お正月1回目の楽しい夢落ち回にでも持ってくれば盛り上がったこと間違いなかったでしょう。

MG-5（マウンテンガリバー5号）のコックピットは美術の渾身の作り。マイの演技も素晴らしい。そしてこのMG-5の発進に『ダイナ』主題歌を前奏から歌なしで当てる川崎監督の選曲センス。次の歌入りの主題歌の使い方もすごい。川崎郷太監督の選曲はすごいです。海賊船とかキティ小隊とか遊びまくっていますね。面白いです。アスカを始めとしてレギュラーキャストも新しい魅力を表現しています。傑作が多い『ダイナ』の傑作の中でも微動だにしない1本だと思います。

さて、川崎郷太監督のことです。この本では川崎監督には残念ながらインタビューできませんでした。そもそも前作『ウルトラマンティガ 25年目の証言録』にもインタビューはありません。円谷プロ経由で川崎監督にインタビューをお願いしましたが「ご遠慮したい」とのことだったからです。でも『ティガ』本の編集を進め『ティガ』を再発見していくにつれて、川崎監督が『ウルトラマン』に残した功績についていろいろとお聞きするべきだと強く思いました。傑作ぞろいですし、私は『ティガ』でも『ダイナ』でも助監督として川崎監督と一緒に働いていましたから、あの現場の素晴らしさを知っている。だから新しく本書を編むに当たって今度こそ川崎監督にインタビューしようと思い、今回は川崎監督とお親しい『ティガ』ムナカタ役の大滝明利さんに間に入っていただき、自分で連絡を取りました。20年ぶりくらいに電話でお話しする川崎監督はあのころと同じく飄々とした楽しいおしゃべりで、昔のまま全然変わってらっしゃらない。ブラックジョークもたっぷり混じりますから文字にすると誤解を受けやすいのですが、25年前の癒しで和みの川崎組そのまんま。楽しく、と

# 川崎組写真館

撮影：川崎郷太

『ウルトラマンダイナ』で２本の傑作「僕たちの地球が見たい」と「うたかたの空夢」を残した川崎郷太監督が撮影された現場のスチールです。川崎監督のインタビューはありませんが、撮影現場の雰囲気をどうぞお楽しみください。

本編美術デザイナー、内田哲也さん渾身のガゼル号コックピットのセット。天井まですべて緻密に作られています。「ぼくたちの地球が見たい」より

ガゼル号セットのドンデン（逆向きカット）。窓外からのアングルです

制作中の特撮ミニチュアのガゼル号

「うたかたの空夢」用のセットにて、特撮デザイナーの寺井雄二さんと

火星基地所属機にはオリジナルのエンブレムまで。デザインしたのは特撮美術造形の市原俊成さん。脚本の西部劇の騎兵隊のイメージから

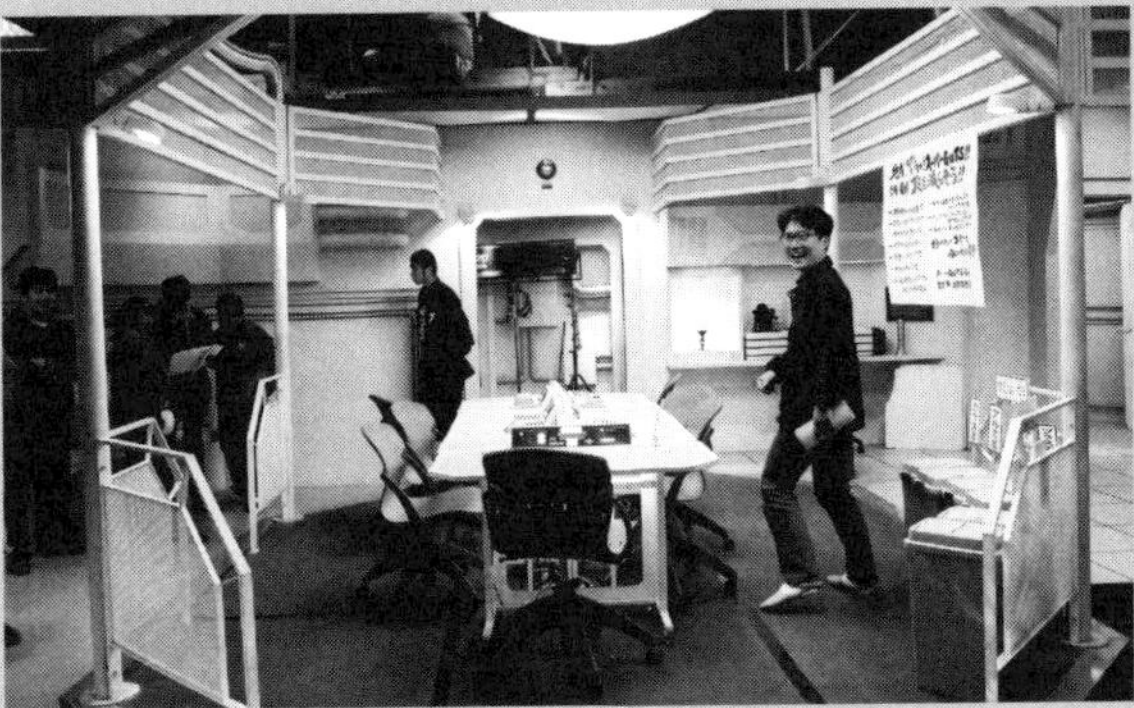

本編班撮影準備中です。右で笑っているのが私・八木毅。川崎組への楽しい期待感でスタッフも全体的に和やかな雰囲気です

ても面白おかしくお話しいたしました。そしてご迷惑も顧みずに何度か長電話しながら『ダイナ』のためのインタビューをお願いしました。でも監督の意志は固く遠慮したいということだったのです。とても残念でした。ただここで書いておきたいことは、川崎監督はよく考えておられて今でも自分の作った『ウルトラマン』に誇りと責任を持たれているということです。そして本書のために現場の写真も提供してくれました。後輩の私のことも『ウルトラマン』のことも考えてくださっています。インタビューはありませんが川崎郷太監督が残した功績はすべて作品が語ってくれています。それは素晴らしい作品群です。どうぞ、これからも珠玉の川崎作品をお楽しみください。

**43話「あしなが隊長」**

ヒビキの若いころの撮影舞台は東宝ビルトオープンです。何度も書きましたがビルトオープンはさまざまな状況に化けますね。スタジオオープンですから当然と言えば当然ですが本当に不思議です。その後の疾走するＴＰＣ車は『ティガ』の監督補で、このころは『平成ウルトラセブン』シリーズをプロデューサーとして製作中だった円谷昌弘さんのパジェロです。亀甲船のすさまじいセメント爆弾の中を走り抜けます。こんな激しい使い方をして申し訳なかったですが、昌弘さんは学生時代からラリーのレースをやられていたというレーサーです。だから問題ありません。パジェロもこうやって使う本物です。

メインのロケは風光明媚な足柄山でした。『ＴＤＧ』のころはかなり遠くまでロケに行っています。ところで、ロケ場所へはロケバスで行きます。われわれはいつもロケバスで移動します。そして、撮影は大変ですから常にスタッフは寝不足です。だからロケバスでの移動は睡眠時間になります。このクセがついているので、映画スタッフはバスに乗るとみんな自動的に眠ります。これはロケバスだけでなく普通のバスでもそうです。面白いですね。みんな自動的に寝てしまいます。そういう身体になっているのです。だからロケバスの中は静まり返っています。みんな寝ていますから。ところで、高速での移動の場合、パーキングエリアでの休憩が楽しみです。撮影後の帰りの場合はリラックスしていますから、みんなで降りてアメリカンドッグのようなおやつを買って食べながら移動する。ビールが出ることもありますし。ちょっとした遠足です。

**44話「金星の雪」**

撮影は金星が舞台ですから、すべて東宝ビルトのスタジオです。足柄山の遠足ロケだった「あしなが隊長」と2本持ちですから撮影のバランスはよい。もちろんこれは計算の上でのことです。

「夢がある限り人は前に進めます！　どんな困難にも何度でも挑戦できるはずです！」というアスカの言葉が強い『ダイナ』

王道回。長谷川圭一さんの脚本で村石監督ですから、面白くないわけがありませんね。「死ねるか！　俺にも夢は目一杯あるんだッ!!」、この熱いアスカの思いが『ダイナ』です。『ダイナ』にはさまざまなテイストの作品がありますが、重要なのは王道の直球の作品が豪速球なこと。主軸となる作品が力強くブレないので変化球な作品群もよけいに面白く感じられ、これは堂々たる王道の『ダイナ』回です。小中監督の登板が少なかった状況では、「クラーコフ」前後編や関西ロケ前後編を監督した村石監督は『ダイナ』のもう1人のメイン監督と言っても言い過ぎではなかったでしょう。そして、その逆側の主軸が原田昌樹監督と北浦嗣巳監督かとは思います。この三つ巴で進んでいった『ダイナ』。だからこそ『ダイナ』はバラエティ豊かな作品になったのだと思います。

**45話「チュラサの涙」**

円谷浩さん演じるミヤタ参謀が活躍する異色作です。ギガール星は御殿場ロケ。大島や御殿場の砂に覆われ荒涼とした世界は異星の表現にピッタリでしばしば使いました。脚本の上原正三さんは『ウルトラマン』の時代から金城哲夫さんを助けて円谷プロを引っ張った大御所です。『ティガ』では「ウルトラの星」（49話）という名作を書かれました。私も2003年に『ウルトラQ　dark　fantasy』で「踊るガラゴン」（1話）、「小町」（17話）という作品を、そして2005年に『ウルトラマンマックス』で「ゼットンの娘」（13話）、「恋するキングジョー」（14話）という作品を一緒に作りました。とてもお世話になりました。言うまでもなく『ウルトラ』を作り上げた大脚本家です。でも『ダイナ』の時点では私はまだ上原さんとは面識がありません。セカンド助監督が話をする機会は残念ながらこのときにはありませんでした。

**46話「君を想う力」**

脚本家の右田昌万さんがゲスト主役兼脚本のロマンチックなお話です。原田昌樹監督所縁の、松本での大ロケーションでした。松本城の前でプロポーズする今泉吉孝さんご夫妻は原田監督から「お前、結婚の記念に出してやるよ」と言われてのご出演。原田監督らしい心遣いです。「キノコは怖いよなあ」という男も6話のキノコつながりで警備員の二家本辰巳さんです。シリーズも終盤でしたから余裕もあって遊び心たっぷりに撮影していますね。コウダ、カリヤ、ナカジマが宇宙人と遭遇するのは例によって東宝ビルトオープンですが、その後のアスカとリョウは松本城。映画的モンタージュでがんがん場所をつなぎます。この作品は松本の名所案内、観光映画になっています。悪い意味ではありません。あの有名『007』シリーズも見方によっては世界の名所が登場する観光映画です。名所で撮影することはとても意味あることです。豊かなイメージを持った場所で撮影した方が面白いですから。ところで私はこのロケで街のいたるところで買える「おやき」のファンになりました。美味しいです。スタッフみんなで喜んで買い食いしていました。松本で食べる「おやき」は絶品でした。この回はエンディングも凝っています。これはアドリブではありません。脚本通り。しっかり文字に起こされていました。そして、それをしっかりと撮影しました。素敵なエンディングです。

**47話「さらばハネジロー」**

ハネジローとのお別れ回。ずっと地球にいてもよかったと思いますが、帰ることになりました。原田昌樹監督はハネジローがとてもお気に入りでした。私が2007年（公開は2008年）に映画『大決戦！超ウルトラ8兄弟』を監督したときに、原田監督は特撮の撮影現場にケーキを持って陣中見舞いに来てくださりました。あれがお会いした最後でした。映画の終盤でダイゴとレナの娘、ヒカリちゃんがハネジロー（型のペット型ロボット）と遊んでいますが、あれは脚本では単なるペット型ロボットでした。でもハネジローをペット型ロボットに見立てて出演させて原田監督に捧げました。突然ハネジローが出ると状況が分かりづらくなるとは思いましたがよいのです。あれがペット型ロボットでなくてハネジローの友達だと考えてもいいのです。映画はすべてを説明するものでもないですから。それにハネジローは『ウルトラ』の世界ではスターです。きっと原田監督は楽しんでくださったに違いないと思います。

**48話「ンダモシテX」**

右田昌万さんと武上純希さんの素晴らしい脚本です。とても楽しくその上に感動的です。これは北浦監督の変則的な1本持ちの回だったので短期間の撮影でした。赤井英和さんと京本政樹さんの呼吸も合っていましたし、気楽に撮影が進みましたね。このころになるともう最終回を前に微妙な気分になる時期です。残り少ない撮影。キャスト、スタッフみんなが一瞬一瞬を大切にしていました。そして楽しんでいました。だから思うのはこの話は最終章の手前に来るには少しばかりサブストーリーすぎないかなということです。スーパーGUTSは脇役で完全にゲストの話ですから。でも、これもおおらかな『ダイナ』の持ち味なのかもしれません。この作品がクランクアップして、ついに最終章の3話へ突入です。

**49話「最終章Ⅰ 新たなる影」**

『ダイナ』のテーマであるニューフロンティア。その象徴である火星を舞台にして冒頭から燃える展開。「どんなときでも諦めないし、絶対に逃げもしない」というアスカの生き方。最初からダイナも登場してがんがん飛ばします。

ついに最終章の3話です。このときは最終回を前に気合いを入れスタッフの気持ちを1つにするために監修の高野宏一監督主催でクランクイン前に打ち入りをしました。場所は成城の仙海、高野宏一さんの行きつけのお店でした。迷路のような店内でスタッフ全員、キャスト全員が集まって最終回を前に結団式を行なったのです。つまりは宴会ですがみんなで心を1つにしました。

大スケールの最終章の3話です。いろいろな場所でロケしました。この49話では火星の地表は伊豆大島で、ゴンドウ参謀が人造ウルトラマン計画を進める火星秘密基地は日産座間工場でした。

『ダイナ』の最終章の3話メイキングはDVDボックスやブルーレイボックスの特典映像などで見ることができます。これは必見なのですが、日産座間工場ロケ、伊豆大島ロケだけは例外的に私がメイキングカメラを預り助監督をやりながら撮影しています。だからこの2ヵ所のメイキングにはセカンド助監督目線の現場の空気が映っています。そう思って見るとこの2ヵ所のメイキングは面白いと思いますし、自分でも当時のことを思い出してしみじみしてしまいます。

この日産座間工場でのアスカとリョウの芝居はもう恋人同士。そして気高いです。ここまでやってきた『ダイナ』の総決算として、どんどん素晴らしいお芝居が続きます。

さて、ゴンドウ参謀役の亀山忍さんの役柄はTPCのタカ派参謀でした。日産座間工場でのクライマックスはゴンドウ参謀の最高の見せ場でもありました。ゴンドウ参謀の最期も気高いです。その撮影も亀山さんの素晴らしいお芝居で盛り上がりました。亀山さんご本人は全然タカ派軍人でもなんでもなくてよい方です。映画『大決戦！超ウルトラ8兄弟』でもカリヤ、ナカジマと並んでウルトラ8兄弟を応援して物語を大いに盛り上げてくれました。あのお三方のお芝居はあの映画にとっては極めて重要でしたからとても感謝しています。

この日産座間工場では最後にコウダ役の布川敏和さん、カリヤ役の加瀬尊朗（現在は加瀬信行）さんがオールアップ（全撮影が終了）しました。最終回ですから、キャストの方々もオールアップし始めます。深夜までかかった撮影で疲労もピークでしたが、でもオールアップです。アップと同時に最後の撮影を見守っていたつるの剛士さんと斉藤りささんが花束を渡しました。斉藤さんは泣いていました。その姿を（小野寺）丈さんが見守る。全部終わって去って行く彼らの姿は、なにか尊いものが去って行くような気がして切なかったです。

そして撮影終了後、われわれは撤収してそのまま伊豆大島に向かいました。大島に到着したのは次の日の朝。スタッフは機材を下ろしたりしながらふらふらで大島に降り立ちましたが、そんなハードスケジュールの中でメイキングに登場する斉藤りささんの「伊豆七島を知っていますか?」という寸劇は完全なアドリブでした。つるの剛士さんも途中から参加してきて楽しい映像になっていますが、なんの段取りもなく撮影しているうちに生まれたものです。自然にあんな映像が撮影できるほど『ダイナ』の現場は仲のよい息の合った楽しい場所となっていました。

この49話のラストカットのリョウの「アスカ!!」が斉藤りささんの撮影ラストカットでもありました。あれは三原山です。

三原山の固まった溶岩に囲まれた荒涼とした大地を火星に見立てました。その火星に佇むリョウのロングショットを撮影するために深い霧の中、本隊はカメラを構え、私は斉藤さんをフォローして100メートルほど離れた舞台の岩の上で撮影本番を待ちました。霧の状態がよくなるのを待ちながら、『ダイナ』の楽しい1年間のことが蘇ってなんとも言えない気持ちでした。本番は一発でOK。小中監督の「OK」とともに、霧の中をつるの剛士さんが花束を持って歩いてきて斉藤さんに渡したときの2人の様子は感動的でした。すべてをやりきった斉藤さんの涙は綺麗でした。ここもメイキングがあるのですが、いま見ても当時の気持ちが蘇ります。この日は霧が深くて周囲が全く見えず「遭難するかも?」というくらい過酷な状況での撮影でした。だから、斉藤りささんのオールアップ後も小物などをどんどん撮影しました。機会があれば最終章の3話のメイキングは見ていただきたいと思います。そこには『ダイナ』の現場の空気感が映っています。

**50話「最終章Ⅱ　太陽系消滅」**

ここまで来ると地球はほとんど登場しません。冥王星さえもが消滅しつつある危機的状況から物語がスタートします。火星から始まった『ダイナ』らしいです。

長野博さん（ダイゴ）と吉本多香美さん（レナ）が再登場します。娘のヒカリともども『ティガ』の世界を代表しながら『ダイナ』の世界を広げてくれます。火星でのアスカとダイ

斉藤りささんのクランクアップに花束を渡したつるの剛士さん。仲のよいお2人。三原山のロケで（撮影：八木毅）

ゴの邂逅は2つのシリーズに助監督として付いた私としては感無量な素晴らしいものでした。これは『ダイナ』らしくもあり『ティガ』らしくもある。素晴らしいシーンです。そのロケ場所は大船フラワーパークです。火星のダイゴとレナの住居はセットです。美術監督の内田哲也さん渾身のデザイン。レトロフューチャーな輝く未来感。あんなところにいつか住んでみたいものです。これがシリーズものの強さ。しかもここにはダイナのネオフロンティア思想が体現されています。コックピットで話すアスカとリョウのシーンも名シーン（ちなみに49話で斉藤りささんのオールアップを書きましたが撮影の順番は物語の流れとは関係ないので、このシーンは火星の前に撮影されています。物語の順番に書きますので時系列が分かりづらいかもしれません。申し訳ありません）。「普通に家庭を持って大切な人を『行ってらっしゃい』なんて言って送り出すのが子供のころからの夢なの」というリョウが健気です。最終章の3話を見る度に、私はこの続きを作りたくなってしまう。美しい2人です。

さて、ガニメデ基地司令室での「あなたは元GUTSのヤズミさん」がマイ＝山田まりやさんの最後のセリフでした。マイらしい希望を持ったお芝居で、撮影は一度目でOK。オールアップでした。あっけなく終わったラストカットの後、彼女は他の撮影が続く間も静かにずっとスタジオにいて撮影や撤収を眺めていました。衣装が私服に戻っても帰りがたいのか、つるの剛士さん、木之元亮さん、円谷浩さんと一緒に5スタ前で佇んでいました。

そして、ベータ号コックピットでの「分かりました！　助かったぞ、ダイナ」（「助かったぞ、ダイナ」は編集でカットされました）がヒビキ＝木之元亮さんのラストカットでした。このときも堂々たる力強いお芝居でもちろん一度目でOK。先にオールアップして私服に戻っていた山田まりやさんが花束を渡し、スタジオで見守っていたスーパーGUTSのつるの剛士さん、布川敏和さん、斉藤りささんが駆け寄って固く握手しました。「ありがとう！」「1年間お疲れさまでした！」「頑張ってね！」と木之元さんは大きな声で残った全員を力づけていました。木之元亮さんは隊長役ですが、撮影それ自体の隊長でもありました。木之元さんは芝居への熱い姿勢を見せることによって全体のテンションを高め、われわれを高い次元へと導いてくれたのです。本当に素晴らしいスーパーGUTSの隊長です。

絶体絶命のリョウの前に現れたダイナ／アスカが「それにいま俺は、君だけを守りたい」と告白するところがこの50話の中心。「君だけを守りたい」のピアノアレンジが効果的に使用され、エンディングでも再び「君だけを守りたい」を背景にして『ダイナ』の1年間（物語では3年間）がフラッシュバックします。素晴らしいです。ずっと見ていたいです。でも、この素晴らしい『ダイナ』は次回が最終回。

**51話「最終章Ⅲ 明日へ…」**

最初からアスカとリョウのラブストーリーで突っ走ります。ここまでくればもう、自然に傑作が出来上がります。1年間の総決算ですから。キャスト、スタッフの熱意のすべてが込められています。面白くならないわけがありません。いろいろな状況がある最終回ですがほとんどすべてがセット撮影でした。完全にコントロールできる状況で最高の撮影になったと思います。このときのスーパーGUTSの素晴らしさ、忘れられないです。

この最終章はスペシャルです。前TPC総監役の川地民夫さんも駆けつけました。高樹澪さんや古屋暢一さんの『ティガ』メンバーとともに特別感を演出。川地さんは日活黄金期の本物のスーパースターですから、登場すると途端に説得力が増し画面がリッチになります。

最後の出撃前のアスカに、マイが1話と同じく「ダイナミックなダイナだよ」「大好きなダイナ」と言います。すべてが始まったばかりのあの楽しかった1話のことを思い出させてとても感慨深いシーンでした。

物語の最後、ヒビキ隊長の「俺たちも行こうじゃないか、アスカに追いつけるようにな」という言葉を受けての「ラジャー!」が、スーパーGUTSの『ダイナ』という番組の撮影での最後の「ラジャー!」でした。『ダイナ』と言えば「ラジャー!」ですから、この言葉には全員がとても強い思いを持っていました。だから最後にこの言葉を撮影するときにはスーパーGUTSの全員がラスト「ラジャー!」を全力で表現しました。しかもここでは、アスカに追いつくということへの「ラジャー!」です。このときにはもう光となっていて一緒にはいない設定のつるの剛士さんは、スタジオに入るわけにもいかず外からその様子を見守りました。言うまでもないことですがスタッフも思いっきり気合いが入りました。司令室が一体となった素晴らしい瞬間でした。

そしてヒビキ隊長の「夢を信じられる限り、光はそこにある」という言葉ですべてが締めくくられました。現場のテンションも最高潮でした。ここに『ダイナ』は永遠の名作になったと思います。素晴らしい撮影でした。

そして、ついに本編班全体のクランクアップの日がやってきました。それは1998年7月21日のこと。『ウルトラマンダイナ』の撮影が開始されてから1年以上の時間が流れていました。撮影にはすでにオールアップして出番がなかった斉藤りささん、山田まりやさん、加瀬尊朗（現在は加瀬信行）さんも駆けつけ、別の撮影で来られなかった木之元亮さん、布川敏和さん以外のスーパーGUTSが集合して『ダイナ』の最後の瞬間を見守りました。脚本の長谷川圭一さんも来ていましたし、東宝ビルトには多くの関係者が集っていました。

まずはナカジマ、（小野寺）丈さんのオールアップからです。出撃前のアスカとの2人芝居。リハーサルは念入りにやりましたが、本番では丈さんは長い芝居を通しでNGなしでやりきりました。まるで自分のことを語るかのように。これは長谷川圭一さんが丈さんに当て書きしたものでしたし、やはりスーパーGUTSのキャラクターは本人そのままです。花束が渡され感動の瞬間。オールアップしました。でも、それは本当の最後への始まり。次は本当のラストカット、全体のクランクアップです。

先に撮影したナカジマとアスカの2人芝居。そのシーンの最初のカット、ナカジマが整備しているガッツイーグルに向かって歩いて行くアスカの背姿の合成カット。これが『ダイナ』の主役つるの剛士さんの撮影ラストカットであり、『ウルトラマンダイナ』本編班全体の撮影ラストカットでもありました。いつもは明るくて賑やかなつるの剛士さんもこのときばかりは寡黙。現場には最後の瞬間を前に静かな緊張感が漂っていました。それは陽性の『ダイナ』では珍しいこと。でも当たり前です。これは1年間の集大成ですから。『ダイナ』のすべての関係者の思いを受け止めてアスカ＝つるの剛士さんが演技をするのです。

念入りすぎる準備が行なわれて、ついに本番がきました。そして、撮影はあっけないほど簡単に終わりました。グリーンバックに向かって歩くだけですからNGの出しようがありません。簡単なお芝居です。でも、そのお芝居は永遠のように長く感じられました。1年間すべてを賭けて撮影してきた『ダイナ』のラストカットですから。これを撮影したら『ダイナ』は完成して、二度と『ダイナ』の撮影はないわけです。そして、完成しました。小中和哉監督の「OK！」の声とともに現場の緊張感がぐっと解けました。そわそわした雰囲気の中で助監督の私が「つるの剛士さん、全アップです！」とキャストやスタッフの皆さま全員に告げると（これは助監督の役目です）、つるの剛士さんに花束が渡されました。つるの剛士さんは号泣していました。それを見つめる斉藤りささんも泣いていました。隣にいた私も涙をこらえました。みんなそうだったと思います。1年間の長い時間を全力でやりきって、それがいまクランクアップして完成し、そして終わったわけですから。つるのさんと同じ気持ちが全員の中にあったでしょう。それは清らかななにかだったと思います。

その後、スタジオを片付けた後にビルトの大部屋（D7）で本編班の全員が集まって打ち上げをしました。もちろんつるの剛士さん、斉藤りささん、山田まりやさん、加瀬尊朗さん、小野寺丈さんも参加です。と言うか彼らが中心になっていました。キャスト、スタッフ全員が楽しんでいました。そして語り合い笑い合い楽しく盛り上がり、その後は居酒屋に移って朝までコース。当たり前です。1年間の打ち上げですから朝までです。なんと言うか帰りがたいものがありました。これで帰れば二度と同じ関係では会えないわけですから誰も帰りたくないのです。結局、朝が来て明るくなってから打ち上げは終了しました。また会おうと言いながら惜しみつつの解散です。駅前でみんなと別れたときのことは今でも昨日のことのように映像として思い出せます。朝の光の中で「またね」と言ってつるの剛士さん、斉藤りささん、加瀬尊朗さん、小野寺丈さん、山田まりやさん、皆さんが去っていく。懐かしいです。

思い返せば『ダイナ』の魅力的な世界は、撮影現場でスーパーGUTSの隊員たちが振りまく陽性な空気から大いに醸成されたものでした。あんなに明るく楽しい撮影現場というのは後にも先にもなかったように思います。あの楽しい空気感が『ダイナ』です。『ダイナ』とはアスカ・シンでありスーパーGUTSのことだと私は思います。この「全話体験記」でスーパーGUTSの素晴らしさ、制作チームの素晴らしさを繰り返し書いたのは自画自賛とかそういうつもりではありません。私も読んでくださる皆さんも、すべての『ダイナ』ファンが愛した『ウルトラマンダイナ』というのはこんなに素晴らしい人たちが作った作品だったということを伝えたかったのです。だからこそ『ダイナ』は今でも輝く『ウルトラ』の名作なのです。間違いなくこれからも傑作としてずっと歴史に残るでしょう。そして、そんな素晴らしい作品に助監督として付いて、あの素敵な人たちと素晴らしい時間を一緒に過ごした私は、あのときに光になったアスカにいつかあの全員で追いつきたいと思うのです。

ラスト「ラジャー！」撮影直後のスーパーGUTSです。やりきった充実感（撮影：八木毅）

# PART 3
# スタッフ編

KAZUYA KONAKA
小中和哉

HIROCHIKA MURAISHI
村石宏實

TOSHIYUKI TAKANO + SHIGENORI SHOGASE + TAKESHI YAGI + HIDEKI OKA
髙野敏幸 + 勝賀瀬重憲 + 八木毅 + 岡秀樹

MASAKAZU MIGITA
右田昌万

KENJI KONUTA
古怒田健志

HIDEYUKI KAWAKAMI
川上英幸

AI OTA
太田愛

KEIICHI HASEGAWA
長谷川圭一

# 小中和哉

Kazuya Konaka | Director

## アスカは人類初の「人間を超えた存在」になっていった

『ウルトラマンダイナ』のメイン監督を務めたのは小中和哉氏。本数は7本とそれほど多くはないが、スタート2話、中間2話、最終章の3話と要所要所で登板。加えて劇場版をも手掛け『ダイナ』の世界観を構築し、縦軸を紡いでいった重要人物である。なんと80年代にまで遡るという小中版『ウルトラマン』の発想から、撮影時のエピソード、そして放送当時大きな話題となったラストの意図についてじっくり話を伺っていこう。

聞き手＝八木毅

### 主人公は明るく、テイストは初代『ウルトラマン』で

八木　小中さんには『ダイナ』にかかわる前のところからお伺いできたらと思います。もともとは『ウルトラマンG《グレート》』（90）の前の企画から参加されたということですよね？

小中　TBSに『新ウルトラマン』のテレビシリーズをプレゼンするという話があって、円谷プロが企画書をまとめようとしていたんですよね。そのときに鈴木清プロデューサーから呼ばれたんです。IMAGICAにあったトーヨーリンクスに共通の知り合いがいて、その方の紹介という形でした。僕の『地球に落ちてきたくま』（82）とか『星

空のむこうの国』（86）の特撮にいろいろ協力してくれていた千葉工大の河村豊さんという人で、学生時代から8ミリのオプチカルプリンターとかステディカムを作ったりしていて僕はそれをお借りしていたんです。『星空のむこうの国』では16ミリのオプチカルプリンターを作ってくれて。そういう人がリンクスに入ってポカリスエットムービーキャラバンの機材を作ったりしていたんだけど、就職したばっかりのころに清さんに「誰かいい若手はいないかな？」って言われたみたいで「小中っていうのがいますよ」と推薦してくれたわけ。僕は『四月怪談』（88）を撮り終わったちょっと後くらいだったのかな。それで初めて会うことになって僕は兄貴（小中千昭氏）を連れていった。そのときには別ルートで會川（昇）さんとか、後に『G』に流れていったライター陣がもういたんだよね。

**八木**　『TDG』につながる流れが80年代からあったということですね。

**小中**　それで『ウルトラマン』をリメイクするとしたらどういうものがいいのかっていうブレストをやって、企画書をまとめたのが小中兄弟でした。ただその企画は結局成立しなくて、ライター陣だけが残って清さんがオーストラリアで『G』を作ることになって僕は抜けたんです。監督はオーストラリアの人だということでしたからね。それが最初ということです。後に『電光超人グリッドマン』（93 - 94）でようやく国内制作が始まるということで呼ばれて2本だけ撮って、しばらくしてから『ティガ』の話もあったんです。高野宏一（監修）さんから電話をもらって「そのうち呼ぶから」っていう話だったんだけど。そうこうするうちに清さんからまた電話があって「『ウルトラマンゼアス2』（97）をやって」という話でした。それで『ゼアス2』が終わったら『ティガ』に行くつもりだったんだけど、結局は「『ダイナ』の立ち上げに行ってくれ」と言われて。そういう経緯でしたね。

**八木**　『ゼアス2』を鈴木さんとやられていて、『ティガ』の話も結構早い段階で行ってはいたんですね。『ダイナ』の立ち上げに関しても高野さんからのオファーだったのですか？

小中　そうです。まだ『ティガ』の後半を制作している最中に高野さんから「次のシリーズもやることになったから」って。高野さんからの発注は2つだったかな。1つは主人公を明るいヤツにしてくれって。『ティガ』のダイゴが真面目な優等生タイプだから、もっと明るいキャラクターで全体的にも明るくしたいということでした。それともう1つは初代『ウルトラマン』みたいなテイストがいいなって。『ウルトラセブン』テイストな『ティガ』に対してもうちょっと初代『マン』っぽくしたいということでした。それは明るくしたいっていう意味なのかなと思ったし、1話完結性をもう少し強くしたいということもおっしゃっていたんですね。

八木　初代『マン』というオーダーがあったんですね。

小中　兄貴が『セブン』派で僕が初代『マン』派、そして僕は飯島敏宏監督派で兄貴が実相寺昭雄監督派（笑）。そんな好みの違いもあったから、初代『マン』って言われたらすんなり「じゃあいいな」って思ったんです。

八木　小中監督が飯島監督派というのはよく分かります。いいですよね。

小中　飯島監督が代表するような牧歌的な『ウルトラマン』の話が好きだったということですね。戦いが終わって夕日を見て「綺麗」って言えるような、そういう世界観が好きだったのかな。

八木　『ウルトラ』の本流ということですよね。

小中　ただ『ダイナ』がそうなったのかというと、確かにそういう方向には行っているけどどうだろう……。『ティガ』の続編ということもあってそうは変えられないし、つながっていないといけない部分もあったりしたからね。『ティガ』で一応の結論は出るだろうけど、『ダイナ』はその続編として全体をまとめないといけない。それは『ダイナ』の最後で考えた部分ですね。

ですね。

## 拠りどころの1つはアーサー・C・クラークの言葉

八木　『ダイナ』の最初の段階で主人公は明るく、初代『マン』的なテイストというオーダーがあったのは興味深いですね。

小中　高野さんに言われたのがその2つで、笈田（雅人／企画）さんがプロデューサーとして『ティガ』の7年後だということと、ネオフロンティア時代というのを打ち出してきました。ただそのお題が出た段階では企画書の内容はまだそれほど詰められていなくて、2人の脚本家に別々に脚本を2つ発注したんだよね。だから第1話は2本存在するんです。それで長谷川（圭一）さんの脚本がいいということで僕と笈田さんが一致して、そこから詰め始めるっていう感じでした。発注の段階では僕はあまり話をしていなくて、長谷川さんに決めてからガッツリ打ち合わせをしました。たぶんそれが初めて長谷川さんと会ったくらいじゃないかな？　僕は『ティガ』の現場には行っていないから会う機会がなかったんだと思う。それで成城の喫茶店シュベールでお会いしたんです。

八木　そこから長谷川さんと『ダイナ』の世界を構築されていくわけですね。

小中　最初に笈田さんがネオフロンティア時代っていうのを打ち出したときに、「宇宙に行きたい」という話だったんだよね。『ティガ』は地球の話にほぼ終始していたけど『ダイナ』の第1話を火星から始めるということで、これはかなり冒険だとは思ったんです。やるのも大変なんだけど、それ以前に当時の感覚として宇宙進出というのが時代にそぐわない気がしたんだよね。アポロの時代にあそこまで行ったのにずっと停滞が続いていたし、宇宙にお金を使う前に地球に問題が山積じゃないかっていうムードでしたから。そんな時代に「宇宙だ！」って旗を振るのは大丈夫かなと。だからこそ宇宙に行く意義をちゃんと語らないと突っ込まれるなということでアーサー・C・クラークのロジックを援用しています。僕は『2001年宇宙の旅』（68）も好きだけど、テレビ朝日の科学番組でクラークがコメンテーターだった『未知への旅』（90）という番組のディレクターをしたこともあって、クラークのビジョンを勉強したんだよね。人間は常にフロンティアを探していて、地球上にフロンティアがある時代にはそれを次々に克服していった。もともとはアフリカの中央部に生まれた猿が「あの山の向こうにはなにがあるんだろう？」っていう興味から山を超えることでフロンティアを開拓していく。だからこそ人類は絶滅しないでこれだけ広がっていった。そして地球上にフロンティアがなくなった現在、それは絶滅への道をたどるということだ。宇宙にフロンティアを見出して種として広がっていかないと人間の未来はない。人類のあるべき姿としてクラークはそういうロジックを語っていたんだよね。これは『ダイナ』でも引用しているセリフだけど。

八木　クラークのロジックがバックボーンにあったわけですね。

小中　話を組み立て始める1つの拠りどころにしたのがそのクラークの言葉なんです。そしてそれを構築するためにアスカのお父さんとかいろいろなキャラクターを作っていた。あと最初に話した『新ウルトラマン』の企画書の中にあった要素も実はいろいろ入っていて。例えば宇宙空間で光と遭遇して主人公がウルトラマンに進化を遂げるというのがそうですね。それは光＝ウルトラマンとの直接遭遇ということだけど、最初の企画書にあったものです。あとは『ガイア』に明確に出ているのは変身するアイテムを我夢自身が作り出して光を閉じ込めるというもので、あれと同じようなことがやっぱり書いてあった。だから最初の企画書に込めたもの、実現できなかったものを小中兄弟でちょっとずつやっているっていうところがあるんですね。

八木　『新ウルトラマン』の要素が『ダイナ』や『ガイア』に受け継がれていった。

小中　そういうことです。そして『ダイナ』に関して言えば縦筋は進化の話なんだよね。ウルトラマンというものをSF的なロジックの中でとらえると、「ウルトラマンとは人間の進化系である」となる。これは実は小中兄弟としては『新ウルトラマン』の企画書にも書いたことなんです。僕は『ティガ』にもそういう匂いを感じて見ていたから、『ダイナ』では明確にやってしまえということでした。

**八木**　『ティガ』は最後に人間になるじゃないですか。でも『ダイナ』は明確に進化するわけです。そこが『ダイナ』の明快なテーマだということですね。

**小中**　そういう意味ではアスカのお父さんのカズマが先に人間の限界を超えた人かもしれないっていうことで。クラークの提唱していたようなことをお父さんが代弁しているから、お父さんがテーマを語るし、全体を導くキャラクターとして設定してあるわけです。そして最終回ではアスカがようやくお父さんに追いつく。アスカ自身もお父さんの領域に入って人間を超えた存在として並ぶ、そういうラストだったと思っているんだけどね。だから最終回の意味するところは人間を超えた存在になるということで、これを描きたかったんです。だいたいワームホールは次元のトンネルですから、あの中に入ると別の宇宙に行くというだけのことで。死ぬわけではないんだよね。先に行ったお父さんもいて一緒に並んで飛んでいるわけだから、僕の中では全く「死」ということではなかったんです。

## 彼に賭けてみようと思ってアスカはつるのくんに決めました

**八木**　最終回の話は後ほどゆっくり伺うとしてキャストのこともお聞きできますか？

**小中**　オーディションでいろいろ会っていた中で、一番はっちゃけていたのがつるのくんですよね。高野さんから「明るくしてくれ」と言われていたから明るい人っていうイメージで探してはいたけど、つるのくんはこっちが思う以上の明るさだった。ウルトラマンになる人ってそれまでのイメージがあるじゃない？　そこから明るくするにしてもやっぱりある程度の幅があると思うんだけど、つるのくんはそこからはみ出している感じだったから。アスカっていうのはここまでやっていいのかどうなのか。そこは僕の中ではボーダーライン上だった。だから冒険ではあったんだけど、彼に賭けてみようと思ってアスカはつるのくんに決めました。やるんだったらここまでやっちゃった方がいいんじゃないかなって。僕のイメージ以上の人をキャスティングしたから、じゃあ彼と一緒に役を着地させるしかないという感じ。こっちがイメージを作ってやってもらうというよりも、彼と一緒に作っていったという感じでしたね。結果的には彼も一生懸命に頑張って自分のものにしてくれたと思うけど。

**八木**　つるのさんが予定以上に明るかった。それがよかったのですよね。

**小中**　つるのくんもあの1年で成長したし、最初と最後でアスカもずいぶん変わったなっていう風には思いました。役とともに成長するという設定だからちょうどよかったんだけど、鍛え上げられる前はフラフラしているというかいかにも若者の不安定さみたいなものがあったよね。それがリョウにビシビシ鍛えられてだんだん成長していくという話で、最後はある種のヒーローらしさを身につけていくわけだからね。

**八木**　リョウやマイに関してはいかがですか？

**小中**　リョウとマイはタイプが違うダブルヒロインで、最終的にどっちがアスカとくっつくのかは明確に決めていなかったと思うんだよね。ああいう方向に行ったのは長谷川さんの中でリョウの比重が重くなっていったんじゃないのかな。「移動要塞《クラーコフ》浮上せず！・前後編」（25〜26話）でリョウが立ってきたりするじゃない。そういう意味ではアスカとより深く結びついたのがリョウだった。第1話の出会いでラブストーリー的な意味合いは別になかったんだけど、最終的にはそこが伏線になって最終回近辺ではより結びつくことになっているよね。斉藤りささんは芝居の経験値はそんなになかったんだけど、リョウのイメージキャラは峰不二子だったからすごくはまっていましたね。色っぽくてかっこいい女の人だけど鬼教官として登場するというのは決まっていたから、オーディションでも「鬼教官がさまになる人は誰かな」ということで選んでピッタリでした。山田まりやちゃんは「そのまんま」という感じで来てくれて、華を添えてねっていう軽い感じだったのかもしれない。でも忙しい中でいろいろやりくりしてくれて本当に大変そうでした。映画『ウルトラマンティガ&ウルトラマンダイナ』で入院して寝ているシーンなんかでは合間に本当に寝ちゃったりしてね（笑）。でも芝居をするのは楽しそうでスタッフともなじんでやってくれていましたね。

**八木**　スーパーGUTSは男性隊員も含め本当にいい隊だったと思います。

**小中**　スーパーGUTSのイメージを荒くれ男集団にしようというのは『ティガ』との差別化と、全体を明るくするっていうところからきています。そうするとやっぱり隊長が大事でガーって引っ張っていける熱血型がいいということで木之元亮さんにお願いしました。これはキャスティングですね。でも想定以上に木之元さんがテンションの高い芝居をしてくれてね、現場で第一声を聞いたときは驚きましたし、とても新鮮でした。隊員同士の中で自己紹介をするようなことだったと思うんだけど、隊長が「あ、そのテンションで来るの？」くらいの感じだったんです。それで全体の芝居のトーンが決まってきたんじゃないかな。木之元さんは役者チームの牽引役としてよくやっていただいたと思っています。木之元さんがあそこまでいけるから副隊長もすごく熱血漢でも浮かない、ここまでやっていいんだっていうことで、布川（敏和）さんも吹っ切れたところがあるんじゃないかな。そうなると（小野寺）丈さんも安心して「振り幅はここまでOKですよね」っていうコメディ路線もやれただろうし全体も明るくなった。そして加瀬（尊朗／現在は加瀬信行）さん演じるカリヤはみんながいろいろな色を付けている中でちょっとフラットな人が1人いるという感じ。彼がまともなことを言った方がみんなもやりやすいだろうっていう役割だったのかな。でも彼もすごく誠実な芝居をしてくれていて、ある種のインテリっぽさもある役柄でしたね。ただ僕は隊員の個性話まではやれていないので、立ち上がりはやったけど後はそれぞれのキャラをいろいろな監督が伸ばしてくれたのかなって思います。

八木　最初の設定も当然よかったと思いますし、1年で皆さんが変わっていったのも素晴らしかったですね。

小中　僕は歴代の隊員の中では『タロウ』のZATが結構好きだったんですよ。ああなればいいなっていうのはあったのね。ZATも明るいじゃないですか。僕が好きなシーンは「昨日、カレー食ったやつ！」って言われて「はい！」って手を上げたら、「じゃあ、お前がパトロール行け」っていうやつ（笑）。ああいう関係性がいいよね。スーパーGUTSって結構それに近いじゃない。軽口を言い合える間柄っていうか。

## 「平和の星」制作秘話

八木　木之元さんにお話を伺ったら印象に残った話で「平和の星」（33話）を挙げられていたんですよね。

小中　あれは異色作だったよね。少年ドラマシリーズ的な世界観を目指したのかな。寓話的なというか教訓的なSFだよね。佐川（和夫）監督と組んだ作品ですけど佐川さんは面食らったんじゃないかな？　反対もなにもしなかったけどね。『ダイナ』の中ではちょっと異質な脚本で難しい話だし、やり始めると収まらなくなっちゃってすごく長くなっちゃったんだよね。それをどう削って分かりやすくするかということも含めて、10稿以上になってしまった。それが延々と佐川さんのところには送られてくるわけだからね。

八木　そういうことになりますね。

小中　それで最終的に脚本打ち合わせに佐川さんが来たときに「もう10稿以上になっているわけですから、プロデューサーもこういう方向でやることは納得しているのでしょう。ですから僕はなにも言いません」っていう言い方をされたんだよね。だから自分の意見は言わなかったんだけど、要はもともと初代『ウルトラマン』を目指している『ダイナ』の中で分かりやすい怪獣もの路線はしっくりきていたと思うんだよ。でも異色の脚本が上がってきて「こんなのをやるのか？」って思いながらの10何稿を読んできて、まあちょっと不満には思っていたんでしょうけど「やりたいんだったらどうぞ」っていうニュアンスだった。反面教師的で皮肉なタイトルで、そういう方向でやることに対しての違和感もありつつ、「やるんだったらやろうよ」って最終的には腹をくくってくれた。そういう思い出がありますね。

**八木**　でも特撮はすごいですよね。メノーファなんかすごく大掛かりですし。

**小中**　実は自分の中では伏線があってね（笑）。『グリッドマン』では僕は2本（11話「おこづかいは十万円？」、12話「快盗マティに御用心！」）しか撮っていないけど、佐川さんは特技監督を1人でやっていたじゃない。特に僕が入ったときはまだ1班体制で本編をやったスタッフがそのまま特撮に突入するとスタッフが疲労困憊でボロボロになって帰ってくるわけ。そういう状態で物理的にも大変だったんだけど、佐川さんとしては久しぶりに『ウルトラマン』を撮れると思って来たら『ケンちゃんチャコちゃん』のSF版みたいな方向性だったから「なんでこんなコメディみたいな脚本が上がってくるんだ」って思っていたわけ。

**八木**　「快盗マティに御用心！」なんかまさにそうですよね（笑）。

**小中**　そうそう（笑）。それでオールスタッフで初めて会ったときにいきなりその場で「こんなぬるいホンでいいと思っているの？」って言われたわけ。まあカマされたわけなんだけど、それでしどろもどろになったっていうのが僕の最初の佐川さん体験。

**八木**　佐川さんはそういう伝説をいろいろお持ちですよね。本当はとてもお優しくて作品のことを考えられているんですけど。

小中　それで久々に『ダイナ』で組むことになったからちょっとドキドキしていたんだよね。でもフタを開けたらそういう形で、内心は脚本に不満もあったんだろうけど「やりたいならどうぞ」と歩み寄ってくれたので非常にありがたかった。そういう話です。

## 「イメージとしては『パーマン』の最終回みたいなのがいいよね」

八木　それではいよいよ最終回のお話に踏み込んでいきたいと思います。当時から小中監督とはいろいろお話をさせていただきましたが、あらためて『ダイナ』のラストについてのお考えを聞かせてください。

小中　ラストでもともとなにをやりたかったかと言うと、「人間が進化してどうなるのか」ということなんですね。これはたぶん最初の打ち合わせでも言っているはずです。アスカのお父さんはその入口に行った人だということで、そういう設定の話は笈田さんと長谷川さんと僕で明確にしていたと思います。じゃあ最終的にアスカがそこに行けるのか行けないのか？　それははっきりとは決めていなかったかもしれないけど、行くにしたらどう描いたらいいのかなっていうのはあった。ただ最初から「イメージとしては『パーマン』の最終回みたいなのがいいよね」っていう話はしていると思うんです。最終回をやるときにはあらためてその話をしているはずですけど、『パーマン』の最終回は主人公のミツオがバードマンっていうパーマンの力をくれた宇宙人の惑星に留学するっていう話なんだよね。留学が決まってみんなと別れるのは悲しいけど、みんなに送り出されるのが最終回。だからどうなるかは描かない。だけどきっとすごいことが起きるワクワク感で終わるわけ。それに近いのが『未知との遭遇』（77）で、リチャード・ドレイファスが宇宙船に乗ってどうなっちゃうかは分からないけどきっと人間の限界を超えるというか新しい世界を初めて見る人になるわけじゃない。

八木　クラークだと『幼年期の終り』がありますね。あの場合は進化した新しい人たちは旧人類と意思の疎通もできない。ディスコミュニケーションということですね。

小中　クラークって人間の感覚を超えたところで思考できる人だから人間の価値観に縛られないんですよ。

八木　あのラストはクラーク的な意味においても存在論的な意味においても、人間が新たな段階に進化したんだっていうことなんですね。

小中　アスカはきっとあの次元を超えて人間を超えるような存在になるだろう。それは僕ら人間が描けない世界だから想像するしかない。そういうラストだと思っています。

八木　『未知との遭遇』の話も出ましたが、その先は想像を超えた世界で人智の及ぶところではない。だから描かれない、想像してくださいっていうことですね。

小中　描いた時点で人間の創造物になってしまうからね。描かないのが一番正しいという風に思ったわけです。

八木　ただ多くの人が「アスカは死んじゃったの？」と思ったのも事実で、ダイナが自分からワームホールに飛び込んでいけばポジティブに見えるのですが、もがいて吸い込まれていっちゃうじゃないですか。

小中　ギリギリまで戻れるんだったら戻ろうとするから一生懸命に抵抗するところまではいいんだけどね。「あ、もうこれはあかん」となったときには、むしろ「じゃあ行ってやるぜ！」っていうくらいの切り替えの演出ができていればよかったんだろうね。脚本にもそこまでは書いていなかったから、念押しで書いておかなければいけなかったということでしょう。これは2班体制、2人監督制の問題だったわけだけど、特撮班が意図を読み違えていたというのは後で知ったんです。

八木　本編班は誰も「アスカが死ぬ」とは解釈していませんでした。だから出来上がったものを見てびっくりしたと

「最終章」を撮影中の小中和哉監督（右から３番目の人物）。集中しています。写っているのは左からスーパーGUTSの皆さん、撮影助手の山本寛久さん、撮影助手の各務修司さん、照明の佐藤才輔さん、スクリプターの宮腰千代さん、団扇を持っているのが私・八木毅、そして小中監督、助監督の安原正恭さん、照明助手の糸井恵美さん

いうことで。

**小中**　後で特撮班のインタビューを読んだら「いや、あれは『死』でしょう」っていう感じだったんだよね。上がりを見て「え?」とは思ったけど、インタビューを読むまではそんなこととは知らなかった。だから（DVD『ウルトラマンダイナSPECIAL』に収録された）最終章・完全版では、アスカが飲み込まれながら「本当の戦いはここからだぜ!」と言うセリフを足してあげることでニュアンスを変えている。画は変えられないけど声で前向きな感じを出す、最終的にはそういうバージョンを作ったんだよね。あと、このバージョンではカットしたシーンを復活させたりもしていますね。

**八木**　あれはいい総集編でした。

**小中**　そのニュアンスを特撮班に徹底できなかったというのは結果的に後悔の残るところではあったかな。

**八木**　ちなみにスーパーGUTSや残った人たちも含めて、人類はいずれそういう進化の過程をたどるということなのでしょうか。

**小中**　長いスパンで考えたらそうかもしれないけど、彼らが生きている間はそう変わらないかもしれない（笑）。

**八木**　じゃあアスカとスーパーGUTSはもう会えないんですね。

**小中**　いや、会えるかもしれない。その可能性は開いておいた方がいいんだけど、僕の中では彼らがまたアスカに会えるか会えないかというのは大きな問題ではないんです。アスカがすごい存在として最終的に思いをとげたということを受け止めてくれたらいいなっていうことなんですよね。親父の背中に追いつきたいっていうアスカの思いはきっと達成されたんだろうし、アスカは人類初の「人間を超えた存在」になっていった。そのことはポジティブに受け止めてほしいなという思いでしたから。

八木　ではアスカのお父さんは途中までという解釈になるんですか？

小中　その差別化は明確じゃないんだけど（笑）。まあアスカは2番目ということかもしれないね。でもアスカはお父さんとは違う経験も積んでいるからまた違うのかもしれない。お父さんが最初に入口まで行った人で、アスカも追いついてその先に行ったんじゃないかな。『ダイナ』の最終回はいろいろな意見を後から聞けて面白いんだよね。やっている本人はそこまで物議をかもしているとは思っていなかったんだけど（笑）。

八木　『ダイナ』って小中監督が最初におっしゃったように初代『ウルトラマン』ということと明るい主人公という軸が2つあったわけじゃないですか。だから結構明るくポジティブ、単純明快な流れで進んでいたので最後にとても違う意味でレベルの高い話になったというか。そこの乗り換えがみんなうまくいかなかったんだと思います。みんなが思っていた『ダイナ』の雰囲気とは少し違う最終回だったんですよね。

小中　それは分かる。演じていた人たちはどうだったんだろうね。

八木　木之元さん、斉藤さんは「明快にアスカが生きているんだって分かるものが欲しい」っておっしゃっていました。

小中　長谷川さんもラストシーンのエピローグで「リョウが1人佇ずんでいてふっと振り返るとアスカがいる」とか「アスカの声がする」とか、そういうのを入れたらどうかなって言ってはいたんですよね。それは覚えています。でも「いや、だから描かないのがいいんだよ」っていう話をして止めてもらったんだけど。普通のストーリーの結末としては「死んでいない」ということをどこかで示したいっていうのは理解できるけど、今回それはやってはいけないことだと思っていたんだよね。

八木　「先を描かない」という禁則があったわけですからね。しかし今日は『ダイナ』のラストの話を小中監督にあらためて伺えてよかったです。『ダイナ』にかかわった者として、あれはポジティブな終わり方であったということを明確にできましたから。

## バトンを受けたものとしての責任を感じて作っていた

八木　では最後に『ダイナ』への思いを伺わせてください。

小中　もともと『ダイナ』は1話完結性が高い方がいいということで、それぞれの監督や脚本家が自分のやりたいことをやれるようにしたいということがありました。僕はアタマ、真ん中、ケツという感じで撮っていますけど、そういうことのベースにはなったんじゃないかな。だからバラエティ豊かなシリーズになってよかったな、のびのびと作ってもらえたのかなっていうのが1つですね。

八木　『ダイナ』は本当にバラエティ豊かですよね。

小中　各話で齟齬があってもいいじゃないかくらいの感じでキャラクターの統一なんかもあんまりうるさく言っていなかったしね。この話はこれでいいよね、それぞれの世界があっていいよねっていうことで。

八木　各話が成立していればいいということでしたね。

小中　本来はそれでいいんじゃないかな。あと縦筋をつけて最後にまとめるメイン監督の立場としては、『ティガ』『ダイナ』という2部作を締めないといけないという思いがありました。僕は『ティガ』には参加できなかったけど、『ティガ』を作ってきたスタッフの思いはよく分かっていたつもりでしたしね。『ティガ』をずっと見てきたファンとして、やっぱりこれをやらないと『ティガ』『ダイナ』の2部作にはならないよねっていう意味では最終章の3話ではダイゴをしっかり出そうというのもありました。だからバトンを受けたものとしての責任を感じて作っていたんですね。

八木　『ダイナ』単体だけではなく『ティガ』も含めてのラストということですか。

小中　最終章の3話が重くなったのは『ティガ』の締めもしないといけないのと、僕の考えたネオフロンティアの決着の付け方もあったからですね。ある種の人類の進化についてちゃんと結末をつけないといけない。でもこれはたぶん他の監督とは共有できていなかった。長谷川さんは思いを込めながらエピソードを紡いでいった部分はあるかもしれないけど、最終的にやっぱり途中がなかったので……。

八木　もう少し小中監督が登板していたらまた違ったかもしれないですね。

小中　だからいろいろな問題点もあったりはするんだけど、やりたいことはやらせてもらえたので僕の中では大事な作品です。そして当時は子どもだったファンと話す機会が最近でもあるので、いろいろな思いで受け止められていたんだなっていうのは最近ようやく実感してきているところでもあります。あとしみじみ思うのは、当然だけど『ウルトラマン』って僕だけのものではないということ。監督として旗を振って1つの着地点を目指さないといけない立場ではあったけど、みんなそれぞれに理想やイメージ、思いがあって、そこが大事なんだなっていうのは時間が経つとより分かってきますね。みんなそれぞれが自分の「俺ウルトラマン」を持っているわけで、それは視聴者もそうだしスタッフもそう。監督って旗を振るのが仕事だけど、なかなか付いて来てくれないスタッフが多いのも『ウルトラ』の現場でね（笑）。

八木　みんな思いがありますからね。

小中　これは肯定的な意味でもそうなんだけど、監督の立場で言えばまあ苦労が多い（笑）。でもそれも含めて楽しまないといけないのが『ウルトラ』の仕事だと思う。そして『ダイナ』で言えば八木くんの立場が一番面白いのは現場を全部見ているというところだよね。本編の現場を完走している人がまとめる本だから、当時の証言がリアルに出ると面白いと思う。

**八木**　『ダイナ』の現場ってすごく楽しかったんですよね。その雰囲気を今回の本でも伝えられたらと思っています。

**小中**　もちろん「楽しい」という方向性で本をまとめるのはいいと思うけど、もの作りの現場のエピソードは全部が全部楽しいものではないじゃない？　そういう現場の雰囲気がリアルに感じられると面白いよね。それこそ『ダイナ』の最終回を巡るあれこれもそうだけど、みんながそれぞれ違った思いを持っていたわけだからね。

# 村石宏實

Hirochika Muraishi | Director

## 今回は気楽に楽しんで撮ろうと心に決めていたんですけど……

『ウルトラマンダイナ』で10本の作品を生み出した村石宏實監督。そのうちの4本は前後編に当たるので、『ウルトラマンティガ』同様に『ダイナ』でも重要な位置を占めていたと言えるだろう。また本編と特技監督の両方を担当しているのも『ティガ』からの流れとなっている。しかし続編とはいいながらテイストの違うシリーズにいかに取り組んでいかれたのか、腹蔵なく話していただくことができた。

聞き手＝八木毅

**このキャストたちの個性をどこまで引き出すことができるのか**

八木　村石監督は『ティガ』に続いて『ダイナ』でも10本と多くの作品を担当されています。続編とはいえ最初はどんな気持ちで撮影に入られたのでしょうか？

村石　『ダイナ』の撮影が始まったころはまだ『ティガ』の最終章を撮っていたので、参加したのは「箱の中のともだち（7話）」と「遥かなるバオーン」（8話）からということになります。最初に脚本を読んで感じたのは、3つのタイプチェンジといいスーパーGUTSの存在といい『ティガ』とリンクしている部分が多かったので、作品世界にはすっと入れるような気がしたということです。じゃあ『ティガ』との大きな違いはなんだったかと言えば、キャストと会ってみたら主人公が意外とお調子ものだったということ（笑）。軽いというか、よく言えば明るいキャラクターでね。他のメンバーたちも『ティガ』に比べると全体的に若返っている。だから『ダイナ』は総じて明るかったですよね。

**八木**　確かにスーパーGUTSは明るいチームでした。

**村石**　とっかかりの2本では、このキャストたちの個性をどこまで引き出すことができるのかなと。まずはその辺に興味を持ちました。それから『ティガ』では重くて深刻な話を結構撮ってきたので、『ダイナ』ではガラッと変わったテイストでやってみたい。自分が『ティガ』ではやっていなかったようなテイストの作品を撮ってみたいし、それを撮るチャンスかなという思いもありました。だから、今回は気楽に楽しんで撮ろうと心に決めていたんですけど、終盤ではまた前後編を撮ることになっていくんですね（笑）。

**八木**　「移動要塞《クラーコフ》浮上せず！・前後編」（25〜26話）はとても力の入った作品でしたし、「滅びの微笑・前後編」（35〜36話）は関西ロケも相まったスケールの大きな作品で、この2つの前後編はすごいです。しかしまずは7〜8話のお話をお願いいたします。

**村石**　『ダイナ』では『ティガ』と同じで本編と特撮の両方を担当することができました。まずはそれが大きかったですね。そして「箱の中のともだち」はヒューマニズムあふれる作品で、少女とのふれあいなどにアスカの優しさが出ていて、彼はこういうのに向いているなと思った記憶があります。心を寄せた生き物が実は怖い怪獣だと分かって、その怪獣が変化していくさまを面白がって撮ったんじゃなかったかな。それから格闘シーンに関しては当時のチーフ助監督だった満留（浩昌）くんに任せたんですね。前に高野宏一さんに付いて自分が学んだように、ということで。

彼が撮った分も試写なんかで当然プロデューサーも見るわけですし、監督に向かっての近道になるんじゃないかなと思ってね。一方の「遥かなるバオーン」は太田愛さんの脚本で、彼女とはこのときに初めて組んだんです。ファンタジーが得意な方で、実際に脚本を受け取って撮影を進めてはいたんですけど、実は……っていう感じで。僕はファンタジーってどう撮ったらいいかをあまりよくつかめていなくてね。

**八木** そうなんですか？　とても楽しいお話でしたけど。

**村石** 実は、ということでね。出来上がったのはコメディ色の方が強くなってしまったかなって思っています。

**八木** 確かにコメディではありますけど、『ダイナ』にはそういうテイストがありましたから。

**村石** そういう中でも自分なりに反省もあったということですね。

**八木** でも「怪獣の鳴き声で人が寝てしまう」という設定の時点で、ファンタジーではありますけどコメディも入っていますよね。

**村石** 入っていると思う。でも僕の演出としてはコメディの方が強く出ちゃったなっていう気がします。視聴者から指摘があってなるほどなと思ったんですけど、「ファンタジーとコメディは紙一重なんだと分かりました」って。その辺の舵取りって難しいんだなと思いました。まあ監督にも得手不得手があるわけだからなんともね。

**八木** 僕がコメントすることではないですけどよいバランスの作品だったと思いますよ。それで僕が『ウルトラマンマックス』で村石監督にお願いしたのも「あのテイストのちょっと楽しいコメディ調のファンタジー」ということでしたから（20話「怪獣漂流」）。僕はそんな認識だったので、ファンタジーとコメディをそういう風には分けていなかったですね。

**村石** でも、自分としてはファンタジーは向いてないのかなって思ったんです。まあコメディ要素はたっぷりだったけどね（笑）。

## 「優しい標的」を撮ったことでマイの存在を意識した

**八木**　続く2本が「優しい標的」（15話）と「激闘！怪獣島」（16話）ですね。

**村石**　「優しい標的」はそれまであまりスポットが当てられていなかったマイの回ですね。撮ってみたらマイのミーハー的な性格が垣間見えたしアスカとも息がぴったりだったから、これは先々が楽しみだなという感じがしました。最初のころは「この子は大丈夫かな？」「芝居をできるのかな？」なんて思っていたんですけどね。なにかのときに「廊下を飛び出していって、角を曲がるときにちょっとアイドルっぽく」って注文をしたら「どうやるんですか？やって見せてください」って言われて（笑）。それで当時の八木助監督に「ちょっと見せてやってくれ！」って言った記憶がある。

**八木**　ありましたね。あのときはアイドルっていう文脈でみんなが認識できるようにやったのかな。よく覚えていませんけど。

**村石**　初めて撮ったときはそんな感じだったから「優しい標的」を撮ったことでマイの存在を意識したっていう感じですね。

**八木**　確かにマイはその後に「クラーコフ」ですごく重要な芝居をしていますからね。

**村石**　「優しい標的」の脚本は長谷川（圭一）くんが書いているんだけど、マイとリョウの対比からうまくリョウが立った話でもあるよね。最終的にはリョウが主役だったんじゃないのって思わせるようなね。後で考えたらここでの描写が「クラーコフ」でのアスカとリョウの関係性につながっていくわけだし。マイとリョウには今までたぶんやっていなかったであろう内面的な芝居を要求しましたし、彼女たちはそれにうまくこたえてくれたと思います。

八木　これが「クラーコフ」での歌のシーンにつながっていくわけですね。あそこはすごく重要なお芝居でした。

村石　あそこに向けての伏線になった話なのかなって思いますね。そして「激闘！怪獣島」はおなじみの怪獣同士の戦いをあの手この手で撮ったものです。派手で見ごたえのある、これぞ怪獣映画というものを目指しました。本編は三浦半島で撮影して、ＣＧで手を加えて南の孤島っぽさを表現していますね。一度は撮ってみたい画だった格納庫に立つ怪獣を撮らせてもらえたし、本編でも博士の実験室の装置がすごい手の込んだセットだったりと、技術部さんに感謝したい１本ですね。

## １つのスタジオ内で同時に撮影したリョウとマイのやりとり

八木　続いて問題の「移動要塞浮上《クラーコフ》せず！・前後編」です。

村石　これは『ティガ』のような重い内容の前後編がとうとう来たのかと思った話ですね。実はこの話は『ティガ』のときに装飾だった長谷川くんが「習作ですが」と言って見せてくれた脚本が骨子になっています。だから『ティガ』用に書かれたものだったのですが、それを『ダイナ』として活かすように設定を変えている。僕としては、「クラーコフ」の脚本を受けていざ撮るとなったときには、彼の思いがとうとう実を結んだんだなと思って感無量でしたね。

八木　その習作は長谷川さんから直接手渡されたんですか？

村石　『ティガ』のときにロケバスかなんかで「監督、読んでください」って直接でした。海底に沈んだ基地（ダイブハンガー）の中での密室劇で、追い詰められたときの自我のぶつかり合いや不安定な精神状態をスーパーＧＵＴＳはどう乗り切っていくのか。そこが焦点でしたね。また今回の長谷川脚本もマイとリョウにスポットを当てて書かれていました。出撃しようとして躊躇しているマイに勇気を与えるリョウ。この2人のやりとりの感情の流れを大事に撮りたかったので、2人のいるセットを1つのスタジオに作ってそれぞれにカメラをセットして、お互いをイヤフォンでつないで同時に撮影しました。それを編集でカットバックしたわけですね。

**八木**　作品上はそれぞれ離れた場所にいる2人でしたが、撮影は村石監督の演出で1つのスタジオ内で同時に行ないました。そのおかげもあって素晴らしくよい芝居が撮れましたね。

**村石**　一発OKでうまくいったからよかったなと思いました。

**八木**　山田まりやさんは朝から気合いが入っていましたし、斉藤りささんもメイクをしているときから気持ちを入れていたのを覚えています。

**村石**　ここが大事なシーンだって分かったんでしょうね。このときに2人が歌った「君だけを守りたい」はエンディングテーマとして使われていたものです。実は次の回からエンディング曲が変わるということで、「君だけを守りたい」への送別の意味も込めてこういう設定にしました。いろいろな要素を詰め込んでできた話で、うまく構成された脚本に仕上がっているんじゃないでしょうか。

**八木**　全くおっしゃる通りです。それまで描いてきた『ダイナ』でのスーパーGUTSのさまざまな関係性が素晴らしくからみ合って先に進んでいました。ところでこの回は特撮もすごいですよね。

**村石**　特撮的な見せ場はダイナとディゴンの水を張ったクラーコフのセットでの格闘ですね。あとスヒュームっていう怪獣は完全CGで描いたんですが、たぶんこのときがそういうことをした最初かなという気がしています。まあうまくいったんじゃないかなと思っていますね。「また前後編」なんて言いましたけど、前後編だと1つのテーマでいろいろな要素を盛り込んでじっくり語れるので、実は僕は嫌いではないんですよね（笑）。

八木　監督は前後編がお得意ですからね。「クラーコフ」では撮影の前日に演出部で水を入れてテストをしたりもしていました。
村石　本当は水をもっと深くしたかったんだけど、セットが水圧に耐えられないということであの深さになった。もうこれ以上は無理だって（笑）。
八木　しかし水を張れるセットなんて今考えると豪華ですよね。
村石　そうだよね。このときは特撮で基地内を作ってもらって水を流し込んでいて。「水は難しい」と言いますけどうまく描けたなっていう気がしていますね。

## 「怪獣殿下」へのオマージュ

八木　そして同じく前後編の「滅びの微笑」ですね。
村石　『ティガ』では熊本ロケがありましたけど今回は大阪と神戸の地方ロケで、再び前後編で地方ロケをやらせてもらえたのは大変光栄なことでした。これは松下電器（パナソニック）さんとのタイアップで、松下さんの施設も結構自由に撮らせてもらえましたね。あれは大阪のツインタワービルだったのかな、前線基地なんかももちろん松下さんの施設でした。
八木　研究室なんかも全部本物を使って撮影しましたよね。イルマが入ってくるのもパナソニックでした。
村石　この話では『ウルトラマン』「怪獣殿下」（26〜27話）へのオマージュも随所にちりばめられていて、その1つが大阪城の石垣でのアスカの変身です。アスカ役のつるの（剛士）くんが高所恐怖症だというのはこのときに気づきましたけど（笑）。

司令室でスーパーGUTSとエジリ博士（友金敏雄）を演出中の村石宏實監督（手前）。「移動要塞《クラーコフ》浮上せず！（前編）」より

八木　つるのさんは本気で怖がっていましたね。

村石　もちろん無事に撮影は終了しましたけど、命綱をして石垣の端に立つまでは「よい子のみんな、つるのは頑張っているぞ！」って大声を出して自分を奮い立たせていました。そして今回はGUTSとスーパーGUTSの共闘も撮ることができた。タイプ的に似ているナカジマとホリイ、カリヤとシンジョウなどが一緒に演じるとどうなるのかが楽しみな撮影でしたね。大阪城はもちろん通天閣や六甲山など、それぞれの場所のカラーを生かした撮影もできたと思います。ヘリでの空撮もありますし盛りだくさんの前後編でしたね。

八木　はい、撮影していてもとても楽しい作品でした。それにGUTSとスーパーGUTSが勢揃いするお祭り的な特別編でしたし『ダイナ』で最高のエンターテインメント編だと思います。

村石　確かこのロケの最中に小山（信行）プロデューサーから「次回作が決まった」と知らされたんじゃなかったかな。タイトルは『ウルトラマンガイア』で正真正銘のメイン監督をやってもらうぞという話でした。

八木　3月中旬にはもう『ガイア』が決まっていたということですね。

## ゴルザⅡの光弾を受けて逃げ惑うヒビキ隊長

八木　そして『ダイナ』では最後の村石監督作の「あしなが隊長」（43話）と「金星の雪」（44話）の2本になります。

村石　「あしなが隊長」は原案が特撮班の助監督だった満留くんなんですね。今回は本格的に特技監督として格闘以外も任せているので、原案から特撮班の監督までやれて大満足の作品だったんじゃないかな。アスカの成長譚でもあるので本編の芝居と特撮の格闘をダブらせて、トドメの一撃は抜き胴のような手にしたと聞きました。隅々まで配慮が行き届いてまさに満留作品と言ってよい1本でしたね。そして私の方はゴルザⅡの光弾を受けて逃げ惑うヒビキ隊長を撮ったのが印象的でした。

**八木**　木之元亮さんが大活躍された回です。

**村石**　木之元さんには「採石場で火薬を仕掛けて爆発の中を走る隊長を撮りたいんだ。『太陽にほえろ！』に出ていたころに戻ってお願いします」と。そうしたらキレキレのアクションを見せてくれて「まだまだ若いな」と思いました。

**八木**　現場ではちょっと心配して「木之元さん、大丈夫ですか？」ってお聞きしていたんです。そうしたら「全然大丈夫だ！」って。「『太陽にほえろ！』の新人はとにかく走るんだよ、走る、走る、走る！　こういうのはさんざんやっているんだ」というお話でしたね。

**村石**　あとで木之元さんには「ビデオを家宝にします」と言われましたから喜んでいただけた回ですね。

**八木**　木之元さんだからこそのお芝居ですよね。とてもかっこよかったです。

**村石**　そして「金星の雪」も特撮は満留くんが監督ですね。これはスフィアが登場する最終回への伏線として設けられたエピソードで、今回もまた密室劇。本編の撮影はクラーコフのセットにカメラを2台入れて、1シーン1カットでテンションを高めた芝居を撮っていきました。そして編集でテンポよくつないで処理。その成果としてクラーコフは半日でコックピットを撮り終えました。節約、早撮りでうまくいきましたね。そして残りの日数は「あしなが隊長」に当てることができたということです。

**八木**　駆け足で振り返っていただきましたが、村石監督は『ダイナ』では小中監督の登板の少ない中でメイン的にお仕事をされていました。「クラーコフ」の前後編や関西ロケの前後編はとても重要な作品です。助監督として村石監督からはとてもたくさんのことを学びましたし鍛えられました。ありがとうございました。次は『ＴＤＧ』三部作の最後、メイン監督をされた『ウルトラマンガイア』のお話をじっくりとお聞かせください。

# 髙野敏幸 ＋ 勝賀瀬重憲 ＋ 八木毅 ＋ 岡秀樹

Toshiyuki Takano | Assistant Director
Shigenori Shogase | Assistant Director
Takeshi Yagi | Assistant Director
Hideki Oka | Assistant Director

## 演出部メンバーが語るあまりに楽しかった撮影現場

**『ウルトラマンダイナ』本編立ち上げ時からかかわり監督も務めたチーフの髙野敏幸氏、特撮の初期段階から参加し本編でもサードを務めた岡秀樹氏、さらには『ウルトラマンティガ』の撮影終了後に合流したチーフの勝賀瀬重憲氏とセカンドの八木毅氏と、立場の異なる４名の助監督（当時）にお集まりいただき、『ダイナ』の撮影現場について語っていただいた。現場の雰囲気が伝われば幸いだ。**

### 助監督は総勢11人

八木　今日は『ダイナ』の現場の楽しい話を伺っていけたらと思います。あのころは全員助監督で髙野さん、勝賀瀬さんがチーフ、僕がセカンドで岡さんがサードでした。『ティガ』のときはあまりメンバーチェンジがなかったんですけど、『ダイナ』の助監督は数えてみたら11人もいたんですよね。ですから全員は無理ですけど、立ち上げにかかわれた髙野さん、その後をずっとやられた勝賀瀬さん、そして岡さんは本編は13本ですけど特撮も担当されているので、この4人で話せばある程度は全体像が見えるのかなと思っています。

**髙野**　そもそも『ティガ』と『ダイナ』は制作期間が重複しているんだよね。それで『ダイナ』の1～2話「新たなる光・前後編」が終わったら『ティガ』のチームが来るという別班態勢でやっていて、石川（整）なんかは1～2話だけっていう話だった。石川はもともと円谷と全然関係のない作品が決まっていたんだけど、「1～2話だけやって」って言って俺が引っ張ってきたの。一方で俺は最後までっていう約束だったけど、5～6話（「ウイニングショット」「地上最大の怪獣」）の撮影に入る前に（円谷）昌弘氏から「『平成セブン』をやるんだけど誰かいない？」って言われて「それなら行くよ」って移ってしまったわけ。だから5～6話の後に準備をやっているときに張（金鐘）くんが来て代わっているはず。その後は大阪に行ったのと（35～36話「滅びの微笑・前後編」）、「チュラサの涙」（45話）を監督しておしまい。『ダイナ』に関してはそのくらいだね。

**勝賀瀬**　本編のセットは1～2話からビルトだったんですか？

**髙野**　そうだね。

**勝賀瀬**　じゃあ『ティガ』と並行して建てたんですね。ビルトでは2作品が動いていたということか。

**八木**　『ティガ』の司令室は坂を上がって左側の1スタ全部でした。スーパーGUTSの方は司令室と一緒になにかを撮れる、2つできるというセットでしたね。ちなみに僕は『ティガ』がクランクアップして7月17日から『ダイナ』に行っているんですけど、これは1～2話の途中からということになります。

**勝賀瀬**　僕は撮影の倉持（武弘）さんたちと一緒に3～4話からの合流。あのときはまあとにかく『ティガ』でヘロヘロやったよね（笑）。

八木　『ティガ』のチーフは勝賀瀬さん1人体制だから大変でしたが、『ダイナ』ではそこが改善されているわけですね。セカンド以下は1班ですけど。そして『ティガ』チームでは黒木（浩介）さんが3～4話からの参加でした。

勝賀瀬　それで僕は張さんと交互で1年間ということですね。

岡　ということは勝賀瀬さんはすべての監督さんと組まれたわけですか？

勝賀瀬　張さんと半分半分だったので小中（和哉）監督はやっていないんですよ。

## 10メートル先も見えなかった大島ロケ初日

高野　『ダイナ』で一番印象に残っているのは最初の大島ロケだね。竹芝から乗船して行ったんだけど、船内ではみんなでお酒を飲んでさ。それで明け方に大島の港に着いたら、まだ暗い中を亀甲船の村石（義徳）さんがデッキでガーって酔いつぶれて寝ていて海に落ちるんじゃないかっていう感じだった（笑）。それを写真に撮って、ビルトに帰って来てからA3にプリントしてスタッフルームの壁にベタベタって貼り付けた覚えがある。それはともかく大島に着いて機材とかを積んで昼くらいに三原山に行ったんだよね。7月でまだ梅雨時だったから、準備をしていたらあっという間にガスって10メートル先も見えない状態で1時間くらい待ったのかな。小雨も降ってくるしさ。

八木　ちょうど1年後くらいに最終章の3話でも大島に行っているんですよね。やっぱりガスが出てきちゃって前が見えなくて遭難するかと思いました（笑）。

高野　その時も真っ白けで、みんなでブルーシートを持ってその下で雨宿り（笑）。そんな感じで全然撮影はできなくて宿に戻って小山（信行／プロデューサー）さんに「いやー全然ダメでしたよ」と連絡を入れたら、「明日はつるの（つるの剛士）がTBSの特番に出演するから定時までに東京に帰せ」って言うわけ。それで製作部に「高速艇で熱海なら何時」「最悪の場合は飛行機で調布なら何時」っていうのを調べてもらって、その後は「明日もダメならもう帰ろう」なんて言いながら宿で宴会（笑）。

**八木**　さすがですね。

**髙野**　でも朝起きたらピーカンだったから「よし行け！」って。現場に着いて最初にやったのはとにかく爆破のアングルを決めることだった。撮影の順番とかは関係なくね。あとは仕込んでいる間に若いカットから順番にっていうことでどんどんやっていって11時前後には終わっちゃったのかな。それで帰りの高速艇の時間までに俺とか石川がまた港で飲みだしちゃうわけ（笑）。

**岡**　飲んでばっかりだ（笑）

**髙野**　当然高速艇でもまた飲みだしたら、つるのくんが「あんたたち、よく酒飲むね！」「宴会やりに来たんじゃないの？」って（笑）。あれはよく覚えているね。つるのくんと言えばあとは大阪城の石垣の上での変身だよね。

**八木**　あれは、つるのさんは高所恐怖症なのに頑張りましたよね。

**髙野**　バックルを付けて亀甲船のスタッフが後ろから引っ張っているんだけど、「行けない……」って言うわけ。俺も高所恐怖症なんだけど、お前が前に行かないと終わらないんだぞって言って前に出させてね。俺が四つん這いになって嫌がっているのを無理やり勢いよく出させるんだけど、下からは「もっと前だ！」っていう村石（宏實／監督・特技監督）さんの声が聞こえてくる（笑）。そんな撮影だったね。でも放送を見ていたら吹き替えでも分からないんじゃないっていう感じだった。本人がやっているなんて誰も思わないようなカットだったんだよね。

ミヤタ・セイジ参謀役の円谷浩さんを演出中の髙野敏幸監督。左で目線棒を持つのは助監督の安原正恭さん。右は撮影助手の各務修司さん。「チュラサの涙」より



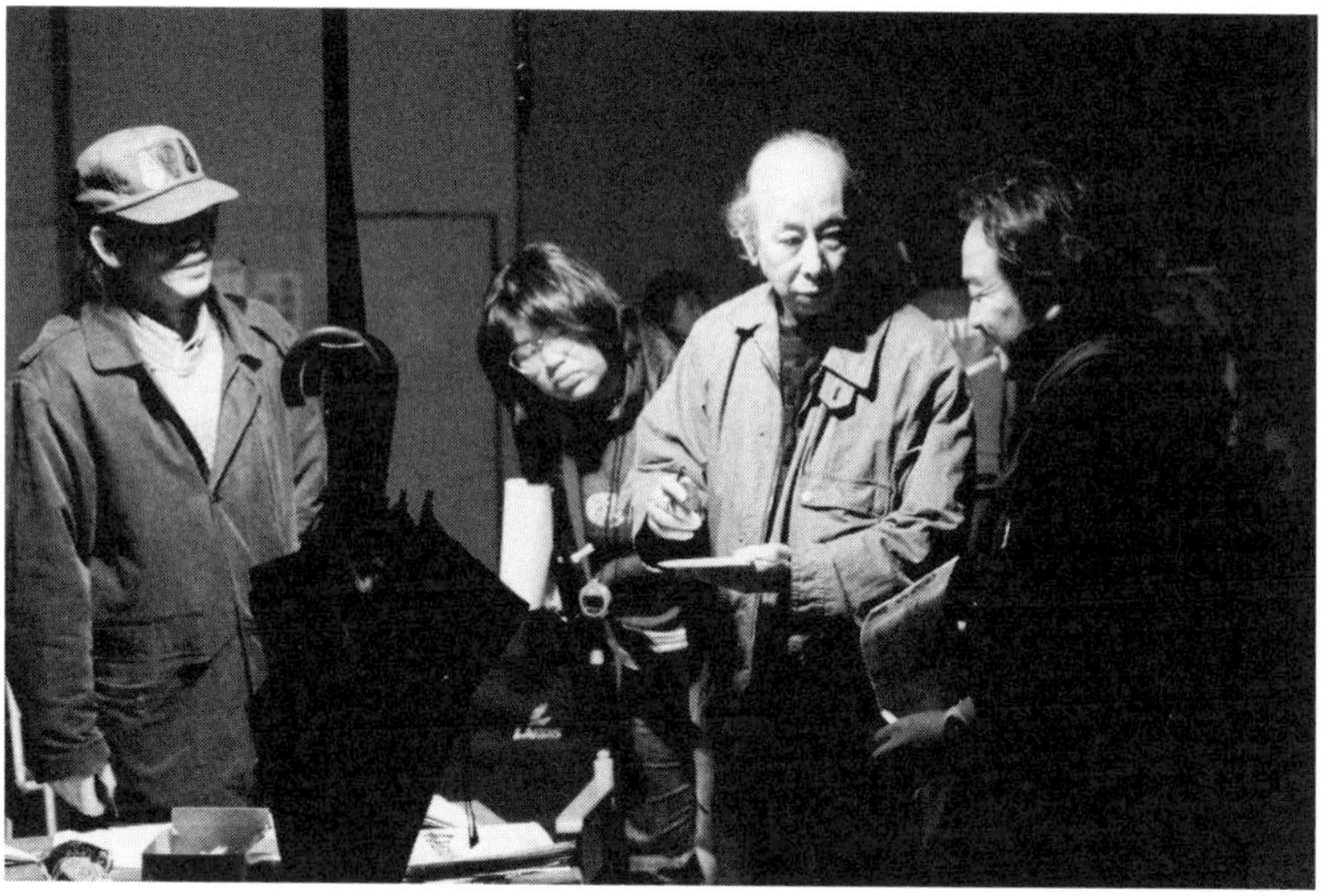

東宝ビルトのスタジオ内で実相寺昭雄監督（中央右）と打ち合わせ中のチーフ助監督の勝賀瀬重憲さん（右）。写っているのは左から監督補の服部光則さん、スクリプターの赤澤環さん。「怪獣戯曲」より

## 大阪・神戸ロケの思い出

**髙野**　あと大阪で覚えているのはヘリコプターでの空撮。キャメラマンは応援で呼んだ人で前日の夕方に少し打ち合わせをしただけで、大阪から飛び立って明石大橋とか神戸市内を撮影したんだよね。それで劇用のヘリには製作部の進行くんを乗せて飛び立ってもらって、大阪城をバックに降りていくシーンなんかを撮影した。飛び立って1時間半くらいかな、そろそろ燃料が……っていう話になったんだけどカメラマンが「いや、もう1回撮りたい」って言うわけ。「じゃあ次で最後ですからね」なんて言って劇用のヘリに戻ってきてもらって大阪城をバックに撮って、さて戻るかという段で八木に頼まれていたことを思い出した（笑）。「空港で2000メートルまで上がって大阪の街を撮影してきてほしい」って言われていたんだって。合成の材料かなにかだったんだけどね。だから最後の最後にまた上がって行って撮ったんだけど、こんなに上がったのは初めてだって思ったね（笑）。ヘリだと高所恐怖症は平気なんだけど、あのときはちょっと気持ち悪かった。俺はパイロットの横にいて、後ろではキャメラマンがドアを開けて撮っていたんだから怖いよ。そんな感じで1時間半を目一杯やって「OK、戻ろう」ってなったんだよね。

**岡**　髙野チーフがそうやって別働隊で動いているときも、本隊は撮影していたんですよね。

**髙野**　その日は神戸で観光名所のタワーの撮影を組んでいたんじゃないかな。ただ日程はこっちの希望じゃなかったと思う。「この日にヘリを押さえて撮影」ということで、俺としては合計5～6時間は撮影の現場にいなかった。

**岡**　この関西ロケに出発するとき、装飾部の親方の毛尾（喜泰）さんから「小道具ひとつでも忘れて行ったらどえらいことになるからな」ってすごく釘を刺されていまして。詳細なチェックリストを作って、全員で指差し確認までやって、「完璧！」って美トラ（美術部のトラック）を送り出したんです。それでもミスは起きるもので、あれは六甲山での撮影でした。あの日は十国展望台を皮切りに、六甲有馬ロープウェイのゴンドラ内で撮影。ロープウェイの終点に着いたら昼食を挟んでまた撮影という予定でした。順調だったんですが、お昼ごはんを食べ始めたとき、ふいに背筋が凍りついたんです。「ゲストの女の子（ホリイ隊員の娘・ミライ）は、大きなポシェットを斜め掛けしていたはず……」。でも昼食を食べている彼女は、小道具のポシェットを着けていないんです。2日前の撮影のつながりで、なきゃいけないポシェットがどこにも見当たらない。焦ってスクリプターの青木順子さんに確認したら、順子さんも「あ！」ってなった。当時はフィルム撮影だから、撮った素材の確認はすぐにできないじゃないですか。顔面蒼白でみんなに確認したら、「ダメだ！」「今日は朝から着けてなかった！」「どうする!?」って騒然となった。村石監督もさすがに「うーん」って唸ったけど、「戻ろう！」となって昼食も中断、全員で機材を担いでゴンドラに飛び乗りました。展望台まで戻ってイチから全部撮り直したんです。もう「切腹ものだ！」って思いましたね。

**高野**　でも2回目は村石さんあっという間にバババって撮っていたよね。最初の1／3か1／4くらいの時間で撮影をやってしまったという記憶があるな。

**岡**　さすがのチームワークでその日の撮影予定はすべて撮り切ったんですけど、僕のミスだからあのときは本当に死にました。順子さんが「岡ちゃん、気にしても仕方ない！　やっちまったことだ！」って笑い飛ばしてくれたのが唯一の救い（笑）。

**高野**　それでもそんなに大問題にはならなかったよね。

**岡**　収束のさせ方はすごかったです。村石監督も大車輪だし、非常時だからやるぞっ！てチームワークもすごかった。そんな関西ロケのクライマックスはキャスト集結の大阪城ですよね。大手門を背にGUTSとスーパーGUTSが歩いてくるあのカット！　村石監督は「ここに来てこれを撮らないわけにはいかないぜ」ってキャメラの倉持さんと笑顔で話されていました。

**「怪獣戯曲」撮影秘話**

八木　皆さんいろいろな監督と組まれたと思いますが印象に残ったエピソードなどはありますか？

岡　僕は『ティガ』の大ファンでしたからすべての監督の名前がスターだったんです。特撮班、映画班を経て本編班に参加したわけですが、週替りで綺羅星ネームのスター監督が現れるわけです（笑）。「今週はこの監督だ」「やっぱりこの人はこう撮るんだ」っていうのが13本続いた感じですね。毎日が興奮の連続で、実相寺（昭雄）さんをみんなで大騒ぎしてお迎えしたことも含めて、本当に楽しかったです。

勝賀瀬　「怪獣戯曲」（38話）は一番記憶に残っているし思い入れもある作品ですね。あのときは3人ともコダイに行ったよね。高橋巌さんがいてさ。

岡　撮影が始まる何週間も前から盛り上がっていましたよね（笑）。

八木　美術監督の内田（哲也）さんをお連れして、演出部として勝賀瀬さん、岡さんと行きましたね。

岡　僕は初対面だったので「実相寺監督は自分の美学が絶対で、わずかな解釈違いも許さないゴリゴリの人だろう」と思っていたんです。ところが会うなり、「皆さん今の『ウルトラマン』の中で、自由にやりたいようにやってください。すべての責任は実相寺が取ります」とおっしゃったのでびっくりしました。想像していた人柄と全く違う。でも監督にそう言われると、みんなますます張り切っちゃうんですよ。「やったるで～、実相寺組や！」って。

髙野　だけどコダイの服部（光則／37話「ユメノカタマリ」監督・特技監督）さんはソフトな感じでしょう。

岡　そうそう。服部監督がいい感じのガス抜き係になってくださって、みんながパンクしないで済みました。

髙野　北浦（嗣巳）さんもベタ付きだったしね。

岡　『ダイナ』の実相寺組は錚々たる顔ぶれで、通常の円谷チームとコダイチームが合体していたから撮影技師も照明技師も2チーム分です。「怪獣戯曲」の現場のマンパワーはとにかくすごかった。

**八木**　倉持（武弘）さんもBカメで入っていて（佐藤）才輔（照明）さんもいて、鳴海浩也邸は内田さんがデザインしています。あとはセットで石橋けいさんが出てくる医務室の撮影をやる前の日に、監督抜きでリハーサルをしているんですよね。下に水をまいたりしてライティングして中堀（正夫）さんがカメラを構えて、役者の動きを演出部で「こう動くかな?」ってやってみて。それで完全なライティングができて「じゃあ明日は朝から頑張ろう」って帰ったら、次の日に監督が来て「カメラはこっち」って（笑）。そのひとことで完璧に出来上がっていたものが全部ひっくり返っちゃうんですよね。でも中堀さんは「実相寺監督と撮影するためにやっているんだから」って嫌な顔ひとつせずにすっとカメラを変えていて、本当に素晴らしいチームだなと思いました。

**勝賀瀬**　長年コンビを組んで信頼関係が構築されていないとできないことだと思います。中堀さんと実相寺監督のある種の水面下での綱引きというか、目に見えない特殊な駆け引きがあるからああいう画づくりができるんでしょうね。

**岡**　他の作品と同様のスケジュールで、なんであれができたんだろう?

**八木**　でも撮影はすごく速いんですよね。準備は大変なんだけど始まってしまえば……っていう。

**勝賀瀬**　「現場で悩むヤツは最低だ」ってよく言ってましたから（笑）。

**岡**　事件の謎を解く「鍵」は、戯曲台本の表紙絵に隠されていたじゃないですか?　一見、ただの奇妙な文様なんだけど、反射素材の円筒に映すと正常な像が現れる。あの文様は、内田さんと美術スタッフが四苦八苦しながら研究を重ねて手作りしたものなんです。本当に大変で、いいとこまで行くんだけどあと一歩、ダイナとブンダー（怪獣）の像がからみ合わない。最後はCGチームの力も借りてギリギリのタイミングで「正解」にたどり着きました。

**勝賀瀬**　A3くらいの大きなアナモルフォーシスの台本だね。それでいうとカスパー・ハウザーの記憶喪失日記って

東宝ビルトの美術デザイナールームで資料を読むセカンド助監督の私・八木毅。左奥は特撮美術デザイナーの寺井雄二さん。この写真は私のカメラで本編美術監督の内田哲也さんが撮影してくれたもの

関西ロケでスタンドインするサード助監督の岡秀樹さん（手前）。その後ろに立つのはスーパーGUTS、隣は私・八木毅。そして村石宏實監督（右）。「滅びの微笑」より

いうのは高橋巌さんがすごく緻密に書き込んでいたよね。

**岡**　あのときは高橋さんが円谷側の助監督を集めていろいろ指導してくださったんですよ。実相寺監督ってやっぱり難しいところがあるから、こういう風にやったらトラブルが起きないよって。そのとき、一番面倒な小道具だったあの日記を「これは僕が引き取るよ」っておっしゃってすごいものを書いてくれたんです。

**八木**　「怪獣戯曲」は原稿が多かったですよね。僕はコンピュータ上の原稿を担当しましたね。錬金術とか、スーパーGUTSの偽のプロフィールとかです。

**岡**　あとは鳴海邸の作り込みのすごさですね。映画でもこれだけ作っているのはあるかなっていうくらいでした。

**勝賀瀬**　あれはすさまじかった。しかも画面で見ると暗部が緑がかったような感じになっていて、これは中堀さんのフィルターが入っていると思うんだけどむちゃくちゃいいですね。

**八木**　あそこに飾る絵もわざわざ描きましたよね。

**勝賀瀬**　そうそう。それを鳴海役の清水紘治さんに差し上げたんだよね。

**岡**　とにかく美術部も装飾部も映らないところまで頑張っちゃう。いろいろなビンが並んでいて、その中には本物のタランチュラの剥製なんかが入っているという具合で。

**勝賀瀬**　カメラが寄ってないから細部の1つ1つはちゃんと見えないけど、画面全体からにじみ出てくるようなものがあったよね。映っていない部分にもこだわって、「実相寺組に参加したい!」というみんなの圧がすごい回でした。

## 「帰ってきた川崎組」

**八木**　実相寺監督以外ではいかがでしたか?

**勝賀瀬**　23〜24話（「夢のとりで」「湖の吸血鬼」）の小林義明監督は面白かったな。『プレイガール』（69‐74）をやられていたんですよねっていう話をしたらすごく喜んでくれて（笑）。『ダイナ』の監督の中ではご年配の部類に入るんだけど、それでチーフと監督の距離がグーッと近づいたということがありました。ちなみに「湖の吸血鬼」のときに倉持さんは「こんなにマリモを作らないでもよかったのにね」って言っていたけど、現場に行ってからじゃ遅いよって（笑）。小林監督がこれだけ必要だっておっしゃったので用意しているわけやしね。でも2話だけだったから、小林監督もなかなかペースをつかめないところはあったかもしれないけど。

**八木**　マリモは持っていった以上は貼らないといけないから大変でしたよ。

**勝賀瀬**　1個1個貼っていたよね。

**岡**　「夢のとりで」は佐川（和夫）監督率いる特撮班がスタジオ全部を海底に見立てて撮影した回ですね。

**八木**　あれはすごかった！

**岡**　川崎郷太監督が帰ってこられたのもうれしかったです。「ぼくたちの地球が見たい」（41話）、「うたかたの空夢」（42話）は川崎組ならではの撮影でした。「今の時代、大きなことをしなくてもいい画は作れるんだ」とおっしゃっていたのが印象深いです。水槽にしらたきを吊るしてゆらゆらさせたものを宇宙怪獣の幼虫に見立てたり。

**八木**　実際にブルーバックで撮りましたよね。

**岡**　特撮班でも、ガシャポンのガッツウイングを並べて撮影したり、ペットボトルロケットを実際に青空に飛ばしたり、前例のないことを特撮班のみんなと一緒になってやられていました。

**髙野**　それでセットが海賊船だったよね（笑）。「なんだこのセットは？」って思ったよ。小さなものとあのセットのギャップがすごかったな。大滝（明利）さんにしてもなにを着ているんだっていう感じだったし。

八木　川崎組って現場ではみんなニコニコしていてとても楽しかったですよね。

岡　あのころは毎週終わったら記念写真を撮っていたじゃないですか？　それを紙焼きにして配ってくれたいい時代でした。川崎組では「帰ってきた川崎組」という手作り看板を持って集合写真を撮っているんだけど、あれは前の日に僕が家で描いたものなんです。それくらいミーハーな川崎ファンだったんですよ。

髙野　岡は本当にそういうのが好きだよな（笑）。いろいろなところに変な形で記念品を残している。

八木　それでは、髙野さんが監督の「チュラサの涙」の話もお願いいたします。ホン（脚本）作りを上原（正三）さんとやられていますね。

髙野　確かに上原さんとやったけど、大御所すぎて意見を言ったって聞いてもくれないわけ（笑）。それと等身大の怪獣の出現のさせ方は、僕も経験がなかったから申し訳ないなっていうのはありますね。（円谷）浩さんの回ということで、浩さんは描けたかなと思うんだけど。宇宙っていう設定で御殿場の太郎坊かなんかに行って撮影をやったんだけど、植樹とかされていて「え、こんなところに緑が？」っていう意外な感じは覚えているんだけどね。

八木　あの宇宙は大島みたいに全然緑がないイメージだったんですか。

髙野　そう。空気とかもちゃんとあるんだっていうことだけど、あまりグリーンではない設定だと近場では太郎坊かなって。昔は火薬でもなんでも大丈夫だったからいろいろなことをやったけど、昔ほど「なにやってもいいよ」という感じではなかったね。太郎坊は『恐竜戦隊コセイドン』（78-79）でも使っていて山の方に登っていって撮影をやったんだけど、お昼のお弁当にお箸が付いていなかったの（笑）。みんなでその辺の枝で食べたっていうのも思い出だけど、太郎坊は好きな場所なんだよね。

## それぞれの『ウルトラマンダイナ』

**八木**　ではそろそろまとめに入りたいと思いますが、今『ダイナ』について思うことなどをお聞かせください。

**高野**　小中、原田（昌樹）、村石という監督に助監督で付いたけど、俺のイメージでは小中さんは自分が思った宇宙を作っていくという面白さがある。そして原田さんは現場でニコニコしながら山田まりやさんとかを表に出して、役者を上げて作っていく。村石さんは大阪編でお金もかけて作った中でその面白さが十分に伝わってくる。そう考えると自分の回って大丈夫だったのかなって引っかかるんだけど、それは置いておくとしてもこの3人は面白いよね。あとは変な話だけど、小中さんが初めて自分のクルマでビルトに来たときには入り方が分からなくて、10分前かなんかに電話がかかってきたんだよね。「今どこそこにいるんだけど、どうやって行けばいい?」って。それで原付で迎えに行って、ぐるぐる回って引っ張ってきたわけ。それが小中さんの印象だね。撮影的には本当に緻密に考えるのに、こういうことは全然だなって（笑）。

**八木**　あそこは一方通行ですから最初は難しいんですよね（笑）。

**勝賀瀬**　僕の場合は子どものときから『ウルトラマン』と『ウルトラセブン』を見て育ってきて、そういう業界に入りたいと思って京都から上京しました。そして実際に実相寺組の門をたたくという幸運に巡り合うことができたんです。そういう流れの中で個人的に自分がかかわった『ウルトラ』作品の中で　頂点にあるのが『ダイナ』の「怪獣戯曲」なんですね。名だたる実相寺監督のフィルモグラフィの中でも、かなりの上位に位置する傑作だと思います。そして『ティガ』がやや『セブン』的な世界観だとしたら、『ダイナ』は初代『ウルトラマン』のおおらかさという側面がある。『ウルトラマンティガ』と『ウルトラマンダイナ』、この2つセットで平成の『ウルトラマン』が幕を開けたというのもよかったなと思っています。それがあって『ガイア』以降につながっていくんだということですから。

岡　自分にとって『ダイナ』は人間見本市でした。僕は特撮と本編と劇場版の全部を経験したんですけど、そんなことができたのは『ダイナ』だけです。『ダイナ』は各エピソードの面白さを重視していたから、監督さんたちがすごくのびのび撮られていた。人間見本市の筆頭としてまずは監督たちの顔が出てきます。その監督陣を支えた特撮班の顔ぶれ、本編班の顔ぶれ、劇場班の顔ぶれ、その全部をすごい勢いでノドの奥に突っ込まれました。皆さん一人ひとりのエネルギーがすごかったです。円谷プロ初体験の身でそれを食らうことができたのは本当に至福でした。長い時間が経ったいま振り返ると、『ダイナ』の1年間はすごかったんだなってあらためて思います。

関西ロケの村石宏實監督。左から録音助手の岩岡勝徳さん、スクリプターの青木順子さん、カチンコを持って座っているのが助監督の岡秀樹さん、手を上げてキュー出ししているのが私・八木毅、ファインダーを覗いているのが撮影の倉持武弘さん、フォーカスを送っているのが撮影助手の佐々木伸敏さん、倉持さんの後ろで露出計を計っているのが撮影チーフの各務修司さん。そしてその撮影を厳しい表情で見つめるのがこの話の最高責任者・村石宏實監督。その奥が助監督の安原正恭さん。そして、その隣が照明の佐藤才輔さん。この話のチーフ助監督だった髙野敏幸さんは空撮中です。「滅びの微笑」より

# 右田昌万

Masakazu Migita | Writer

## 締め切り直前でもいいものが浮かんだらそっちに行くべき

『ウルトラマンティガ』に続き『ウルトラマンダイナ』でも礎づくりで大きな役割をはたした右田昌万氏。脚本家としては7本の作品を生み出しているが、特筆すべきは俳優として自身の執筆作に出演していることだろう。しかし氏はもともと演劇青年だったということで、今回はそういった背景も含めてお話を伺うことにした。現在は監督としても活躍している右田氏の波乱万丈な半生をご一読いただきたい。

聞き手＝八木毅

### 演劇にどっぷりだった3年間

八木　右田さんは『ダイナ』では「君を想う力」（46話）でご出演もされていますけど、もともとは演劇をやられていたんですよね。

右田　最初に入ったのは専門学校の放送制作芸術科みたいなコースでした。同じ学校に演劇科もあったけど、そっちに行きたいと言うのは恥ずかしかったんだよね。スタッフとかだと大手を振って言いやすい、でも役者になりたいっていうのは親にはなかなか言えなかった（笑）。そんな感じでとりあえず放送コースに入ってみました。ただその前から映画監督になりたいという夢もあって、フランシス・コッポラが「映画監督になりたかったら脚本をやりなさい」って言っていたのを覚えていたんだよね。だから専門学校でも脚本の勉強もしようかと思っていたらスタッフの方の勉強がメインだったの。脚本の授業もあるにはあったけどギリシャ神話の講義なんかがずっと続くわけ（笑）。それで1年で辞めちゃって、築地にあった松竹シナリオ研究所というところに通うことにしたんです。松竹セントラルの上にあったＳＫＤ（松竹歌劇団）の夜間の空き教室だったんだけど、シナリオのことを教えてくれていてね。ただ脚本って映像にならないと意味がないわけじゃない？　でもそれをいきなりは難しいから、脚本の勉強をしながら演劇をやりたいなっていう話をクラスの仲間としていたんだよね。それで萬野展《ばんのひろし》さんの劇団を紹介されたのが始まりですね。

**八木**　右田さんのご紹介で萬野さんには『ムーンスパイラル』で舞宙月光という役をしていただきました。

**右田**　萬野さんにはいまだに影響を受けているからね。それで劇団に入って2公演目くらいで主役をやらせてもらったんだけど、脚本に書いてある意味が全く分からないまま演じていました（笑）。当時は夢の遊眠社とかの小劇場ブームで、まあ前衛的といえば前衛的だったんだよね。だから今われわれがやっているようなエンターテインメントとは全然違うものだった。それでちょっと不満がたまってきて、3公演やった後に自分が演出・主演で小屋取りからなにから手配した公演を1本打ったんだよね。そのときに思ったのは「演劇っていうのはお金がかかるな」ということで。でもその後も知り合いの劇団とか萬野さんの劇団に客演はしていて、3年間で10公演くらい出たんじゃないかな。

**八木**　3年間は演劇にどっぷり浸かられていた。

**右田**　そういうことですね。でもあれをやっていたおかげでただのネクラな映画青年みたいな人間にちょっとバイタリティみたいなものも出てきたんだよね。

**八木**　それは重要ですね。

**右田**　そういうことがあったからこそ、円谷皐《のぼる》さんのところにインタビューに行こうなんていうパワーも出てきたのかなって。当時はバイトの一環で余暇通信社というところにいたんだけど、たまたまインタビューコーナーを持っていたんだよね。皐社長がウルトラマンランドを首都圏に作るという構想を新聞で発表していたからアポを取って取材をしてお知り合いになって、それで企画書なんかを持ち込むようになったというのが円谷プロに入ったきっかけですね。余暇通信社自体も面白い会社でさ、社長が日本にディズニーランドを誘致した堀貞一郎さんっていう人だったのね。水野晴郎が議員に立候補したときに『水曜ロードショー』で代わりに解説をしていた人で、「ホーンテッドマンション」のアトラクションの声もやっていたな。今から思うとあの会社の影響は大きかった。ディズニーランドができてから、日本中でサービス業自体が変わり始めた時期だったしね。

## 思い入れのある「あしなが隊長」「君を想う力」「ンダモシテX」

**八木**　そして円谷プロに入られてからは脚本家として活躍されてきたわけですが、『ダイナ』の立ち上げ時の様子はどんなものだったのでしょうか？

**右田**　『ティガ』では最終回のイメージ稿も書いたりしていたので時期はかなりダブるんですけど、『ダイナ』の設定書は僕が作っているんです。『ティガ』の正式な続編ということだったから『ティガ』の設定書を書いた僕が書くことになって。それで隊員の名前なんかは僕が考えたものが結構使われています。ただ『ダイナ』の第1話はコンペということだったんだけど、僕にはプロットを出すような余裕は全然なかったわけ。設定書とか企画書を書いていたからね。でも設定書を持ってバンダイさんとの打ち合わせにも行ったりはしているので、そういう機会に先方がどういう考えなのかを聞けたりしたのはよかったですね。

**八木**　ネオフロンティアというのはどこから来たのですか？

**右田**　ネオフロンティア時代というのは笈田（雅人／企画）さんが言い出したことですね。ただ第1話に出てくるような「火星」という設定は、もともとはなかった。だからスタート時点の設定は作るけど、その後のことは長谷川（圭一）くんたちが脚本の中で作って公式の設定に落としていくという感じの作り方でしたね。隊員の名前を僕が全員考えたのは覚えているけど、それをフルネームにするのは長谷川くんでした。リョウとか、そういうのしか僕は決めていなかったから。

**八木**　スーパーGUTSの設定はいかがですか？

**右田**　あの辺のメカとかゼレット、クラーコフなんかの名前も僕が考えたの。『ティガ』では細かく修正が入ったけど『ダイナ』ではほぼそれが通ったんだよね。

**八木**　つまりは『ダイナ』の根幹もやはり右田さんが作られていたんですね。

**右田**　企画設定に関してはそんな感じだったかな。まあでも、あそこまで準備したのに第1~2話を書けないのかよっていう気持ちは当時あったけどね。

**八木**　とはいえ4話「決戦！地中都市」以降、『ダイナ』ではコンスタントに7本も書かれています。

**右田**　でも『ティガ』の最終クールで頑張っちゃったから『ダイナ』でも序盤はノイローゼ気味だった。まあいろんなスタッフがいて楽しかったし現場にも結構行ってはいたけどね。

**八木**　右田さんは脚本家ですけど現場によくいらしていました。右田さんとしてはどの作品に思い入れがあるんですか？

右田　個人的には「あしなが隊長」（43話）、「君を想う力」と武上（純希）さんに手伝ってもらった「ンダモシテX」（48話）の３本なんですよね。

八木　僕は32話の「歌う探査ロボット」も大好きなのでその４本を中心に伺っていけたらと思います。

## 最初の方はネオフロンティアを意識した

右田　最初に書いたのが「決戦！地中都市」で怪獣はダイゲルンじゃない？　あれは地底もネオフロンティアだっていうことで書いたものですね。長谷川くんが最初に火星の方に行ったので、じゃあ僕はちょっと地球の方をやりたいなっていうことで。最初が地底で次が地上絵。だけど地上絵はなんでだったのかな？

八木　「禁断の地上絵」（10話）で、ゼネキンダール人が出てきますね。

右田　そうそう。ゼネキンダール人が地上絵に怪獣を埋めていたという設定だったけど、あれもネオフロンティア系ということでやったはず。だから最初の方はネオフロンティアを意識したプロットを出していたんだよね。そして３つ目の「幽霊宇宙船」（17話）で精神世界をやった。その次が「歌う探査ロボット」か。あれは八木くんが好きだと言ってくれてうれしかったけど、自分としても作家として『ダイナ』でやっと人間を描けたっていう感じが出始めた作品なんだよね。あれは『S-Fマガジン』からアイデアをもらって、滅んだ文明の遺跡に防衛機能が残っているという。

八木　『S-Fマガジン』が関係していたんですね。

右田　そうそう。故障した探査ロボットをTPCが回収して地球に連れてくるんだけど、地球で狂った探査ロボットがスーパーGUTSのライドメカを合体させて巨大ロボットになって暴れようとする。それをダイナが阻止しようとするけど苦戦して、探査ロボットが狂った原因の謎の像をマイが心を込めて吹いたら探査ロボットがバラバラになる。ダイナが苦戦するくらいスーパーGUTSのライドメカは強いんだっていう話だよね。反省点としては最初の円谷浩さん（ミヤタ参謀役）の説明セリフが長すぎたかな。もう少しなんとかできたんじゃないかなって思っています。

**八木**　すごくSF風味があるところが僕は好きですね。探査ロボットという設定とか、「今日のラブモス情報」がテレビで放送されていたりする世界観には近未来SF、『スター・トレック』的な味わいがありました。ちなみに「今日のラブモス情報」のアナウンサーは僕がやらせていただきました（笑）。

**右田**　『TDG』は内トラが多かったよね。次の「あしなが隊長」は満留（浩昌）さんが原案で「あしながおじさん」をやりたいということでした。要は怪獣災害の話なんだけど、こういうテーマを取り上げたのはかなり早かったんじゃないかな。ただ、ヒビキ隊長が単に「あしながおじさん」というだけではなくて、仲間の死で打ちひしがれていたヒビキの心を救ったのが怪獣災害で親を亡くした少女だったということでもあるわけじゃない。女の子がお花をあげるシーンがあって、そこがベースになっているんですね。「昔、なにがあったのか？」っていうことで。ゴルザは（『ティガ』から数えて）3回目の登場ですね。

**八木**　木之元亮さんの隊長もよかったし素敵な脚本だと思いました。

**右田**　ここまでの『ダイナ』の中では気に入っている方ですね。その時点では「一番いいのが書けたかな」っていうくらいです。

## 『ウルトラマン』は総合芸術

八木　いよいよ「君を想う力」ですが、今日はこの回のことを特にお聞きしたかったんです。なにしろ右田さんは脚本も書かれてゲスト主演もされているわけですからね。

右田　あれは（円谷）一夫（製作）さんが『白線流し』っていうドラマを大好きで、そこに出てくる天文台を書いたものです。松本市も『白線流し』にいっぱい出てくるから、その中でロケをする話をやりたいっていうことでしたね。最初は現地に行きもしないでプロットだけ書いたんですけど。天文台が出てきて、松本の街中があればいいだろうっていう感じで。あとは天文台の青年の役者のイメージを一夫さんに「どんな役者がいいですか？」って聞いたら「うん、右ちゃんみたいな感じだよね」って。それで「ああ、そうですか。役者だと誰ですかね」ってもう1回かぶせたら「いや、右ちゃんしか浮かばないんだよね」って。だから「小劇場で役者をやっていたんで出させてください」ってお願いしたわけ。でも一夫さんはそう言っておきながら一瞬戸惑ったんだよね。「俺はいいけど現場はなんて言うかな？」って（笑）。それで一夫さんが笈田さんに話してくれたんじゃないかな。

八木　僕は聞かれた記憶はないですが、現場の誰かに確認されたんですかね。

右田　それは分からないけどそのすぐ後には「右田で」ってなっていたんだよね。

八木　一夫さんが『白線流し』を好きということもあるんでしょうけど、あの脚本はとてもロマンチックで好きなんですよね。現場はどんな感じでした？

右田　雨が多かったよね。それで2日くらい順延になったりして。

八木　確かに一部撮り残して別の場所でも撮影しましたね。

右田　そうそう。稲城まで行ったのは予定通りだったけど最後は横浜のランドマークタワーだったかな。当時はバブ

「君を想う力」より幼馴染みのヒラオとリョウ。ヒラオを演じるのが脚本の右田昌万さん

ルが弾けた後で撮影に使わせてもらっていたよね。

**八木** 初恋の人(リョウ)役の斉藤りささんはいかがでした?

**右田** とてもいい方でしたよ。『ブースカ!ブースカ!!』でも一緒だったんですけど、僕が彼女のことを好きだと思われていたみたいで警戒されていた気がします(笑)。でも『ブースカ!ブースカ!!』をキャスティングしたのは原田(昌樹)監督だからね。

**八木** 出来上がりを見ていても、リョウとヒラオは結びつくんじゃないかというくらいいい雰囲気でした(笑)。

**右田** 松本で覚えているのは昼も夜もロケ弁だったこと。昼は分かるんだけどまさか夜も弁当だとは思わなかった。

**八木** 分刻みでスケジュールが決まっているので、お弁当を食べたらすぐに撮影しないといけなかったですからね。おいしいお店なんかとても行けないです。でも右田さんはキャストで来ていたのでまだいい方で、われわれスタッフは準備がありますから……。

**右田** 2回だけ外に出られたけど考えてみれば多い方だよね。松本ではカメラの倉持(武弘)さん、アクションの二家本(辰巳)さん、あと原田さんと4人で飲みに行ったね。

**八木** それはメインスタッフだから可能なんですよ。

**右田** あの人たちは東映での付き合いも長いから仲がいいんだよ。それこそ原田さんの師匠の和泉聖治さんの話を延々していたね。

**八木** 原田監督の演出はいかがでしたか?

**右田** 現場で『ウルトラ』の監督を見ていると割と計算して撮る監督が多い印象だったんだよね。仕上がりをちょっと計算した感じというか。でも原田監督は「なにを撮っているんだろう?」っていう感じの演出で。上がった作品を見て初めて「あ、なるほど」ってなる。しかもあの作品に関しては見返せば見返すほどに「あ、なるほどね」っていう部分が見つかるんじゃないかなと思いますね。脚本は自分で読んでも透明感のある作品だなって思っていたんだけど、現場で原田監督が演出を入れていくことでそんなに意味がなかったところにも意味が出てくるような感じがあってちょっと不思議な回でしたね。ああいう撮り方って原田監督ならではなのかな？　おかげでそれ以降は原田監督にはあまり逆らえなくなってしまったんだけど（笑）。本来は脚本家と監督ってもっと戦わないといけないと思うんだけど、でもあれでも7稿くらいまで行ったのかな。

**八木**　7稿でも結構な数ですけど。

**右田**　でもいい作品ができるときってあんな感じなんだろうね。脚本は脚本でよかったんだろうけど、みんなの力を寄せ集めていい作品になったっていう感じがする。脚本のどこをどうするかっていうのは、もしかしたら原田監督の中にしかなかったのかもしれないけどね。でも『ウルトラマン』は総合芸術ということで、監督、脚本、キャスト、スタッフみんなの思いでできているんだと思います。

**八木**　そうですね。

**右田**　あのリョウ役の子役の子は改名して今は喜多村英梨さんという名前なんですけど、声優をやられているんだってね。MBSの『BLOOD＋』（05‐06）というアニメの主役をやられていて、そのプロデューサーが諸冨（洋史／プロデューサー）さんだったんだよね。それで諸冨さんから「あのとき右田さんと共演した子役の女の子が僕の担当しているアニメーションの主演になりました」っていうメールが来て。あれはすごくうれしかったな。『ブースカ！ブースカ!!』では僕と斉藤さんが出た回のカップリングに原田さんがキャストで呼んでいて。ああいうところからスターが出てくるんだなって思いましたね。

八木　ちなみに出演されて反響はありましたか？

右田　おおむね好評でしたし、毒蝮（三太夫）さんからは「すごくよかった」っていうハガキをいただきました。あとは松原（信吾）監督もご覧になっていて『女と愛とミステリー』に役者として呼んでいただいたりしました。ワンカットですけど監察医の役で出ているんですよ。

## 「消された時間」↓「怪獣爆弾」↓「ンダモシテX」

右田　その直後くらいが北浦（嗣巳）組の「ンダモシテX」（48話）ですね。3稿くらいまでやって松本に行っているから、僕の頭は松本に持っていかれていたんだけど（笑）。最初は全然違う話で、「消された時間」という『世界初ウルトラマン』の脚本にあったアイデアで時間が止まっちゃうっていうものでした。

八木　『世界初ウルトラマン』は『ティガ』の前に企画されていたものですね。

右田　要は時間を盗みに来た宇宙人とその怪獣みたいな話だった。それで赤井（英和）さんの事務所も京本（政樹）さんの事務所も回って許可をもらって「あとは準備稿」という状態に笈田さんが段取っていたんだけど、自分の中でこの話を書きたくないっていう思いが芽生えてきてしまった。「もっといい話があるんじゃないか」って。それが「ンダモシテX」なんだけど、これは『ティガ』でボツになった「怪獣爆弾」という話をリライトしたものでした。それで「ンダモシテX」のプロットを笈田さんに渡して「こっちでやらせてもらえないですか」って言ったんだけど、もちろん笈田さんはブチギレですよ。「事務所の許可ももらっているのに！」「でもこっちを書きたいんです！」「松本に行かせないぞ！」みたいなやりとりがあって、「じゃあ事務所サイドから前の脚本に戻してくれと言われたら戻しますから、1回打診だけでもしてください」ということで落ち着いたわけ。実際には「ンダモシテX」でOKが出たんだけど、途中で放り出すのも悪いので武上さんを立てて決定稿までの詰めをお願いしたんです。もちろんルートに乗って進めるのも大事だけど、締め切り直前でもいいものが浮かんだらそっちに行くべきだ、ああいう気持ちは大事だなっていまだに思いますね。

**八木** それはいい話ですね。

**右田** あの回はいとうまい子さんが入ってくれたのもうれしかったですね。

**八木** では最後に『ダイナ』についていま思うことをお聞かせください。

**右田** 個人的には『ティガ』の重圧から解き放たれて、開放的でおおらかな世界観の中でやれたのはよかったと思います。SFに対するこだわりやコミカルなテイストも、バリエーション豊かに表現させていただいたシリーズだと思っていますね。

Kenji Konuta | Writer

# 古怒田健志

## 『ウルトラマン』なりの理屈が通るように一生懸命考えました

『ウルトラマンダイナ』で脚本家デビューをはたした古怒田健志氏はもともと雑誌のライターとしてキャリアをスタートしているが、絵も描ければ歌も歌うという多才な人物だ。そして野球への深い愛情もお持ちなのだが、そういったことのすべてがデビュー作「ウイニングショット」につながっているようにも思える。『ダイナ』で執筆された3本の作品の話を中心にいろいろ話を伺った。

聞き手＝八木毅

### 『宇宙船』時代、そして脚本家へ

**八木**　古怒田さんは『ダイナ』で脚本家デビューということですが、もともとは『宇宙船』のライターをされていたんですよね。そこでまずは特撮や『ウルトラ』とのかかわりからお聞きできますか？

**古怒田**　もともと特撮は好きだったんですけど、本格的に特撮オタクを自覚したのは高校生のときですね。クラスメートにいま東映さんで戦隊ものの音響監督、録音監督をやっている宮葉勝行くんという人がいまして、彼がネオ・フェラスという社会人の怪獣特撮ファンサークルに誘ってくれたんです。宮葉くんは部活のブラスバンドも一緒で、しかもパートも同じクラリネットで仲がよかったんですよね。そのサークルは特撮ライターのヤマダマサミさんや小学館の間宮尚彦さんたちが中心になって月イチで御茶ノ水の丘っていう純喫茶で会合をやっていたんですけど。そこでちょっと先輩の特撮ファンの人たちと話をしているうちにどっぷりはまったという感じでした。

**八木**　それが高校生のときだったと。

**古怒田**　高校1年のときからです。実はそのサークルの中には脚本家の會川昇くんもいたんですよね。彼は中学3年生で、帰り道が一緒だったからオタク話をしながら一緒に帰ったりしていました（笑）。だからお互いが若いときから知っているんです。まあアマチュアというかファンとしてはそういう形ではまって、大学を卒業するときも映画とか特撮の道に行きたかったんですけどそうそう現場って入れなかったんですよね。

**八木**　当時も現場ってなかなかなかったですからね。

**古怒田**　だから映像関係には就職ができず転がり込んだのが朝日ソノラマの『宇宙船』編集部でした。読者のときからイラストの投稿なんかをしていたので編集長の村山実さんを頼って「バイトでも見習いでもいいので使ってください」って。もちろん社員じゃなくてフリーランスのライターとしてですけど。そのときに朝日ソノラマにいたのが大石真司くん、間宮さん、金田益実さんといった先輩のライター陣で。あと『宇宙船』では竹内博さんのお手伝いなんかもしていましたね。

**八木**　竹内さんは円谷プロの社員だった方ですね。

**古怒田**　営業部にいらしたんですよね。竹内さんで覚えているのは一緒に円谷プロに写真を選びに行った帰りに「君は出版業界でずっとやっていきたいの？　それとも現場に入りたいの？」って聞かれて、「ゆくゆくはスタッフになりたいです」って答えたらすごくガッカリされたことですね（笑）。自分の後を継いで円谷（英二）さんの功績を後世に残すようなライターさんがいたらいいなと思っているんだけど、君も出版業界には残らないのかって。そんなことを言われましたね。で、この辺から『ウルトラ』につながっていくんですけど、自分が『宇宙船』のライターになったころに小中千昭さん、小中和哉さんもプロで仕事を始めているんですね。僕は大学時代に8ミリ映画とかを作っていて、特撮8ミリ映画を撮っていた少し上の世代の中では小中兄弟がスターだったんです。僕は大好きだったので上映会を見に行ったりしてずっと追いかけていたんですね。特に千昭さんがホラーの分野で活躍されていたときには現場に取材に行かせてもらったりと仲よくさせていただいて。『宇宙船』に連載してもらったこともありました。だから小中さんとは縁ができていて、そのころに「今度、『ウルトラマンティガ』をやるんだよ」っていう話を伺ったりしていたんです。「では雑誌として全力で応援します！」なんて言っていたら、始まったのを見たらとにかく3話のキリエル人でぶっ飛んでしまった。しかも小中さんを中心に盛り上がっていく一方で、太田愛さんや長谷川圭一さんが『ティガ』でデビューされていくわけじゃないですか。なにより長谷川さんの「拝啓ウルトラマン様」（39話）のシナリオを『宇宙船』の資料として放送前に円谷プロで借りてきて読んだときは、「これはすごい！」「これは本気だ」と思いました。それで「このまま雑誌の記者としてこの作品にかかわっていたら一生後悔するな」と思って、あわてて自分も『ティガ』のシナリオを書き始めたんです。

**八木**　それまでも脚本は書かれていたんですよね。

**古怒田**　8ミリとかでは書いていましたけど本格的に書いたのは初めてでした。それで『ティガ』の話を5本くらい書いたのかな。小中さんにそれを読んでいただいたら「結構面白いじゃない」って言ってくださって、それで話を通していただいたけど『ティガ』には間に合わなかった。それで『ダイナ』でっていう感じです。

## サトームセンで見たデビュー作のオンエア

八木　では『ダイナ』はどういう感じで始まったのでしょうか？

古怒田　今回はスーパーGUTSでネオフロンティアだという設定を最初に伺って、「この設定でプロットを書いてください」ということでした。それで7〜8本のプロットを出して、その中から「ウイニングショット」（5話）っていう野球の話を原田（昌樹）監督が選んでくれたということですね。「じゃあ俺がこれを撮るよ」って原田監督がおっしゃってくれて呼ばれた、そういう経緯です。

八木　監督が選ばれていたんですね。

古怒田　そのときの僕の感触だといろんなライターさんたちが書いたプロットを監督さんたちが読んで、自分が撮りたいって言ったものを撮っていったという感じがしています。たぶん「月に眠る覇王」（14話）も北浦（嗣巳）監督が面白いと思ってくれたのかなって。「ウイニングショット」で一番こだわっていたのは野球のリアリティみたいなところで、山田まりやさんのマイがヒムロとちょっと野球をやった後に「野球の硬球があんなに硬いって知らなかった」って言うセリフがあるじゃないですか？　あれはこれでデッドボールを受けたら死ぬよねっていうニュアンスで、それでヒムロのトラウマ、デッドボールで調子を落としているということのリアリティをやりたいという話を原田監督にしたら「おう、任せておけ」と。原田さんはスポーツが大好きな方で「なんなら古怒田くんより野球には詳しいから」って（笑）。だから本編を見てもすごいこだわりを感じましたし、ダイナがボールを投げるときの『巨人の星』風なデフォルメされたフォームも、原田さんが「どうせなら『巨人の星』みたいにやろうよ」って提案されたものでした。

八木　合成班も楽しんでやったでしょうね（笑）。

古怒田　プロットからちょっと変わっているところはありますけどほぼああいう話でしたね。
八木　原田監督らしいというか余裕のある作品でした。「無茶かもしれないけど無理じゃない」っていうアスカらしいセリフが素晴らしいんですけど、あれは最初はヒムロが言っているんですよね。
古怒田　それを後でアスカが言う、そこはひっくり返しなんです。『ダイナ』はネオフロンティアということで始まりましたけど、SFっぽいお話は視聴者との距離感がちょっと遠いんじゃないかという意見もあって。それでたまたま僕が出した「ウイニングショット」がわりと人間側の話で、しかもアスカの元親友にスポットを当てた話だったのが5話目くらいでちょうどよかったのかな。
八木　戦い以外の部分でスーパーGUTSの人間関係も描かれていて序盤にふさわしい話でしたね。
古怒田　劇中に出てくるのはシルドロンっていう変異昆虫ですけど、最初は頭にでかいセンサーが付いた恐竜型の怪獣を考えていたんです。でも怪獣を出す順番のバランスみたいなものがあるということで、笈田（雅人／企画）さんからは「そろそろ昆虫怪獣

古怒田氏直筆のシルドロンの元になった怪獣ジャギのイメージ画。「頭部のセンサーやバリア（シルドロンの由来はシールドを持つ怪獣）あたりに名残りがありますね」とのこと

が欲しいんです」というリクエストがありました。シリーズが始まる前に丸山浩さんに何体か描いてもらっていたストックがあって、その中から「これでいきたいんです」って出されたのがシルドロンでした。

**八木** 先にデザインがあったんですね。

**古怒田** それでお話に合わせて頭のセンサーと腕に硬い甲冑を加えていただいてああいう形になったんです。

**八木** 脚本づくりはどういう感じで進みました？

**古怒田** 現場の雰囲気的に笈田さんは味方っていうか、笈田さんもマニアだから僕がマニア的に「こういうことをやりたい」って言うとノッてくれるんです。でも大人としてそれを判断してくれるのが原田監督で、その原田さんが「面白そうじゃん」と言っても横から小山（信行／プロデューサー）さんが「それは予算的に無理だよ」って。そこで江藤（直行／シリーズ構成）さんが「こうしたらいいんじゃない？」ってアイデアを出して助けてくれる、そういう脚本打ち合わせでしたね。江藤さんはご自身も『アンドロメロス』（83）の脚本家ですから脚本家を守るという立場で参加してくれていたような気がします。あとは毎日放送の諸冨（洋史／プロデューサー）さんがテレビ的な表現を中心に確認をして、という感じでしたね。丸谷（嘉彦／企画）さんは『ダイナ』ではかなり諸冨さんに任せていたと思います。

**八木** そういう役割分担ができていたんですね。しかしプロデューサーの笈田さんが前のめりなのが面白いです。

**古怒田** とにかく「ウイニングショット」は原田監督がノリノリで撮ってくれてよかったですね。自分が子どものころに見ていた70年代の特撮ものではスポーツを扱うと雑な場合があるという印象があって、実は心配していたんです。原田さんとも初対面でしたから「この監督さんはどれだけ本気で野球を描いてくれるんだろう？」って失礼ながら全く信用していなかった。それで映像を見たときに「ああ、すいませんでした」って。野球をやっている人のリアリティにすごいこだわっていたんですね。それが一番大きかったです。あとは忘れもしないんですけど、オンエアは仕事の都合で家では見られなかったんです。それで秋葉原で途中下車して電気屋さんに入って、テレビがバーって並んでいるところで自分のデビュー作が放映されるのを見ました。それで並べられた何台ものテレビに一斉に自分の名前がクレジットで出るのを見て泣きそうになったっていう（笑）。そんな思い出があります。

**八木**　それは素晴らしい思い出ですね。

**古怒田**　サトームセンだったと思いますけど、家で1人で見るよりかえってよかったかもしれないですね。

## 「ヌ」で始まる宇宙人を俺が書いてやる

**八木**　続いての「月に眠る覇王」はいかがでした？

**古怒田**　北浦さんはもともとコダイの方ですよね。実はコダイの服部（光則）さんとは取材を通して仲よくなっていたし取材でコダイにも出入りしていたので、なんとなく「あ、コダイの北浦さんですね」という気分だった気がします。あと北浦さんは『ウルトラ』プロパーという感じで話が早いというか、「『ウルトラ』のあの話」っていうのがガンガン伝わったのでやりやすかったですね。ただこれはがっつりSFで大掛かりになるので、映像化する部分では北浦さんにすごく頑張っていただいたんじゃないかな？　あとプロットでは洞窟探検みたいな感じでガッツディグは出ていなかったんだけど、「そろそろガッツディグを出さないと」っていう話で登場することになったと思います。

**八木**　地中に潜っていくのは伝統ですからおいしいですよね。

**古怒田**　『ダイナ』でもちゃんとやってくれるんだっていうことでね。あと思い出すのは、僕はもともと絵が好きで『宇宙船』でもイラストを描いたりしていたんですね。だから「ウイニングショット」でも「怪獣はこんな感じでお願いします」って生意気にも絵にしていて。でもよくよく考えたらそれってプロの職域を侵す行為だなと思って、ビビって丸山さんに「怪獣デザインのイメージとか描きましたけど怒ってないですか?」って直接聞きに行ったんですよ(笑)。そうしたら丸山さんはめちゃめちゃいい人で「全然大丈夫だよ」「むしろ発想のきっかけになるから」とおっしゃってくださって。だからイシリスのイメージも自分で描いてお渡しししています。出来上がったイシリスはもちろん丸山さんのオリジナルなんですけど、そういうこともしていましたね。それからヌアザ星人というのは「ヌ」で始まる怪獣がいなかったからつけた名前なんです。『ウルトラマン』の怪獣でかるたを作ったりするときに「ヌ」がない、じゃあ「ヌ」で始まる宇宙人を俺が書いてやるっていうことで(笑)。ちなみに『怪獣図鑑』は「あいうえお」順に怪獣が並んでいて最初はアーストロンとかなんです。それで川上(英幸/脚本)さんがアーウォンとワンゼットっていう怪獣を出して、「『怪獣図鑑』で最初と最後に載る怪獣を書いたぜ」と言っていましたね。脚本家は結構そういうところを狙っています(笑)。

**八木**　そういうの、分かります(笑)。「ンダモシテX」なんかもそれですよね。

シナリオに添付してファックスで送られたイシリスのイメージ画。これとは別に全身画が丸山浩氏には送られたという

古怒田　実は「月に眠る覇王」はもっと気宇壮大なものをイメージしていて、テレビで放送されたのを見てちょっとスケールが小さくなったなっていう印象だったんです。若気の至りというか、いま思えばあれだけのことをよくテレビでやってくれたなということなんですけど。でも当時はまだ脚本も2本目で分かっていなかったのでちょっと落ち込んでいたんです。そうしたら小中千昭さんから「『月に眠る覇王』はよかったね」っていうメールが来て。千昭さんの周りの映画仲間の間でも「あれをよく今の『ウルトラマン』でやったね」と評判がいいという話で、それで復活したんですよね（笑）。

八木　あれはプロットを見たら「やっていいんだろうか？」って考えちゃうくらい派手な話ですよね。地中のガッツディグもすごく大変ですし。でも月面の特撮も素晴らしかったですし、そもそも月にああいう文明が眠っているというところからSFとして面白いですけどね。

古怒田　いま思えば無茶だったなっていうか。でも脚本家ってどうしても大きく考えるというか、すごいものを頭の中で想像しちゃうんですよね。絶対にそこから現実的な理由でスケールダウンしますから、最初は大風呂敷を広げてよかったんじゃないかなって思っています。逆に脚本家が最初にしょぼいものを発想したらすごく小さくまとまってしまうでしょうし。

八木　実際に北浦監督の特撮は力が入っていましたよね。

古怒田　次の「発熱怪獣3000度」（21話）も北浦さんですし、可愛がっていただいた記憶がありますね。

## 「怪獣は僕らの想像を超えているから怪獣なんだ」

八木　「発熱怪獣3000度」は直球のコメディでしたし撮影現場もそのまま楽しかったです。マイの衣装がバカンスみたいで印象的でした。

**古怒田**　これはコメディをやってみたかったというお話ですね。実は脚本の段階ではマイは水着だったんです。『ウルトラセブン』でアンヌの水着もあるし、そういう回があってもいいんじゃないくらいの軽いノリだったんですけど。そうしたら山田まりやさんご本人から「『ウルトラマン』は教育番組でしょう」「小さい弟が毎週楽しみに見ているのにそんな姿は見せられない」ってNGが出てしまって。それで水着は急遽止めにして、リゾートファッションに変更すれば脚本は成立するので「こんな感じ」という絵を描いて北浦さんにファックスしたんです。その絵はほとんど劇中に出てきたあの格好でしたね。先のバラけた麦わら帽子にブラウスでビーチサンダル、手にはトロピカルジュースを持ってっていう。

**八木**　彼女は役づくりもちゃんと自分でやっていたしその辺の意識は高いんですよね。

**古怒田**　それを聞いて背筋が伸びましたね。「山田さんに怒られちゃったよ」って。たぶん北浦監督も同じ気持ちだったんじゃないでしょうか。

リゾートファッション姿のマイ隊員。「ジュリセンは持っていませんでしたね！」と古怒田氏

超高熱怪獣ソドムとウルトラマンダイナ。ソドムはニューギニアの火山地帯の神獣。風邪をひいてしまった可哀想な怪獣。「発熱怪獣3000度」より

八木　「暑い暑い」ってみんながウチワであおぐんですけど、山田まりやさんが持っているのはちょっと前に流行ったジュリアナの扇子なんですよね。

古怒田　「ジュリセン」だったよね。あれも脚本に書いたのかな？　どこかに絵が残っているはずだけど。あと（小野寺）丈さんの金太郎の腹掛けはシナリオに書いていますね。ちなみに最初のシナリオではマイがアスカのセリフを真似して「見た？　私の超ビキニ！」と言っているはずです。

八木　そうでした。

古怒田　コメディをやっていますね（笑）。あと当時は「空想科学読本」というお遊びが流行っていて、ウルトラマンがマッハで飛ぶと頭がもげるとか、ゴジラは自重で足からつぶれるとか、そういう野暮な話が本になったりしていたじゃないですか。この話はそれに対するアンチテーゼという気持ちもあって、ナカジマが「体温が３０００度なんてあるはずないじゃないか！」と言うとカリヤが「怪獣は僕らの想像を超えているから怪獣なんだ」って答えるんですよね。この怪獣に対する想像力、ロマンを語るセリフが加瀬（尊朗／現在は加瀬信行）さんにはバチってはまったので書いてよかったなと思いました。

八木　加瀬さんはＳＦをお好きですしご自身でショートショートを書かれて星新一賞の優秀賞も獲られたりしているんですよね。

古怒田　ああ、そういう方なんですね。じゃあカリヤの役にはぴったりでした。素養がない人だとああいうセリフって気持ちが乗らないものですが、すごくはまってよかったなって思いました。感謝しています。『ウルトラ』っておとぎ話とＳＦの間を行ったり来たりするという歴史があるじゃないですか。その中でおとぎ話的な牧歌的な話もすごくいいんだけど、ＳＦの精神みたいなことをちゃんとやりたいなっていうこともあったんですね。だから「発熱怪獣」

にしてもコメディでばかばかしい話なんですけど空想ドラマの楽しみを入れたいなって。ソドムがどういう生き物で、火成岩を食べて地下の空洞を広げることで火山の噴火を食い止めるっていう設定は与太話ではあるんですけど、『ウルトラマン』なりの理屈が通るようにってかなり一生懸命考えた気がします。

**八木**　『ウルトラマン』なりのって重要ですよね。

**古怒田**　あとは昔から「もの食う怪獣」が好きなんです。『怪獣図鑑』っ子だったので、例えばペスターがオイルを飲むとかガマクジラが真珠を食うとか、そういうことをよく覚えていました。しかも食べるところを実相寺（昭雄）監督と高野（宏一）監督がちゃんと撮るじゃないですか？　ガマクジラが舌を伸ばして真珠をなめるところとかをすごくフェティッシュに撮ったりしていてね。あとはゲスラがカカオやチョコレートを好きっていう設定も大好きですね（笑）。

**八木**　可愛いですよね。

**古怒田**　『ウルトラマン』ってもともと怪獣が主役というところがあって、それにオチをつけるためにウルトラマンは出てくるわけですよね。じゃあ主役のこの怪獣はどこに住んでいてなにを食っていてどういう生態なのか。その怪獣の持っている特性こそがオチにつながるような話が『ウルトラマン』の原点なのかなって。そういう初代の基本フォーマットを復活させたいという思いもすごくあったんです。特に『ダイナ』では僕らみたいなゲストライターはわりと好きに書けましたからね。特に原田さんや北浦さんと組むときは『ウルトラマン』のつもりで、エピソードの中で完結性の高い話を考えていました。あとソドムはすごくボリューム感があってかっこよかったですよね。『ガイア』でもそうでしたけど僕は怪獣デザインには恵まれているなっていつも思っています。

## アスカが元野球部という設定があって本当によかった

**八木**　『ダイナ』での脚本デビューからの3作のお話を伺いましたが、あらためて古怒田さんにとって『ダイナ』とはどのような作品だったのでしょうか？

**古怒田**　『ダイナ』に関しては皆さんも「ウイニングショット」が印象に残っているみたいですけど、あれは野球がテーマだったからこそ原田さんとも出会えたんですよね。アスカが元野球部という設定があって本当によかったなって思います。しかもデビュー作にして「ウルトラフォーク」なんていう悪ノリに近い技を使わせてもらえたのもすごいことだったなって。あとはつるの（剛士）さんを始めキャストの皆さんもエネルギーを込めて演じてくれて作品を支えてくれていたなと思っています。『ダイナ』のときにはまだ『宇宙船』でも書いていたのでつるのさんにインタビューに行かせてもらったんですけど、今でこそ皆さんご存じですがすごくポジティブなんですよね。本人ご自身がヒーローみたいな男だったから「つるのさん、いいな！」と思っていました。

**八木**　ほんと、そうですよね。つるのさんはアスカそのものです、普段から。

**古怒田**　まあデビューだったので7話おきくらいで書かせていただいたのが精一杯でしたね。他のことを考える余裕もなかったですし。実はこの後の『ガイア』の方が苦労したんですけど、基本設計の部分がしっかりしている分そこにはまらないとなかなかプロットが通らなかったんです。

**八木**　シリーズ構成がはっきりしていましたからね。

**古怒田**　一方で『ダイナ』はバラエティ豊かでいろいろな話があって現場もわりと楽しんでやっていた印象でした。だからその中でデビューさせてもらえたのはすごくよかったなって思っています。

**八木**　デビュー作が『ダイナ』ってすごいことですよね。

**古怒田**　しかも原田監督ですから恵まれています。

**八木**　現場では本当に楽しく撮っていました。「ウイニングショット」なんかは野球場での撮影も楽しかったですし。

**古怒田**　予算のこととか言われると、「じゃあ野球場って借りられるの？」というところからだったのですごく不安もありましたけどね。でもちゃんとチアリーダーの女の子も何人か入れてくれていたし、本当に高校野球の試合が行なわれている雰囲気を少ない人数で出してくれていました。

**八木**　小さい球場でエキストラの数も限られていましたけど、密集させて長玉（望遠レンズ）で撮ったりしていましたね。あとは実際に暑かったんですけどさらにカゲロウみたいな揺らめきを出したりもして。撮影部がフィルム缶で火を焚くんです。今だとポスプロでできちゃうんでしょうけど、現場でやるあのユラユラっとした感じはいいんですよね。

**古怒田**　ちょっとオーバーにしてやっていましたね。脚本家チームで仲よくなったのはもう少し後だったのかな。長谷川さんや太田さん、それに僕はデビューしたてだったので『ダイナ』の後半くらいからは結構一緒に飲んだりしていたんですよ。川上さんとは草野球のチームを組んでいて、チームの名前が「ハーキュリーズ」っていうんです。

**八木**　『ウルトラマンガイア』から取られたんですね。

**古怒田**　そうなんです。それでユニフォームやスタジャンも作ったんですけど、『ウルトラマンコスモス』で川上さんがシナリオで野球選手が出てくる原田組の回があって（35話「魔法の石」）。架空のユニフォームとジャンパーを着ていてほしいということで、原田さんが「川上くんは古怒田くんと野球チームをやっているよね」「そのユニフォームを借りられない？ ついでに古怒田くんも内トラで出そう」っていう話になったんです（笑）。それで出してもらったりもしています。本当に楽しい思い出ばっかりですね。

# 川上英幸

Hideyuki Kawakami | Writer

## 書いているときも楽しかったし出来上がった画を見るのも楽しかった

『ウルトラマンダイナ』では7本の脚本を担当し、ミジー星人やハネジローといった人気キャラクターを生み出した川上英幸氏。『ウルトラマンシリーズ』への参加は『ウルトラマンティガ』からで、以後はテレビシリーズ及び映画で多数の作品を世に出してきた。実際の執筆はどのように行なわれていったのか、監督との相性はどうだったのかなど、詳しくお話を伺っていくことにしよう。

聞き手＝八木毅

### 『ムーンスパイラル』からつながる縁

八木　川上さんは『ティガ』から呼ばれているのでまずはその辺の経緯からお聞きできますか？

川上　昔のシナリオ仲間の塩谷三保子さんが「円谷さんで脚本家を探しているよ」って紹介してくれたんですよ。フリーになる以前僕はドラマチックカンパニーという会社の社員で、塩谷さんは月に1～2回集まって会議をしたりする外部作家仲間の1人だったんです。みんなでお酒を飲みに行ったときに「好きな脚本家は誰？」みたいな話をしたりするじゃないですか？　それで僕が金城哲夫さんだ、上原正三さんだって言っていたのを塩谷さんがずっと覚えていてくれて、たまたま円谷プロの仕事が来たので連絡をくださったんです。塩谷さんは八木さんとも一緒にお仕事をしていましたよね？

**八木**　塩谷さんは『ムーンスパイラル』で1本書かれているんですよね（名義は酒井三保子）。そんなご縁もあったのでびっくりです。

**川上**　『ティガ』で最初に書いたのが10話の「閉ざされた遊園地」で子どもが活躍する回でした。あんまり難しくないというか、普通に怪獣が現れて少年が活躍するみたいな話です。あのとき松原（信吾）監督は僕に「こういうのを撮りたかったんだ」「『ウルトラマン』とはこういうものなんだ」とおっしゃっていたんですよね。「こういうのを撮れてほっとしている」と話されていたのはよく覚えています。

**八木**　飯島（敏宏）監督が撮られていたような子どもが活躍する王道ですよね。

**川上**　あの作品においてはなによりもガギの造形がよかったですね。当時は造形の絵を事前に見せてもらうなんていうことが全然なくて、9話の終わりの予告編のオンエアで初めて見たんですけど（笑）。「あ、こんなかっこいい怪獣なんだ」って感動したのを覚えています。

**八木**　新鮮な驚きがあったんですね。そして次が16話「よみがえる鬼神」で、これはちょっととぼけた味わいがあって好きなお話です。

**川上**　もともとプロットで通っていたのは「出口のないトンネル」という話だったんです。でも脚本に起こしたらいろいろ激怒されてしまって。それで打ち合わせの最中に「鬼が出てくる話がいいんじゃないか？」っていうことになって書き直したらOKになったんです。

**八木**　川崎（郷太）監督はいかがでしたか？

**川上**　ホンを書いている分にはあそこまでコメディじゃないんですけど、実際の演出過程でコメディ路線にしようとしたっていう感覚の鋭さが素晴らしいなと思いましたね。僕が書くものは「和」をチラチラ入れてくるということを言われたりもするんですけど、これは意識してやっていることではないんです。八木さんは同世代だから分かると思いますけど、『帰ってきたウルトラマン』とか『ウルトラマンA』って鬼が出てきたり雪女が出てきたりしたじゃないですか？

**八木**　「怪談シリーズ」みたいなものってありましたよね。

**川上**　そういうのが脳裏にこびりついているということはあるのかもしれないですね。

**八木**　それが『ティガ』の中では独特の世界観になっていてよかったです。ちなみに川上さんの『ウルトラ』体験についてもお聞きできますか？

**川上**　とにかく『ウルトラセブン』をたくさん見た記憶があります。再放送が一番多かったのが『セブン』だったんじゃないかな？　だからベースは『ウルトラセブン』なんですよね。『帰ってきたウルトラマン』『ウルトラマンA』『ウルトラマンタロウ』『ウルトラマンレオ』は子どものころに実際にオンエアがあったので、それを普通に見てきたというイメージです。

**八木**　『セブン』でお好きなエピソードは？

**川上**　いっぱいありますけど、僕はアンノンの話（16話「闇に光る目」）が大好きですね。最後にアンノンが「人間の言うことは信用しないけど同じ宇宙人のセブンは信用する」って言って帰っていくじゃないですか。

**八木**　渋いところをお好きですね。

**川上**　他ではダリーの回（31話「悪魔の住む花」）も好きです。

八木　それも渋いです（笑）。

## 『ティガ』の3本に関しては全部必死でした

八木　『ティガ』ではその後が「襲われたGUTS基地」（31話）ですが、これは助監督としては撮影がすごく大変だった記憶があります（笑）。
川上　北浦（嗣巳）監督との最初だったんですけど、北浦さんは脚本のページ数にうるさい人でしたね。
八木　ああ、北浦監督はそれで尺を読んでいるんですね。
川上　不思議な人で「何字減らせ」っておっしゃるんです（笑）。こういう監督は初めてだったので驚きました。でも実際の画を見たらいい撮り方をされるので感動しましたね。
八木　北浦組って合成と仕掛けが多いのでスタッフが寝られないんですよ。合成が多いというのは仕上げるのが大変ですし、撮影も背景とグリーンバックを撮るわけなので分量が倍になるんです。だから大変だったのがこの回で、もちろんそれは川上さんの責任ではないんですけど（笑）。
川上　舞台設定的にはほぼ1ヵ所に留まっているので、撮りやすいんじゃないかなと思っていたんですけどね。
八木　おっしゃる通りで合成とか特撮ものでなければ場所移動をしないでじっくり撮れるんです。だから節約できるパターンですよね。でも北浦監督は合成しまくりだし全部セットだから朝まで撮れちゃう（笑）。外だったら日がなくなっちゃうんですけどね。
川上　大変だったんですね。でも「襲われたGUTS基地」に関しては非常に気に入っています。ビザーモの生命体の設定なんかもなかなか好きで、『ティガ』の小説が文庫化する際には短編小説「惑星ビザーモの滅亡」を特別に収録したりもしているんです（『小説・ウルトラマンティガ　白狐の森』）。

八木　もちろん作品としてはとても素晴らしいです。川上さんは『ティガ』ではこの3本を書かれているわけですけど、当時はどんな感じだったのでしょうか？

川上　『ティガ』は3話ともとにかく必死でした。特撮は初体験でしたし、とにかくプロットを通さないと書かせてもらえないわけですからね。あの3本を通すのに15〜16本はプロットを出しているはずです。だから脚本を書いていないときは「こんなのはどうだ」「あんなのはどうだ」ってプロットを考えていて、それでファックスをガンガン送りまくっていましたね。脚本を書いていると特撮面なんかで分からない部分もちょこちょこあったのでそこでも苦労しましたし、『ティガ』の3本に関しては全部必死でした。おそらく人生で一番必死に脚本を書いていたのがこの3本だった気がします（笑）。

## 脚本のローテーションは存在しなかった

八木　そうしてあの素晴らしい3本が出来上がったということだったんですね。そこから『ダイナ』にいくわけですけれども、川上さんは最初からローテーションに入っていたのでしょうか？

川上　『ダイナ』でもプロットを送るというのは一緒だったんですけど、確か関係するライター陣と会えたんですよね。長谷川（圭一）さん、太田（愛）さん、吉田（伸）さん、武上（純希）さん、古怒田（健志）さんですね。

八木　最初に皆さんでミーティングみたいなものをされたんですか？

川上　顔合わせがあっていろいろ説明を受けた上で「プロットを待っています」みたいな形でしたね。だから「とりあえず僕は参加できるんだ」っていう感じでした。第1話のプロットは公募で、長谷川さんのものが採用されてメインライターになられたんだと思います。そこからはその路線に沿ってみんながプロットを送って、選ばれたものの脚本を書くという形でしたね。だから『ダイナ』のときは決まった人数のライターが集められていて、そこでプロットを公募して選ばれたものが作品になる。ローテーションというのは存在していなくて、そういうスタンスでしたね。

**八木**　そういう体制だったんですね。そして『ダイナ』では7話の「箱の中のともだち」が最初の作品になります。村石（宏實）監督は現場ではすごく厳しい方ですけど脚本づくりはいかがでした？

**川上**　村石監督はちょっと体育会系みたいなところがあって、そういう人と一緒に仕事をするのはすごく得意なんです。リーダーシップを取ってもらえればやれることとやれないことが決まってくるし、話し合いもスムーズになりますからね。出来上がってくる画も含めて非常に好きな監督です。それに難しいことを言う人ではなかった気がします。

**八木**　難しいことは言わないしプロフェッショナルですよね。

**川上**　『ウルトラマンコスモス』の話になりますが「操り怪獣」（43話）という話があって。そのときに実相寺（昭雄）監督のメトロン星人の回（『ウルトラセブン』8話「狙われた街」）の夕陽の写真を持ってきて「こんな画を撮りたいんだよ」っておっしゃっていたのが印象的でした（笑）。宇宙人と遭うシーンも「メトロン星人がちゃぶ台でセブンと対面するシーンみたいな、日本的で変わった場所を撮りたいんだけどどこがいいかな？」って振られて。そのときはすぐに結論が出なかったんですけど、次の打ち合わせに行く道で当時助監督だった岡（秀樹）くんに会ったんです。それで「なんかないかな？」って聞いたら「銭湯なんてどうですか」って。あ、それは面白いというので結局は銭湯になったんですよね。

**八木**　村石監督は円谷プロの光学撮影部がキャリアのスタートで、円谷プロ社屋で行なわれた「狙われた街」の撮影をワクワクして見ていたということですからね。しかし「箱の中のともだち」は村石監督としては珍しい子どものお話ですね。

川上　「見た目的に可愛いものの方が実は悪だったら面白い」という発想の転換ですよね。出来上がりはもちろんよかったのですが、しっぽを切断するみたいなシーンが後にちょっと問題になったらしいんです。確認してみたら脚本にしっかり書いてあるから僕の責任なんですけど（笑）。

八木　でもプロデューサーがＯＫを出しているのであれば、これはプロデューサーの責任ということですね。

川上　じゃあ笈田（雅人）さんのせいですね（笑）。まあでも最終的にはしっぽだから許されたのかな？

## 北浦監督がミジー星人とガラオンに愛を持ってしまった

八木　そして11話「幻の遊星」です。

川上　この回で隊員たちの個性が出たというか、色分けして描くことができたと思っています。原田（昌樹）監督も隊員の個性をよく描かれていますよね。実は原田監督のときは衝突もないし問題が起きないんです。だから逆にどんな話をしたかという記憶があんまりないんですよね。ただしばらく考えてから「これをこういう風にしたい」っていう連絡がくることは多かったですね。当時はワープロで原稿を書いていたんですけど、その度に修正した部分だけを抜き書きしてファックスで送ったりしていました。

八木　この回はハネジローが出てきます。

川上　これは依頼ですね。可愛いものを出してほしいみたいなことがプロデューサーから降りてきて、それで考えたのがハネジローです。脚本上では鳴き声の「パム」という名前だったんですけど、差し込み脚本で僕がハネジローという名前をつけて送ってセリフも変えたりしたんです。

八木　確かに脚本（決定稿）ではパムでしたよね。
川上　たぶん脚本が出来上がってからデザインされたと思うんです。それでデザイン画を見て名前を変えたんだと記憶しています。
八木　ハネジローは可愛いですよね。川上さんが書かれたハネジローやミジー星人のキャラクターが『ダイナ』の世界では非常に重要だと思います。そこが『ティガ』との大きな違いかなって。
川上　『ティガ』との差別化といえば確かにバラエティに富んでいるのが『ダイナ』だったんじゃないかなとは思いますね。でも脚本を書く上ではそういうことは意識しませんでした。当時はまだ個々の作品を書くことで精一杯でしたから。
八木　そして続く「怪獣工場」（13話）でミジー星人が初登場ですね。
川上　ミジー星人に関しては「こんなことがあったら面白いな」っていうことで考えました（笑）。宇宙人がわざわざ地球に来て巨大ロボットを作っていたら面白いんじゃないかなって。しかもそれを子どもに見られたら……っていう。これも昭和の『ウルトラ』的な王道の話にはなっているんですけどね。
八木　楽しい作品でした。
川上　ミジー星人の3人のコミカルな感じを北浦監督が現場でうまく作ってくれたと思います。「怪獣工場」は真面目に作っちゃうとたぶんちっとも面白くない話になってしまいそうですから。次の作品（30話「侵略の脚本《シナリオ》」）ではさらに進化しているし、そういうところがうまく噛み合ったんじゃないですかね。
八木　北浦監督の演出と川上さんのテイストがすごく合っているんじゃないかなと思います。
川上　あと北浦監督がミジー星人とガラオンに愛を持ってしまったんですよ。すごく愛情が深かった。そして北浦さ

© 円谷プロ

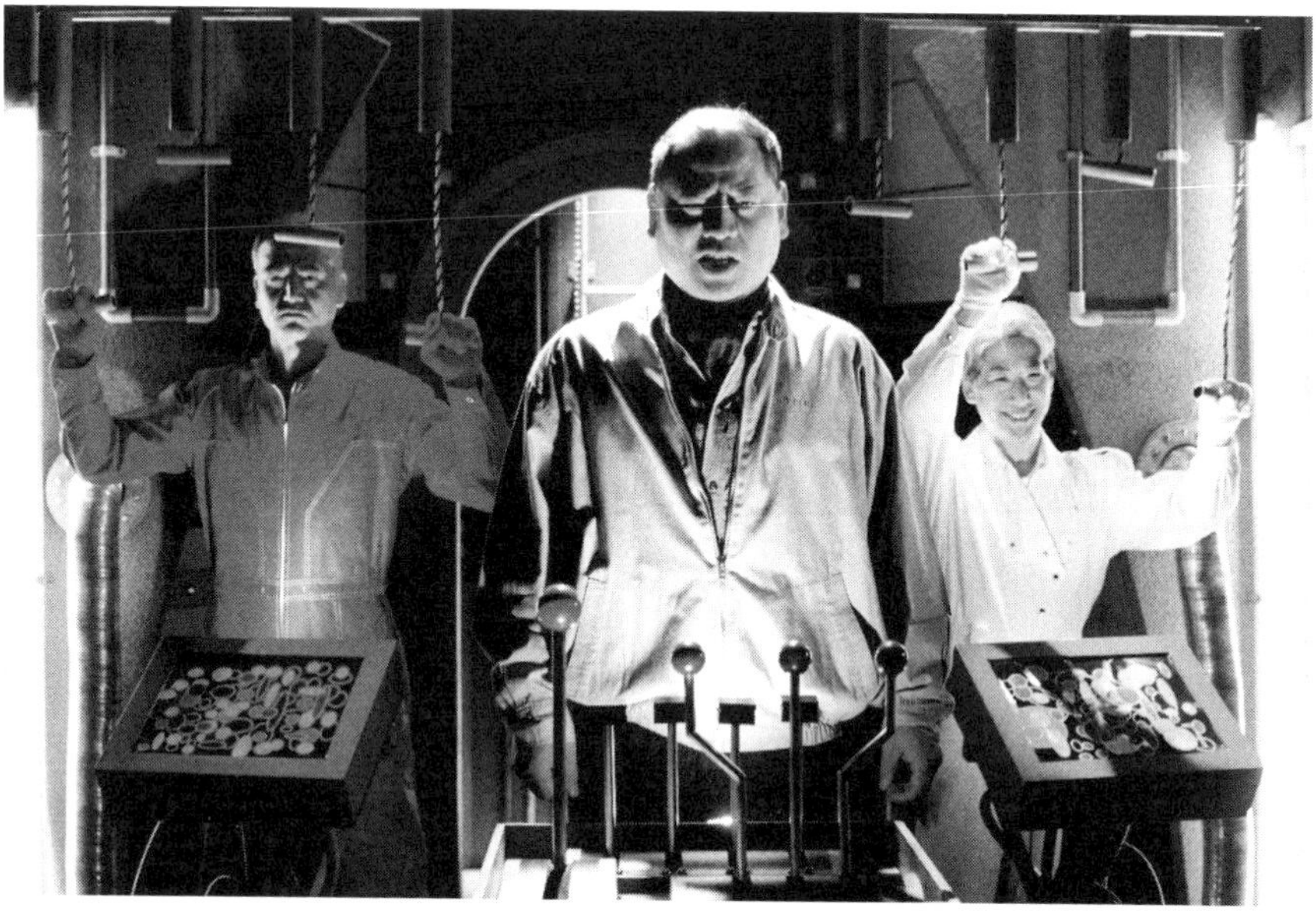

東宝ビルトに建てたセットにて楽しいミジー星人のお三方。左からミジー・ウドチェンコ（佐藤信一さん）、ミジー・ドルチェンコ（桜金造さん）、ミジー・カマチェンコ（中嶋修さん）。「侵略の脚本《シナリオ》」より

んは気に入ったものがあると絶対に次もやるんですよ。だから『ガイア』でも「ガンQは絶対やる!」「次もガンQで絶対に書け!」ということで脅されるようにして書いた覚えがあります（笑）。

八木　「怪獣工場」は撮影していても楽しいお話でした。ミジー星人の3人が個性的でしたし北浦監督との息も合っていました。「ドルチェンコ」は確か北浦監督の命名でしたよね。

川上　あの辺のロシアっぽい名前はみんな北浦さんが後からつけたものですね。

八木　「演出部で面白い名前を考えろ」って言われたんです。それでみんなでいろいろ考えたんですけど採用にならなくて。最終的には北浦監督が考えたものですね。

川上　それは知らなかったです（笑）。でもミジー星人の場合は皆さんの熱量がすごいですよね。「侵略の脚本《シナリオ》」での三上（見栄晴さん）の自宅の飾り付けも素晴らしかったです。ノリノリでやっていたんだなって（笑）。あれは本当にうれしかったですね。

八木　外観は代官山にあった集合住宅です。レトロな感じで、結構みんなで頑張って新しい感じを狙っていましたね。飾りは装飾部ですけど、やっぱりスタッフの熱量もすごいからちょっとした飾りでは終わらない。しかし「怪獣工場」は『ダイナ』の中でもかなり異色な傑作だと思います。

**実在した「地球無条件降伏」**

八木　そして次がまた村石組の「激闘!怪獣島」（16話）ですね。

川上　確かオンエアがクリスマスに近いということで、子どもたちへのプレゼント的な作品にしてほしいと笈田さんからお願いされた作品ですね。「シルドロンとシルバゴンが使えるので、それをかませてちょっと派手なヤツをやってください」というオーダーがあったものです。

八木　12月20日放送なのでクリスマスプレゼントだったんですね。

川上　それでネオザルスっていう怪獣を作ってハネジローもかませたんですね。これも打ち合わせはすんなりスムーズにいったはずです。結構派手でなかなかいい感じでできたかなとは思っています。

八木　怪獣3体でハネジローですから大サービスですよね。

川上　どうせ3つも怪獣を出すんだったら暴れまわるスペースがないとだめだな、街中よりは島だろうということで考えた設定ですね。初代『ウルトラマン』みたいにちょっと小さい怪獣だとか、『セブン』のクモのヤツみたいなのも出したいくらいでしたけどね。

八木　怪獣がいっぱいいる島ってとてもいいですよね。そして次が「湖の吸血鬼」(24話)です。

川上　このプロットを書くちょっと前に丸くならないマリモがいるっていうニュースを見たんですね。体の成分はマリモと一緒なんだけど球状にならないマリモがいるっていうことで。それでマリモの怪獣が作れないかなっていう発想でできたのがマリキュラですね。そもそも阿寒湖のマリモ自体がなんで丸くなるのかもよく分かっていない生き物らしいんですけど。

八木　こういう小さいものがたくさんいるのは今だったら全部CGで処理しますけど、このときは小さい(造形の)マリモをたくさん持っていって貼り付けたんです。だから現場はすごく大変でした(笑)。

川上　ナカジマが単独で主役の話は少ないので、演じていた小野寺(丈)さんからは「おいしかったです」ってお礼を言われましたけどね。

八木　ナカジマの大食いが印象的ですよね。ナカジマが食べる「ここちゃんのチキン」っていう商品名は自分が考えました。可愛いですよね。フライドチキンの箱は美術が作ってくれたものです。

川上　ナカジマはストレスが溜まると食べちゃうんですよね。脚本だと「1人ムカムカしながら弁当を自棄食いするナカジマ。部屋の隅にはナカジマの食べた弁当の空箱が山積みになっている」となっています。

八木　フライドチキンは美術監督の内田哲也さんが提案してくれたんですよ、その方が面白いからって。

川上　そういうのも遊んでくれているからいいんじゃないかなって思います。佐川特撮もすごかったですし。

八木　佐川和夫監督ともホン打ちはされましたよね？

川上　でも佐川さんってあんまり言わないですよね。特撮の部分って時代劇の殺陣と一緒で、例えば自分の頭の中で「こう受けてこうやって」みたいなプランが決まっている場合はそれをしっかり書くようにしていますけど、基本的には特技監督の自由度が勝ると思うんです。だからとにかくこの回は派手だったなっていうことで（笑）。佐川さんは気持ちよくやられたんじゃないでしょうか。

八木　すごくかっこいいし特撮が目立つ回でしたね。そしてミジー星人が再登場する「侵略の脚本《シナリオ》」ですね。

川上　これは大変でした。最初から笑わせるものを作らないといけないのはやっぱり難しいですよ。「地球無条件降伏」っていう番組名のプロットが出てきますけど、実はそういう話のプロットを僕が出していたんです。それがボツになったのでここで使ってやろうということで。そういえば見栄晴さんが演じる三上のキャラクターもなかなか定まらなかったし、宇宙人も最初はミジー星人じゃなかったんです。それで誰かに「ミジー星人にしたらどう？」って提案されて、ミジー星人に代えたらうまくいったんでした。

八木　その提案は北浦監督だったのではないでしょうか？

川上　北浦さんか笈田さんのどっちかですね。でも北浦さんが笈田さんに「ミジー星人をもう1回撮りたい」ってずっと言っていて、ちょうどそれに当てはまるような脚本が来たということかもしれませんね。宇宙人の数も3人で同じでしたし。

八木　もう1回出たことでミジー星人は『ダイナ』を代表するキャラクターになりましたよね。『ティガ』がキリエル人だとすると『ダイナ』はミジー星人っていう感じがします。

川上　ミジー星人は、地球人が間にクッションとして入ってなにかをやると面白いっていうのが「怪獣工場」で分かったんですよね。そこからシナリオライターの三上ができて、話が組み立てられていったらだいぶ流れていったという感じです。キャスティングの見栄晴さんも面白かったですよね。

八木　そして「さらばハネジロー」(47話)ですが、ハネジローってずっといてもよかったんじゃないかなって思うんですよね。

川上　確か原田さんが帰すことに前向きだった気がします。「ハネジローはいつか宇宙に帰らないといけないんだ」って。一番印象に残っているのは局打ち(放送局との打ち合わせ)で、「なにかありますか?」って聞いたら誰もなにもないって言うわけです。長く『ウルトラ』をやっていてこれは初めてでしたね。

八木　全員が満足だったわけですね。

川上　それで横に座っていた小山(信行/プロデューサー)さんがニヤニヤしながら「なにしに来たの?」って(笑)。そんなことになったのはこれ1回こっきりでした。

### セリフから先に考えないようにしています

八木　『ダイナ』で1年間脚本を担当される中で役者の方への当て書きみたいなことはありましたか?

川上　無理に当てるということではないんですけど、何本か書いてくるとだんだん「この人はこういうことを言うな」っていうのが自然と出てくるんですよ。あとは放送を見ていると「こういう口癖なんだ」「語尾はこうするんだな」っていうのが蓄積されてきて。だから深く考えてということではなく、自然にその人っぽいセリフになっていったという感じですね。

八木　1年やっていると役者自身も成長していきますし、脚本家の方々も番組を見ながら役者のことも分かってくる。そういう自然な流れがあって『ダイナ』はいい方向に向かっていったんでしょうね。

川上　あと、僕はセリフから先に考えないようにしています。「このセリフをここで言わせたいからこういう流れにしよう」みたいなものの考え方はできなくて、やはり人間が口でしゃべる言葉を重視したい。そんな感じでナチュラルにやっているようにしようとは思っていました。

八木　いわゆる決めゼリフみたいなことではなく。

川上　そうです。「これは字面だろう」っていうセリフが出ちゃうとすごく白けるじゃないですか。そこはすごく注意してやっていましたね。

八木　では『ダイナ』について今お考えのことを聞かせてください。

川上　振り返ってみると『ティガ』のときはただただ必死で書くことを求められて書いてきたっていうイメージがありましたけど、『ダイナ』ではだんだん楽しんで書くようになっていたように思います。ただ今回ざっと脚本を読み返してみたりもしましたけど、多少若さがあるなっていう感じもありますね。書いていたのが30歳手前くらいですから「ここはこうした方がいいな」とか反省点もいろいろありますけど、僕の脚本の青春時代ですね。そういう仕事だったなとつくづく思います。

八木　確かにみずみずしいですよね。

川上　いま同じものを書いてもこういうテイストにはならないかもしれません。若いころって勇気があるなとも思いますね（笑）。

八木　みんなぶっ飛んでいたし面白かったですよね。決して中庸ではないというか。

川上　やっていて楽しみも覚え始めた時期だったと思いますね。書いているときも楽しかったし出来上がった画を見るのも楽しかった。これは『ダイナ』から生まれた感情だと思います。そして続く『ガイア』はローテーションでしたが、あれは非常に素晴らしい進め方だったと思います。シリーズ構成の小中千昭さんがきちんと統括されていて、ああいう作り方は1年間やるには理想的なんじゃないかなと思いました。

八木　そういう意味では『TDG』は作り方がそれぞれ違うんですよね。

川上　なんとなくですけど『ダイナ』はいろいろなエピソードがあってよかったんじゃないかなと思いますね。

八木　おっしゃる通りだと思います。『ダイナ』は振り幅がすごいですよね。

川上　あと決定的に言えるのはアスカをやったつるの（剛士）さんの明るさですよね。これが突出していると思います。ヒビキ隊長以下スーパーGUTS全体も明るかったですし、そこのよさだったんじゃないかなと。『ティガ』はちょっとシャープで『ガイア』はプロフェッショナル、そう考えるとテレビを見ている子どもたちには『ダイナ』が馴染みやすかったんじゃないかなっていう気がします。

ハネジローと談笑するアスカ。2人は親友

Ai Ota | Writer

# 太田愛

## 「振り切ったお話も書けちゃうのかな」って思いました

『ウルトラマンティガ』で鮮烈なデビューをはたし、『ウルトラマンダイナ』でも5本の脚本をものした太田愛氏。『ダイナ』の特徴でもあるバラエティの豊かさやコメディタッチは、氏の作風にあやかるところも大きい。そのいずれもが大きな印象を残す作品ぞろいだが、創作の過程はどのようなものだったのだろうか。苦しくも楽しいクリエイティブの裏側をお話しいただいた。

聞き手＝八木毅

**今回もまた「戦い最短記録」になってしまうのか？**

八木　太田さんは『ティガ』では途中参加でしたが『ダイナ』では始めから参加されています。『ダイナ』の設定や世界観に関してはいかが思われましたか？

**太田**　ネオフロンティアという大枠はあったんですけど、最初は「『ティガ』よりも設定によるしばりをゆるくして、より自由なアイデアで書いてほしい」というお話をいただいていたんです。だから個人的には「振り切ったお話も書けちゃうのかな」って思いました。まあ「オビコを見た！」（『ティガ』27話）も妖怪がお鍋をかぶって立っているわけですから結構振り切れてはいるんですけど（笑）。でも今回はもう少しいろいろな目線で書けるのかなと。だから「こういうのも通るんじゃないのかな」「格闘が少なくてもプロットが採用されやすいかな」ということで、わりと早い段階で「怪盗ヒマラ」（12話）や「少年宇宙人」（20話）のプロットを出していたはずです。とはいいつつ、今回もまた「戦い最短記録」になってしまうのかな？とか、いろいろ気にはしていたんですよ。なにしろ少年ものとか滑稽な宇宙人のお話ですからね。ただ、ヒマラについてはシナリオの段階ではクールな宇宙人で考えていたんですが、上がってきたのを見たら可愛らしい宇宙人になっていたので、私自身、初見のときにはすごく驚きました。あれはあれですごく面白かったのでOKですっていう感じでしたけど。

**八木**　可愛かったですよね！　ちなみに隊員のキャラクターに関してはいかがでしたか？

**太田**　『ダイナ』では最初から参加していたのでキャラクターを一緒に作っていける喜びがありました。初めてゼロからかかわれた作品として登場人物を作っていくのは楽しかったです。それで「主人公以外の人たちも生き生きと描けるといいな」と思って各話のプロットを考えていた記憶があります。それぞれのメンバーに個性があって、しかもスーパーGUTSのチーム感を出せたらいいなって。

## 本編特撮の一体感に驚愕した「遥かなるバオーン」

**八木**　では各話のことを伺っていけたらと思います。最初が8話の「遥かなるバオーン」です。

**太田**　「バオーン」は確か『ティガ』のときに「オビコ」と一緒のころに出した話なんですね。ただ作戦行動があまりに大掛かりなので特撮部分が多くなってしまう。それで『ティガ』では後回しになったものです。『ダイナ』では大ベテランの村石（宏實）監督が「本特」両方をやってくださったんですけど、それでようやく実現した話ですね。

出来上がった映像を拝見して本編と特撮の一体感に驚愕しました。「こんなにつながっているのか」って。本編と特撮が1つの世界になっているのがすごく印象深い作品でした。

**八木**　村石監督はああいうお話が大好きですからね。現場でもすごく楽しそうにやられていたのを覚えています。村人がスーパーGUTSの隊員にいろいろ振る舞ったりするじゃないですか？　あれも全部食べられるように作っているんですよね。あそこは東宝ビルトのオープンを飾って撮影したものですね。

**太田**　みんなが集まって食べたりして日常感がありましたよね。

**八木**　あそこは僕がエキストラを付けているんですけど。1回テストをやったら村石監督が「いいじゃん！　じゃあ八木、行こうか！」って。村石監督は結構ファンタジーをお好きなんです。

**太田**　あれはファンタジーなのかギャグなのかコメディなのか（笑）。そういえば「怪獣漂流」（『ウルトラマンマックス』20話）にも（小野寺）丈さんが出てくださっていますよね。「怪獣漂流」で一番好きなのはご神木を引っこ抜いちゃったマックスが「ああ……」ってなって埋めなおそうとするところ（笑）。見ていて大笑いした覚えがあるので、私はそこまでは書いていなかった気がします。たぶんあれは村石監督のアイデアでしょうね。信心深いウルトラマンなんてあんまり考えたことないですし。

**八木**　「怪獣漂流」のときは太田さんが「思い切りコメディにしましたよ」とおっしゃっていたのを覚えています。村石監督もその気で演出されたんでしょうね。『ダイナ』に話を戻しますと、「バオーン」に続く「怪盗ヒマラ」が早い段階でプロットを提出されていたということでした。

**太田**　「ヒマラ」では「夕焼けの街を盗む場面はどんな感じだろう？」というのが会議で議題になっていたのを覚えています。ト書きでは「ヒマラ、街の中空に向け赤いセロファンを投げる！　夕焼け空を回転しながら飛ぶセロファン。それが中空でピタリと静止。一瞬鋭く発光する。その途端、辺りの風景が大きく傾いて歪む」となっているんですね。「これってどういうイメージで盗まれるのかねぇ?」なんてみんなが困っていたら、高野宏一（監修）さんが「赤い下敷きを投げる感じだろう?」って。それで一斉に「ああー！　そうそうそれそれ！」となったんです。高野さんの当然だろってていう感じの一言で全員がイメージを共有できたんですね。「なんて素晴らしいんだろう、一瞬でこの方は分かるんだ」と感銘を受けました。

**八木**　高野さんはそういう方です

**太田**　他の方のときは分からないのですが、私のときはいろいろ発言してくださいましたね。

**八木**　『ティガ』『ダイナ』ではホン打ち（脚本打ち合わせ）に一度も出たことがなかったので、高野さんがどうかかわられていたかは知りませんでした。でも今のはすごく的確でいい発言ですよね。上の人たちって結構どうしようもないことしか言わないものなんですけど（笑）。

**太田**　「その通りです！」という感じだったのですごくよく覚えています。あとはヒマラワールドですね。ヒマラの世界に入ったときの二宮金次郎像とかは全部、寺井雄二さんを始めとした現場の特撮美術の方が自由奔放に作ってくださったものです。中の風景は一応書いてはいたんですけど、やりたいことがあると皆さんやっちゃいますから（笑）。だから「おまかせします！」っていう感じで。実は私はすごく洋風なものを考えていたんですけど和風になっていて、信楽焼のたぬきなんかもありましたよね。でも温かみがあっていいなって。見てびっくり、すごく楽しませていただいた回でした。

## 「川崎郷太、恐るべし！」

八木　そして名作「少年宇宙人」です。これも早くにプロットがあったということでした。

太田　「少年宇宙人」についてはいろいろなところでお話をさせていただいているんですけど、初めてロケの現場に伺った作品でもあるんですね。助監督の岡秀樹さんから「今、ここで撮影していますよ」ってお電話をいただいて差し入れを持って伺いました。そのとき撮影していたのは神社のシーンで、子どもたちは3人ともいて、アスカくんと悟《さとる》がテレパシーで話をするところでした。現場の方々を初めて紹介していただきましたが、ト書き1行に対してもとても丁寧に、入念に準備をされていて、大勢の人の力を結集して撮られていくんだっていうことを目の当たりにしてすごく感銘を受けました。同時に「心して書かないといけないな」と気持ちを新たにしましたね。

八木　現場を体験するとまた見えてくるものもありますよね。

太田　脚本家って結局は家で1人で仕事をしているじゃないですか？　でも現場に呼んでいただいてお話をしたり、皆さんがどんな風に撮られているのかを見学させていただくのは勉強になりました。その後に脚本を書いていく上でも重要なことだったと思います。あと印象に残っているのはオンエアの当日ですね。その日は次の話のプロットでへとへとになっていて、録画予約はしていたけど起きられなかったんです。そうしたら「今、見た！　よかったよ！」って薩川昭夫さんが電話をくださったんです！　初めて電話でお話しさせていただいたのですが、ドキドキしながら「私はまだ見ていないんだけど、きっと原田（昌樹）監督が素晴らしく仕上げてくださったんだろうな」と思っていました（笑）。それで興奮して一発で目が覚めて録画を見たわけですけど思い出深い回ですね。

八木　素晴らしいエピソードですね。そして次が「ツクヨの兵士」（22話）です。

太田　これは脚本として最も苦労した話です。執筆したのは8月ですごく暑くて、とにかく上がらなくて暑い中を散

カリヤが前転して飛び込んだ悟《さとる》少年の家でのシーン。悟少年たちは五目並べで遊んでいます。「少年宇宙人」より

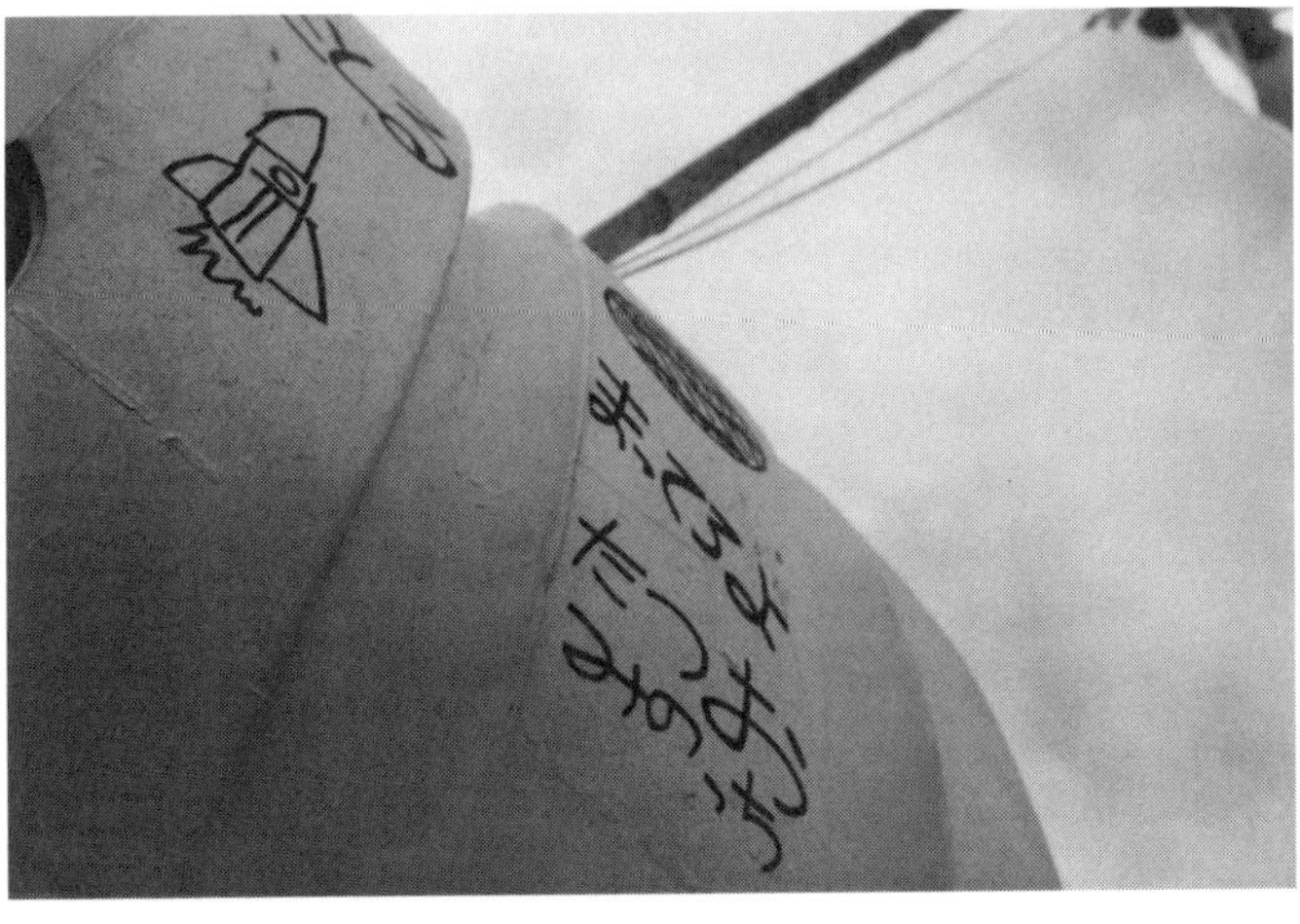

東宝ビルトに作られた美術部渾身のセット。悟たちの秘密基地とその落書き。3人は未来で再会しているのでしょうね。「少年宇宙人」より（撮影：八木毅）

歩していたのを覚えていますね。というのは核にある古代の神話のイメージが膨らみすぎてしまって、次から次へとエピソードが出てきてまとまらなくなってしまったんです。それで「どうしたって30分にまとめるのは無理でしょう」という感じになってしまって。だからそのときに思いついたエピソードのほとんどは使っていないんですよ。全部捨ててとにかくまとめるということに注力しました。今回のインタビューを機に資料を見返してみたら「全然使っていないな」「まんま残っているな」ってあらためて判明して。だから、残っているエピソードはいつかどこかでやりたいなとは思っていますけどね（笑）。まあとにかくこれは苦しかった記憶があります。

**八木**　それは完全版で見たかったですね。

**太田**　そして「ぼくたちの地球が見たい」（41話）ですが、プロットを出した段階では笈田（雅人／企画）さんからは「これは前後編じゃないと無理だね」と言われていたんです。非常に長いプロットでしたから。でも川崎監督が「じゃあ僕がやりましょう」って手を上げて、1本話として作ってくださったんです。ものすごいアップテンポでグッと圧縮して。比べてみると「バオーン」の柱（シーンの場所、時間）の数が56で「少年宇宙人」が58なのに対して、「ぼくたちの地球が見たい」は95なんです。しかも白本（準備稿）では100を超えていた。決定稿にするときに95にまとめましたが、脚本のページ数も通常より7〜8ページは多かったんですね。それをほとんどカットせずに川崎監督が撮ってくださった。「川崎郷太、恐るべし！」という回ですね。

**八木**　7〜8ページ多いということは単純計算で7〜8分多いわけですからすごいです。

**太田**　アップテンポでキレキレで21分ドキドキしっぱなしっていう回でしたね。でも導入部で「ようこそ地球へ」の「へ」が書けないっていうシーンでは「ドンドン！」って効果音を入れて画を引いたりして、笑いのところはたっぷり撮ってくださっています。これは川崎監督にまとめていただけなかったら映像化されていなかっただろうな、ありがとうございましたっていう作品ですね。

**八木** しかも作品の出来もとてもよかったです。

**太田** 子どもたちも上手でしたし船長もよかったですよね。木之元（亮）さんとは「ぼくたちの地球が見たい」のときにお会いしたんですけど、「これは風の話ですね」とおっしゃってくださったんです。宇宙空間は風がないわけで、地球に来て初めてこの子たちは風を知るんだって。それはとてもうれしくて覚えていますね。

**八木** そんなお話をされたんですね。ちなみに木之元さんは今回のインタビューで一番印象に残っている作品は「少年宇宙人」だとおっしゃっていました。

**太田** そうですか。とてもうれしいですね。

**八木** 「少年宇宙人」で神社での撮影現場にいらしたという話でしたけど、あれは本編美術も気合いが入っていたんです。内田（哲也／美術監督）さんが脚本を読んで「八木、これはいいホンだよ」って。それでオープンに子どもの秘密基地を全部作っちゃったんですよね。

**太田** あれもすごくうれしかったですね。子どものころに作りたかった秘密基地、「ああ、もう本当にこんな感じ」というのを実際に作っていただけました。皆さん、情熱を注いで作品に向かわれていましたよね。

**八木** われわれスタッフは準備稿で読むわけですけど、演出部と美術はだいたい同時なんです。ただあのときは内田さんが先に白本を読んでいて「読んだか?」って。「これはすごくいいホンだ」「オープンでやるからさ」ってプランも先に説明されちゃって、こっちがなにかを言うタイミングはなかったですね（笑）。美術監督が言うんだったらそうですねっていうことで。

**太田** そうやって先に決まっちゃったんですね（笑）。スタッフの方にホンを大切にしていただけるのは、脚本家にとって本当にこれ以上うれしいことはないくらいうれしいことです。本編の美術の方も特撮の美術の方も「ああいう風にしたい」「こういう風にしよう」といろいろ考えてくださってありがたかったですね。あと原田監督はよく現場に呼んでくださっていたのでいろいろお話をしたりする機会もあって、皆さんの情熱を感じて幸福な時間でした。『ダイナ』では原田監督と初めてお会いできましたし、原口智生さんとお会いしたのもこのときが初めてだったと思います。「バオーン」をすごくお好きだということで。怖いものを作る方というイメージだったんですけど「バオーン、よかったよ」って。それも印象的でしたね。

## 「太田愛はもともとこういうものを書く人だからね」

**八木** 『ダイナ』では4本の脚本を担当されていますが、振り返ってみていま思われることをお聞かせください。

**太田** 『ティガ』で初めて参加してから『ウルトラマンシリーズ』には長くかかわらせていただきましたけど、全く自由な発想でフィクションを描ける貴重な場所だったなと思います。私は2012年に初めて小説を出版して(『犯罪者』)から、『幻夏』『天上の葦』とずっと社会の問題を扱ってきました。『犯罪者』が企業犯罪で、『幻夏』は司法制度、『天上の葦』が報道の問題ですね。でも2020年の10月に出した『彼らは世界にはなればなれに立っている』という本は架空の街のお話なんですね。これはパウル・ツェランというユダヤ人の詩人の詩の一節からタイトルを取った作品で。そうすると私は現実の話を書く作家だと思われているので、戸惑われた方も結構いらっしゃるようなんです。でも『ウルトラ』のころから私の作品に触れてくださっている方たちは、架空の舞台設定、未来だか過去だか分からない街の話を読んでも全然驚かないわけです。「太田愛はもともとこういうものを書く人だからね」って。刊行後にそういう感想をいただけたのがうれしかったです。私自身はあまりジャンル分けをしないので「このモチーフに必要な設定を考えたらどこにもない街というのが自分にとっては当然」ということであって。ファンタジーを書きました、SFを書きましたっていう意識ではないんですね。でもそういう風に自由にフィクションを書くことのスタートとしてあった場所が『ウルトラマンシリーズ』だったのかなっていう気がします。

**八木**　『彼らは世界にはなれればなれに立っている』はぜひすぐに拝読したいと思います。

**太田**　「『ウルトラ』の世界に戻ってきたな」とおっしゃる方もいらっしゃったのでうれしかったです。八木さんは結構お好きな世界かもしれないのでぜひ（笑）。

**八木**　それは楽しみです。

**太田**　あと『ウルトラ』のファンってすごく熱心な方がいらっしゃるんですよね。前に「小説講座」の講師に呼ばれて山形に行ったことがあって、東京からもたくさんの方がいらしてくださいました。受講生の方の作品を読んで講評したりしないといけないんですけど、最後に質疑応答の時間になったら「あの話はどういう意図で書かれたんですか?」という『ウルトラ』ファンの方からの質問があったんです。そうすると周りの皆さんが「今の題名はどの本のことだ?」ってなる（笑）。

**八木**　「少年宇宙人」はどういう狙いで書かれたんですか?みたいなことですね（笑）。小説のタイトルではないから「小説家」の太田さんのお話を聞きに来た人はびっくりしちゃいますよね。

**太田**　もちろんそれに対してお答えはするんですけど、『ウルトラ』ファンは映像も本も皆さん熱心に接してくださってありがたいです。それが25年も続いているのは幸福なことだなと思いますね。

# 長谷川圭一

Keiichi Hasegawa | Writer

## あくまでもポジティブなラストというつもりでした

『ウルトラマンダイナ』のメインライターとして14本もの脚本を執筆した長谷川圭一氏。『ウルトラマンティガ』でデビューした翌年にここまで大抜擢されたということで、プロデューサー陣の期待も高かったことが伺える。『ダイナ』立ち上げの経緯や各話の詳細はもとより、大きな議論を呼んだ最終話の解釈についてもお話を聞いていくことにしよう。そう、アスカは死んでいないのだ！

聞き手＝八木毅

### 矛盾したオーダーの中で作らないといけなかった

八木　長谷川さんは『ティガ』で脚本家としてデビューされ引き続き『ダイナ』にも参加されています。しかも第1〜2話を担当されているメインライターですね。

長谷川　でも最初はコンペだったんですよ。だから他の脚本家さんも参加していて。(小中)千昭さんは『ティガ』で燃え尽きたとご本人がおっしゃっていたので参加していませんけど。

八木　『ティガ』の最終回に向かう中で『ダイナ』の話も進んでいたということですね。

**長谷川**　どの辺で重なっていたのかはちょっと覚えていないけど、『ティガ』最終回の翌週には『ダイナ』の第1話を放送するわけだからある程度早めには作業をしていたはずだよね。

**八木**　撮影とのズレはだいたい2ヵ月くらいですかね。ただ『ダイナ』の立ち上げ時には僕は『ティガ』の最終回を作っていたはずなので、最初のころのことは分からないんです。『ダイナ』はアタマだけ別班体制でしたから。

**長谷川**　確かコンペの前に1回、大西信介さんと2人でプロットを出させてもらったことがあったんだよね。旅する話で、主人公の感情が怒りに振れると怪獣にも変身しちゃうっていう全体的にちょっと変化球な企画で、これはNGになった。その後にたぶん丸谷（嘉彦／企画）さんの方から「ティガの続編的なやつで」っていうオーダーがあったみたいで、リセットされてあらためてコンペに参加したという経緯ですね。

**八木**　確かに高野宏一さん主導でロードムービー的な企画があったという話は聞いたことがあります。でも予算なんかを考えると、毎回いろいろなところを舞台にするっていうのは難しいですよね。

**長谷川**　『ウルトラマン』としてもテイストが違いすぎだよね。それで結果的に『ティガ』の続編の『ダイナ』ということになった。これは正しい判断だったんじゃないかな。だからこそ『ガイア』につながっていったような気もするしね。

**八木**　普通は「ガラッと変えて」というリクエストが出るので「続編を」というのは珍しいですね。でも妄想ですけどそのまま『ティガ』シリーズがどんどん続いてキャラクターを増やしたりしていたら、『スター・トレック』みたいになったかもしれないですね。それはともかく、『ダイナ』は続編とはいいながらネオフロンティアという設定があって火星から始まったりもしますからかなりの新機軸でした。

**長谷川**　そこは矛盾した話で『ティガ』とはガラリと変えたい。『ティガ』はちょっと変化球だったけどもっと王道にしたい。要は『ウルトラセブン』を初代『ウルトラマン』にしたいくらい作品観を変えたいというオーダーがあって、その一方では『ティガ』の続編ですっていうわけだからさ（笑）。そういう矛盾したオーダーの中で作らないといけなかった。でも『ティガ』の映画『ウルトラマンティガ&ウルトラマンダイナ』がわりと早い時期に決まっていたので、最初の2クールは基本的には『ダイナ』の世界観で押していくっていうことでした。だから『ティガ』の続編っていう設定はそれほど意識しないでもやれたのかなっていう気はしますね。あと右田（昌万）さんたちがまとめたと思うんだけど、企画書は「宇宙で活躍するウルトラマン」っていうイメージが強かった。「いろいろな惑星に行って活躍します」みたいなことが書いてあったからね。それで「これは宇宙ものなんだな」と思って書いたら没になっちゃって。「企画書は企画書だよ」なんて言われたんじゃなかったかな。「金星の雪」（44話）なんかもプロットはすごく早く出していたんだけど、特撮班が大変だっていう話もあってなかなかできなかった。スフィアっていうのもシリーズを通して構想していたんだけど、江藤（直行／シリーズ構成）さんからは「いや、そんなに出さないでいいよ」みたいな話もあったしね。あまり縦筋にこだわって強くすると江藤さんがやりたかった『ダイナ』感からはズレていっちゃうということだったんでしょうね。映画でもスフィアで考えていたし「移動要塞《クラーコフ》浮上せず！・前後編」（25〜26話）もスフィアで考えていたんだけど、結局あのタイミングでは出せなかった。でもその名残としてスヒュームっていう名前があるんだけど（笑）。

**「燃える話を！」**

八木　1〜2話は火星で始まりますが3話以降はだいぶ変わりましたよね。

長谷川　昭和への原点回帰みたいなことを意識していたみたいですね。だから『ティガ』より時代が戻ったという感じはあったかな。例えば「目覚めよアスカ」（3話）の射撃訓練シーンだって書き割りを銃で撃つみたいな感じだったじゃない。そこは意識していたのかな。

**八木** 書き割りを撮ったのはよく覚えていて、「なんだろう?」と思っていたんですよね。話は戻りますけど1～2話の後が「二千匹の襲撃」（9話）じゃないですか。これは王道な『ウルトラ』ですよね。

**長谷川** 結局、宇宙が舞台のプロットをいくつか書いたけど通らなかったんだよね。それで「もうちょっと王道のもので」ということで軌道修正した。「優しい標的」（15話）なんかもそうだね。まあ「闇を呼ぶ少女たち」（18話）みたいな悪魔の話も書いちゃったんだけど（笑）。

**八木** 「闇を呼ぶ少女たち」は王道ではないですけど宇宙の話ではないですからね。

**長谷川** ネオフロンティアっていうテーマをずっと推すのかなと思っていたら、そういう話がなかなか上がってこなくてね。だから「クラーコフ」で久しぶりにネオフロンティアをネタにして書けたかなっていう感じでした。後半は「金星の雪」もできたし最終章の3話は全部宇宙だよね。だから地球では一切戦わないっていうことで。

**八木** 宇宙を舞台にしたSFってスケールが壮大でいいですよね。『ダイナ』の魅力の1つはそこにあると思います。そして「クラーコフ」はもともと『ティガ』用に書かれたものだということですが素晴らしい作品になりました。

**長谷川** 最初は『ティガ』のシンジョウとヤズミの話だったの。でも結果的には女性隊員2人でよりよくなったと思うけどね。ヤズミが未熟な感じなのでそれをそのままマイに流用したということかな。

**八木** そうするともともとは歌も歌っていないわけですね。

**長谷川** あれはかなりギリギリで決まってきたからね。しかも最初はダイブハンガーが宇宙人にシステムを乗っ取られて沈んだまま浮上しない、酸素が切れるみたいな話で。だからサワイ総監も含めてみんながピンチみたいな話だっ

© 円谷プロ

キャストの皆さんが必ず挙げる名作「移動要塞《クラーコフ》浮上せず！」の浸水セット。大変な撮影でしたが素晴らしい映像になりました

たんだよね。
**八木**　すごい話だったんですね。
**長谷川**　でもなかなか『ティガ』に入れるタイミングがなかった。それで『ダイナ』に入ることになったんだけど、映画『ウルトラマンティガ&ウルトラマンダイナ』公開と放送が近いタイミングで。映画でもマイが活躍するから、その前段階としてマイの精神的な成長を描いておくっていうのもあったんだよね。まあでもやっと実現できてうれしかったよ。前後編でやらせてもらえたからあれだけのスケールでできたし。
**八木**　「クラーコフ」の前にスーパーGUTSのメンバーやスタッフで飲みにいきませんでしたっけ？　そこでスーパーGUTSの面々が長谷川さんに「燃える話を！」ってリクエストをしていて。長谷川さんが「大丈夫、今度書くから」って答えていた記憶があります。
**長谷川**　スーパーGUTSとはよく飲みにいっていたっていうイメージが強いな。
**八木**　僕も役者担当だったのでよく飲みにいっていて、そこが『ティガ』のときとは違うんですよね。
**長谷川**　『ティガ』ではスタッフみんなで飲んだのは1回か2回くらいじゃないかな。「怪獣を待つ少女」（9話）のロケ終わりで飲んだのが最初かな。『ダイナ』は役者も若かったし楽しかったよね。

## 「怪獣殿下」がベースにあった「滅びの微笑・前後編」

**八木**　そしてもう1つの前後編が「滅びの微笑・前後編」（35〜36話）ですね。
**長谷川**　あれは最初から大阪・神戸でロケするのが決まっていたのでシナハン（シナリオハンティング）にも連れていってもらいました。それでいろいろ歩いて考えていたんだけど、大阪城を見たらどうしてもゴモラ（『ウルトラマン』「怪獣殿下・前後編」）の映像が頭に浮かんでね。やっぱりゴモラの話をベースにしたい、その上で『ダイナ』の世界を乗せていこうということで書いたものですね。
**八木**　『ティガ』のキャラクターと『ダイナ』のキャラクターが活躍しますし結婚したホリイも出てきますね。
**長谷川**　ホリイには子どももいるし。ホリイのことは『ティガ』から書いてきてあそこまでつなげられるとは思ってなかったけど、久しぶりに出るから家族を描きたいなっていうのはあったんだよね。
**八木**　『ティガ』での出会いから始まって結婚、そして子どもの話まで、長谷川さんはホリイ一家の歴史を描かれたわけですね。
**長谷川**　あそこではGUTSメンバーも出せたから、『ティガ』の続編ということで世界観を引き継ぐことができたのはよかったですね。
**八木**　しかも「怪獣殿下」がベースにあったという。だから『ウルトラマン』の上に『ティガ』と『ダイナ』が乗っているような複雑な構造ということですね。
**長谷川**　あとはリーフラッシャーの紛失、そこはやりたかった。ホリイの子どもたちを活躍させたいっていうのもあったし。あれはうまくはまったなって思います。
**八木**　久しぶりにGUTSがそろったから楽しかったですよね。
**長谷川**　GUTSのメンバーもスーパーGUTSのことをすごく意識していたよね。どうしても比べられるじゃない？　でも共演することでお互いにやっと通じた感じがしたしそれは画面からも出ていたと思う。
**八木**　どちらの隊もチームワークは抜群で人もよかったですよね。
**長谷川**　チームワークが強いだけにいい意味で「負けたくない」という気持ちがお互いに強かったんじゃないかな。

八木　「滅びの微笑」は村石（宏實）監督ならではの地方ロケを駆使した王道の前後編で作品としても素晴らしかったです。神戸ロケの前後編ということで『ウルトラセブン』「ウルトラ警備隊西へ・前後編」も思い出されました。

## 「アスカが帰ってくるのはいけない」

八木　そして先ほども名前が挙がった「金星の雪」ですね。

長谷川　これは「やっとできた」ということでしたね。ギリギリまで特撮の人たちは「大変だ」って怒っていたんだけど、実際にやるとなったら満留（浩昌）さんはものすごく頑張ってくれました。満留さんが原案の「あしなが隊長」（43話）との2本持ちで特技監督でしたしね。

八木　そしていよいよ最終章の3話に突入です。

長谷川　アスカは無茶なガキで単細胞キャラだけど裏には繊細な部分もある。それにリョウとの関係もあるし隊員たちとの関係もある。あとは正体バレをどういう形で描くのか。そしてスフィアとの決着と、最終章の3話で描かなきゃならない要素は満載で。けどその前にゴンドウ参謀にもケリをつけたかったので、最終回直前にブラックバスター隊女性隊長サエキ・レイカを登場させたり人造ＵＬＴＲＡＭＡＮを出したりさらに要素を増やしちゃった。「最終章Ｉ 新たなる影」（49話）はちょっと独立した感じで決着をつけて、残り2話ですべて描こうと腹をくくりました。でも実際やっぱり尺に収まりきらずに、折角苦労して撮影したのにカットするしかないシーンがいくつもあって本当に申し訳なかったです。

八木　ラストについてはどのようなお考えでした？

長谷川　前向きなアスカが進化してお父さんと同じように消えていく。そういう『２００１年宇宙の旅』のようなイメージは最初からありました。でもそれは人間が次のステージに向かって進化するということで、決してアスカが死ぬということではないんです。その点がうまく伝わらずに多くの視聴者に悲しい思いをさせてしまったみたいで、ちょっと説明が足りなかったのかもしれない。

**八木**　アスカは超えていったということですよね。長谷川さんとは当時よく「死んだように見えるかな?」という話をしていました。でも脚本には「アスカが死ぬ」という意図ははっきりなかったわけですね。

**長谷川**　アスカは前に進んでいるからスーパーGUTSも追いつこうっていうことだよね。つまり人類がウルトラマンに追いついていこうということで、あくまでもポジティブなラストというつもりでした。

**八木**　だから「アスカが帰ってくるのはいけない」ってずっと話していましたよね。逆にみんながアスカに追いつくべきだって。

**長谷川**　実は僕もちょっと不安があってシナリオ段階でいくつかどちらともとれる描写のアイデアを出して相談したんだけど。やっぱり和哉さんがそこはダメだって言って。帰ってくるような描写はテレビではやるべきではないっていうことでした。

**八木**　最終章の3話を再編集したバージョンでは、「本当の戦いはここからだぜ!」っていうアスカの声を小中監督が入れたんですよね。

**長谷川**　あれがあるとないでは印象が全然違うからね。(テレビ版では)ずいぶん切ったシーンもあったけど、再編集版ではそれをすべて復活させてもらえました。あれは奇跡です。

**八木**　バーのシーンなんかは追撮(追加撮影)もしましたよね。

**長谷川**　ヒビキ隊長とイルマ参謀が語り合うところだよね。あそこまでの裏話の描写はテレビではなかなかやれないので本当に特別編な感じでよかった。
**八木**　一方で映画『大決戦！超ウルトラ8兄弟』では並行世界ということでギリギリやりましたけど。
**長谷川**　『超8兄弟』では昭和も含めて悲しいことや先を見据えていなかったことをメタ的にいろいろ並べたところはある。幸せな並行世界だよね（笑）。
**八木**　考えられる一番幸せな並行世界ですよね。
**長谷川**　みんなご近所に住んでいてね。
**八木**　本当にすごい町ですよね。当時、長谷川さんと話していて『ダイナ』の壮大なテーマは分かっていたんですけど、一方でアスカとリョウを結びつけてあげたいという気持ちが強くあったんです。それは並行世界だったらいいなっていうことで。『ダイナ』はそういうことを思わせる作品なんだと思います。
**長谷川**　あの後に『ウルトラマンサーガ』で最初はアスカが1回帰ってくるみたいな脚本も書いたんだけど、やっぱりつるの（剛士）さん自身が「帰れないですよ」「スーパーGUTSが追いついてくるのを待っていますよ」って言っていて。つるのさんの中でもしっかりしているんだよね。つるのさんは芯が真っ直ぐな人間で本当にアスカだった。今でもアスカのキャラクターを大切にしてくれているし、ありがたいよね。

## 自分が書いた話だけをつなげても見えてくるものがある

**八木**　ではメインライターとしてかかわられた『ダイナ』についていま思われることを聞かせください。
**長谷川**　『ダイナ』では最初のころはとにかくアスカを中心に描いていく、主人公を目立たせるという方針があったからナカジマ、カリヤの話をもう少しできたらなっていうのがちょっと心残りかな。

八木　確かにあの2人の回は多くないですよね。
長谷川　ナカジマと父親との話は最終回でやったけど、それ以外にもナカジマ話のプロットは出していて。悪魔の話だったんだけど、ボツになったのでアスカが主役で女子高生の悪魔ものに作り変えたんだよね。でもそのボツになった話をなぜか（小野寺）丈さんが読んでいてとっても気に入ってくれていたんです。記憶が曖昧だけど、もしかしたら白本（準備稿）は刷られていてそれを読んだのかな。
八木　最終回の丈さんのところはいいシーンでしたよね。
長谷川　あれって撮影の最終日だったよね？
八木　そうでした。丈さんのシーンをやってアスカのグリーンバックで終わった気がします。
長谷川　だからからみのシーンではあれが最後だった。
八木　アスカもそうですがナカジマも父との関係が重要でしたね。
長谷川　「父と息子」っていうのを強く意識していたわけではないんだけど、振り返ってみると他の作品でも結構そういうモチーフが多いんだよね。アニメなんかでも父との話を書いているし。あとは小中さんが考えた「乗り越えていく」というコンセプトだよね。これは父との関係だけではなくて人類を超えていくということのメタファーにもなっている。丈さんに関しては実際にお父様との関係をかぶせたところはありますよね。
八木　『スター・ウォーズ』にしろ『巨人の星』にしろ「父と息子」というのは普遍的なテーマとしてありますよね。
長谷川　まあ父親というのは目標っていうか超えるべき存在ですよね。
八木　でもウルトラの父はそうではないんですけど（笑）。
長谷川　すぐ死んじゃうからね（笑）。まあそれはともかく、『ダイナ』では初めて第1～2話を書かせてもらって、映画も書いたし最終章の3話も書いた。『ティガ』では途中参加だったから『ダイナ』にここまで深くかかわれるとは思っていなかったな。

**八木**　そういう意味でも思い出深い作品ですね。

**長谷川**　『ダイナ』の魅力は縦筋にはとらわれず1本1本がバラエティに富んだ完結性の高いシリーズで、初代『ウルトラマン』的な面白さにあると思うんだよね。でも自分が書いた話は意図的に縦筋にこだわっているというか（笑）、それだけをつなげても見えてくるものがある。つまり1話完結話と縦筋話の混在がさらにバラエティの幅を広げることになったのかなって。総集編的なDVDではその話だけつなげたり、小説版も書いたりしているんだけどね。まとめると『ダイナ』に関しては自分の中ではかなり満足度が高い。『サーガ』では後日談までできたしね。あのときはスーパーGUTSのみんなが集まって20年ぶりくらいに制服を着たけど全然違和感がなかった。不思議な気持ちでしたね。後にイベントなんかで隊員が集まってもしゃべっている雰囲気はスーパーGUTSそのままだし。

**八木**　現場もまさにあのままでした。

**長谷川**　木之元（亮）さん以下みんなあのまんま（笑）。本当にいいチームだったと思います。

# 放送リスト

| 話数 | サブタイトル | 公表年月日 | 原案 | 脚本 | 監督 | 特技監督 |
|---|---|---|---|---|---|---|
| 1 | 新たなる光（前編）<br>ダランビア<br>ネオダランビア 登場 | 1997/9/6 | | 長谷川圭一 | 小中和哉 | 大岡新一 |
| 2 | 新たなる光（後編）<br>ネオダランビア<br>グラレーン 登場 | 1997/9/13 | | 長谷川圭一 | 小中和哉 | 大岡新一 |
| 3 | 目覚めよアスカ<br>グロッシーナ<br>サイクロメトラ 登場 | 1997/9/20 | | 吉田　伸 | 石井てるよし | 佐川和夫 |
| 4 | 決戦！地中都市<br>ダイゲルン 登場 | 1997/9/27 | | 右田昌万 | 石井てるよし | 佐川和夫 |
| 5 | ウイニングショット<br>シルドロン 登場 | 1997/10/4 | | 古怒田健志 | 原田昌樹 | 北浦嗣巳 |
| 6 | 地上最大の怪獣<br>フォーガス 登場 | 1997/10/11 | | 武上純希 | 原田昌樹 | 北浦嗣巳 |
| 7 | 箱の中のともだち<br>ギャビッシュ<br>ダイス星人 登場 | 1997/10/18 | | 川上英幸 | 村石宏實 | 村石宏實<br>満留浩昌 |
| 8 | 遥かなるバオーン<br>バオーン 登場 | 1997/10/25 | | 太田　愛 | 村石宏實 | 村石宏實 |
| 9 | 二千匹の襲撃<br>ギアクーダ 登場 | 1997/11/1 | | 長谷川圭一 | 石井てるよし | 佐川和夫 |
| 10 | 禁断の地上絵<br>デキサドル<br>ゼネキンダール人 登場 | 1997/11/8 | | 右田昌万 | 石井てるよし | 佐川和夫 |
| 11 | 幻の遊星<br>モンスアーガー<br>ハネジロー 登場 | 1997/11/15 | | 川上英幸 | 原田昌樹 | 原田昌樹 |
| 12 | 怪盗ヒマラ<br>ヒマラ 登場 | 1997/11/22 | | 太田　愛 | 原田昌樹 | 原田昌樹 |
| 13 | 怪獣工場<br>ガラオン 登場 | 1997/11/29 | | 川上英幸 | 北浦嗣巳 | 北浦嗣巳 |
| 14 | 月に眠る覇王<br>ヌアザ星人 登場 | 1997/12/6 | | 古怒田健志 | 北浦嗣巳 | 北浦嗣巳 |
| 15 | 優しい標的<br>ギャンザー<br>クレア星雲人 登場 | 1997/12/13 | | 長谷川圭一 | 村石宏實 | 村石宏實 |
| 16 | 激闘！怪獣島<br>ネオザルス<br>クローンシルバゴン<br>クローンシルドロン<br>ハネジロー 登場 | 1997/12/20 | | 川上英幸 | 村石宏實 | 村石宏實 |
| 17 | 幽霊宇宙船<br>ゾンバイユ<br>シルバック星人 登場 | 1997/12/27 | | 右田昌万 | 石井てるよし | 佐川和夫 |

| 話数 | サブタイトル | 公表年月日 | 原案 | 脚本 | 監督 | 特技監督 |
|---|---|---|---|---|---|---|
| 18 | 闇を呼ぶ少女たち<br>ビシュメル 登場 | 1998/1/10 | | 長谷川圭一 | 石井てるよし | 佐川和夫 |
| 19 | 夢幻の鳥<br>コカクチョウ 登場 | 1998/1/17 | 円谷一夫 | 武上純希 | 原田昌樹 | 原田昌樹 |
| 20 | 少年宇宙人<br>ラセスタ星人 登場 | 1998/1/24 | | 太田　愛 | 原田昌樹 | 原田昌樹 |
| 21 | 発熱怪獣3000度<br>ソドム 登場 | 1998/1/31 | | 古怒田健志 | 北浦嗣巳 | 北浦嗣巳 |
| 22 | ツクヨの兵士<br>モズイ 登場 | 1998/2/7 | | 太田　愛 | 北浦嗣巳 | 北浦嗣巳 |
| 23 | 夢のとりで<br>ディプラス 登場 | 1998/2/14 | | 大西信介 | 小林義明 | 佐川和夫 |
| 24 | 湖の吸血鬼<br>マリキュラ 登場 | 1998/2/21 | | 川上英幸 | 小林義明 | 佐川和夫 |
| 25 | 移動要塞《クラーコフ》浮上せず!(前編)<br>レイキュバス<br>ディゴン<br>スヒューム 登場 | 1998/2/28 | | 長谷川圭一 | 村石宏實 | 村石宏實 |
| 26 | 移動要塞《クラーコフ》浮上せず!(後編)<br>レイキュバス<br>ディゴン<br>スヒューム 登場 | 1998/3/7 | | 長谷川圭一 | 村石宏實 | 村石宏實 |
| 27 | 怪獣ゲーム<br>デマゴーグ<br>チェーン星人(レフト・ライト)<br>グロッシーナ II 登場 | 1998/3/14 | | 吉田　伸 | 児玉高志 | 佐川和夫 |
| 28 | 猿人の森<br>ギガンテス 登場 | 1998/3/21 | | 武上純希 | 児玉高志 | 佐川和夫 |
| 29 | 運命の光の中で<br>ガイガレード 登場 | 1998/3/28 | | 吉田　伸 | 北浦嗣巳 | 北浦嗣巳 |
| 30 | 侵略の脚本《シナリオ》<br>ガラオン<br>ミジー星人 登場 | 1998/4/4 | | 川上英幸 | 北浦嗣巳 | 北浦嗣巳 |
| 31 | 死闘!ダイナVSダイナ<br>ニセウルトラマンダイナ<br>モンスアーガーII<br>グレゴール人 登場 | 1998/4/11 | | 増田貴彦 | 原田昌樹 | 原田昌樹 |
| 32 | 歌う探査ロボット<br>サタンラブモス 登場 | 1998/4/18 | | 右田昌万 | 原田昌樹 | 原田昌樹 |
| 33 | 平和の星<br>メノーファ<br>ナルチス星人 登場 | 1998/4/25 | | 長谷川圭一 | 小中和哉 | 佐川和夫 |
| 34 | 決断の時<br>バゾブ 登場 | 1998/5/2 | | 吉田　伸 | 小中和哉 | 佐川和夫 |

| 話数 | サブタイトル | 公表年月日 | 原案 | 脚本 | 監督 | 特技監督 |
|---|---|---|---|---|---|---|
| 35 | 滅びの微笑（前編）<br>ジオモス 登場 | 1998/5/9 | | 長谷川圭一 | 村石宏實 | 村石宏實 |
| 36 | 滅びの微笑（後編）<br>ネオジオモス<br>ジオモス 登場 | 1998/5/16 | | 長谷川圭一 | 村石宏實 | 村石宏實 |
| 37 | ユメノカタマリ | 1998/5/23 | | 村井さだゆき | 服部光則 | 服部光則 |
| 38 | 怪獣戯曲<br>ブンダー 登場 | 1998/5/30 | | 村井さだゆき | 実相寺昭雄 | 佐川和夫 |
| 39 | 青春の光と影<br>ゾンボーグ<br>クローンダイゲルン 登場 | 1998/6/6 | | 吉田　伸 | 児玉高志 | 佐川和夫 |
| 40 | ジャギラの樹<br>ゴッドジャギラ 登場 | 1998/6/13 | | 六本木　学 | 児玉高志 | 佐川和夫 |
| 41 | ぼくたちの地球が見たい<br>ダイオリウス 登場 | 1998/6/20 | | 太田　愛 | 川崎郷太 | 川崎郷太 |
| 42 | うたかたの空夢<br>レギュラン星人<br>マウンテンガリバー5号 登場 | 1998/6/27 | | 川崎郷太 | 川崎郷太 | 川崎郷太 |
| 43 | あしなが隊長<br>ゴルザII 登場 | 1998/7/4 | 満留浩昌 | 右田昌万 | 村石宏實 | 満留浩昌<br>村石宏實 |
| 44 | 金星の雪<br>グライキス 登場 | 1998/7/11 | | 長谷川圭一 | 村石宏實 | 満留浩昌<br>村石宏實 |
| 45 | チュラサの涙<br>トロンガー 登場 | 1998/7/18 | | 上原正三 | 髙野敏幸 | 髙野敏幸 |
| 46 | 君を想う力<br>モルヴァイア<br>謎の怪獣軍団 登場 | 1998/7/25 | 円谷一夫 | 右田昌万 | 原田昌樹 | 原田昌樹 |
| 47 | さらばハネジロー<br>デビルファビラス<br>ファビラス星人 登場 | 1998/8/1 | | 川上英幸 | 原田昌樹 | 原田昌樹 |
| 48 | ンダモシテX<br>モゲドン<br>チャダビン星人 登場 | 1998/8/8 | 京本政樹 | 右田昌万<br>武上純希 | 北浦嗣巳 | 北浦嗣巳 |
| 49 | 最終章I　新たなる影<br>ゼルガノイド<br>テラノイド<br>ネオダランビアII 登場 | 1998/8/15 | | 長谷川圭一 | 小中和哉 | 大岡新一 |
| 50 | 最終章II　太陽系消滅<br>グランスフィア<br>ネオガイガレード 登場 | 1998/8/22 | | 長谷川圭一 | 小中和哉 | 大岡新一 |
| 51 | 最終章III　明日へ…<br>グランスフィア<br>ネオガイガレード 登場 | 1998/8/29 | | 長谷川圭一 | 小中和哉 | 大岡新一 |

# PROFILE in order of appearance

## 加瀬信行（かせ・のぶゆき）

1972年2月16日生まれ。千葉県出身。1990年俳優養成所入所、1991年卒業。
ドラマ:『La cuisine 鰻編』(1993)、『ウルトラマンダイナ』(1997)、『櫂』(1999)、『東京恋愛物語』(2001)、『愛の110番』(2003)、『電車男』(2005)、『偽りの花園』『のだめカンタビーレ』(2006)、『トライアングル』(2009)、『大岡越前』(2013)、『新聞記者』『ハコヅメ』『世にも奇妙な物語』(2021)など。
舞台:『グランドホテル』(1990)、『シャラブ』(1992)、『朝から夜中まで』(1995)、『闇の皇太子』(2012)、『南無 I LOVES』(2015)など。
映画:『ウルトラマンティガ THE FINAL ODYSSEY』『ウルトラマンコスモス2 THE BLUE PLANET』(2002)、『大決戦！超ウルトラ8兄弟』(2008)、『カイジ』(2009)、『ウルトラマンサーガ』(2012)など。

## 丈（じょう）

本名 小野寺丈 。俳優、劇作家、演出家、演劇プロデューサー。20歳の時、JOE Companyを劇団として旗揚げ。その後、10年間活動休止し、2003年にプロデュースユニットとして再出発。ほぼ全作品、脚本、演出を務め、ユニークな発想、緻密な構成、大胆な演出で独自の世界を築き、観客動員を伸ばして本多劇場や紀伊國屋ホールにも進出する。

三遊亭圓窓に師事した落語は、セミプロの腕前。ひとり芝居も評価が高い。

小説執筆や映画監督、オペラミュージルの演出など新たなフィールドへの挑戦が始まっている。2020年に集団としての活動の重要性を再認識し、若い演者たちの育成にも力を入れ、LAPITA☆SHIPというユニットを旗揚げ。

2021年4月より改名し、苗字を取った、丈 という名前で活動中。

俳優として、主なレギュラー作品:フジテレビ系『スケバン刑事 1、2』、TBS系『HOTEL』、TBS系『ウルトラマンダイナ』、テレビ朝日系『おみやさん』

現在、テレビ朝日系2時間ドラマ「終着駅」シリーズにレギュラー出演中。

初監督作品『7ナナ』は2022年に掛けて全国のミニシアター系にて順次上映予定。脚本、監督の2作目『いちばん逢いたいひと』も公開を控える。

現在、宮古テレビとYouTubeチャンネルで、初トーク番組「丈熱BAR」を公開中。

## つるの剛士（つるの・たけし）

1975年5月26日生まれ。福岡県北九州市出身 藤沢市在住。

『ウルトラマンダイナ』のアスカ隊員役を熱演した後、2008年に“羞恥心”を結成しリーダーとして活躍。一躍時の人として人気を博す一方で、2009年にカバーアルバム『つるのうた』をリリースし35万枚を売上げオリコン1位を記録。続いてセカンドカバーアルバム『つるのおと』では25万枚を売上げ、トータル60万枚のセールスを記録し、以降精力的に音楽活動を行っている。将棋・釣り・楽器、サーフィン・バイクなど趣味も幅広く、好きになったらとことんやらなければ気が済まない多彩な才能の持ち主。二男三女の父親。

## 布川敏和（ふかわ・としかず）

1965年8月4日生(56歳)、神奈川県川崎市出身。
1981年にTBS『2年B組仙八先生』にてデビュー後、翌年にシブがき隊結成。アイドルとして活動したのち、俳優・タレントとして幅広く活躍している。
【ドラマ】『2年B組仙八先生』『踊る大捜査線』『松本清張スペシャル「疑惑」』『ウルトラマンダイナ』『世にも奇妙な物語』、他
【映画】『20世紀少年 第1章 終わりの始まり』『ウルトラマンメビウス＆ウルトラ兄弟』『デビルマン』、他

## 斉藤りさ（さいとう・りさ）

東京都出身。1992年SEXY MATESとしてCDデビュー、その後bayfmを始めとしてラジオDJとして活動。1997年～『ウルトラマンダイナ』ユミムラ・リョウ役で出演。2018年一身上の都合により芸能界引退。

## 笈田雅人（おいだ・まさと）

1965年8月3日：東京都生まれ、神奈川県川崎市・横浜市育ち。1989年3月20日：明治学院大学経済学部経済学科卒業。在学中、体育会弓道部に所属し、選手として活躍。1989年4月1日：円谷プロダクション入社。版権営業に携わる一方、新作制作にAPとして参加。『ウルトラマンキッズ』『電光超人グリッドマン』等。1996年：『ウルトラマンティガ』でプロデューサーとなる。製作部に異動し企画／プロデューサーとして『ダイナ』『ガイア』『ブースカ!ブースカ!!』を担当。2001年5月：中国支社「上海円谷企画有限公司」に現地責任者として出向。2004年7月：円谷プロを退社。暫く、中国キャラクター映像事業に関与。2006年4月：同社再入社し、『ウルトラマンティガ』の中国展開を務める。2009年2月末日：「高野宏一氏を偲ぶ会」に出席後、同社を完全退職。同年10月：天空社と『上海グルメ紀行』を日中共同制作。2010年3月：有限会社Visual Front Line institute法人登記・主宰。VFLオリジナル特撮企画を中国5社と仮契約まで結ぶが、本契約移行時に、交渉決裂し実現ならず。現在、新機軸で軌道修正中。

【2021年11月21日現在】

## 円谷一夫（つぶらや・かずお）

1961年1月18日生まれ。1983年3月、玉川大学英米文学科卒業。同年4月、株式会社円谷プロダクション入社。営業部に配属されて、出版物、玩具、文房具、レコード・CD等の商品化権の業務に携わる。関連会社、株式会社円谷エンタープライズの業務を3年間兼務し円谷プロ作品の再放送の販売を行なう。

その後、円谷プロダクション営業部課長、営業部長、常務取締役を経て、1995年に4代目社長に就任、円谷プロダクション作品の製作および監修を行ない、2003年に会長、2008年名誉会長に就任。2009年に円谷プロダクションを退職。

好きなアーティスト：十亀秀暢（ラベルクリエイター）

好きなテレビ番組：ゴリパラ見聞録（テレビ西日本）

好きなラジオ番組：岡野美和子の「あの頃青春グラフィティ」（ミュージックバード）

【2021年11月11日時点】

## 山田まりや（やまだ・まりや）

1980年3月5日愛知県生。1996年にデビューし、第1回ミスヤングマガジングランプリを受賞。グラビアアイドルとして、また数多くのバラエティ番組で活躍。『ウルトラマンダイナ』でミドリカワ・マイを演じる。その後も女優としてテレビや舞台でも活躍。2013年、難病クローン病との10年にわたる闘病生活を公表。2008年に舞台俳優の草野徹と結婚し、2012年男児を出産。執筆業としても『食事を変えたら、未来が変わった！』等の著書がある。

【TV・バラエティ等】1996年『ムーンスパイラル』『BiKiNi』、1997年『スーパーJOCKEY』、1998年『拝啓!! 刑事プリ夫様』『仰天！めんたまりや』、1999年『すずらん』『元禄繚乱』、2000年『浪速少年探偵団』、2001年『金田一少年の事件簿』、2007年『お・ばんざい！』、2011年『ドデスカ！』、2012年『資格☆はばたく』

【映画】2006年『ウルトラマンメビウス&ウルトラ兄弟』、2010年『不食の時代 〜愛と慈悲の少食〜、』2014年『ガキ☆ロック』

【舞台】2004年、2005年『年上の女−夫婦漫才一代記−』、2005年『ちょっといいかな、女たち』『丹下左膳』、2007年『雪まろげ』『しとやかな獣』『キル』、2008年『そのまま!』『悪い冗談のよし子』、2009年『すいとんメモリーズ 〜香葉子と三平、もぉタイヘンなんスから〜』『流れ星』『「新宿ジャカジャカ」〜その日ギターは武器になったのか〜』、2010年『ぺてんばなし』、2011年『現代狂言V 狂言とコントが結婚したら』『校長失格』『嫉妬.混む!』

他多数

## 木之元 亮（きのもと・りょう）

本名：木野本良一（きのもと・りょういち）、北海道釧路市出身（1951年生まれ）。

1977年『太陽にほえろ！』（NTV）のロッキー刑事役でデビュー。『ごちそうさま』（NTV）など、情報番組（『TVタックル』EX、など）、旅・グルメ番組（『いい旅・夢気分』TX、など）のレポーターでも多数出演。

主な出演作品

テレビ：NTV『太陽にほえろ！』（ロッキー刑事役）、NHK『真田太平記』（向井佐平次役）、TBS『ウルトラマンダイナ』（スーパーGUTS隊長、ヒビキ・ゴウスケ役）、NHK『真田太平記』（九度山の長、長兵衛役）、など

映画：『修羅の群れ』『ションベン・ライダー』、など

舞台：松竹『K2』、など

## 髙野敏幸（たかの・としゆき）

1956年12月生 北海道函館市出身。
1976年、円谷プロ『ボンフリー』美術助手として参加。東宝映画『惑星大戦争』特撮中野組に初助監督として付く。特撮関係：『火の鳥』『首都消失』『コセイドン』に参加。1993年 円谷プロ、『電光超人グリッドマン』33話「もうひとりの武史」で初監督。
監督作品
TV『七星闘神ガイファード』『ムーンスパイラル』『ウルトラマンダイナ』等平成ウルトラマンシリーズ
『WoO』特技監督
オリジナルビデオ
『ウルトラセブン』『ウルトラマンネオス』『オタスケガール』

## 勝賀瀬重憲（しょうがせ・しげのり）

1968年、京都市生まれ。

京都東山の寺社仏閣を遊び場に育ち、高校時代から自主映画を撮り始める。実相寺昭雄監督に師事し映画、ドキュメンタリー、特撮、オペラなど多岐にわたって演出を学ぶ。『ウルトラマンティガ（TVシリーズ）』（1996）、『ウルトラマンダイナ（TVシリーズ）』（1997）、『姑獲鳥の夏』（2004）などのチーフ助監督を経て、『岸 惠子・輝きのギリシャ紀行』（2004）で監督を務める。主な作品『CONTACT ME！（Yahooムービー）』（2001）、『教授的恋愛協奏曲（Yahooムービー）』（2002）、『岸 惠子・輝きのギリシャ紀行（テレビ朝日）』（2004）、『構え森』（2015）、『KAN TOKU 実相寺昭雄』（2016）など。

株式会社きつねのしっぽプロダクションを設立。

## 岡 秀樹（ながの・ひろし）

1966年生まれ。1993年から助監督として活動。

1997年『ウルトラマンダイナ』に参加。以降8年間、円谷プロダクション作品の現場で演出の基礎を学ぶ。

## 小中和哉（こなか・かずや）

1963年生まれ
小学生の頃から兄・千昭と共に8ミリカメラを廻し始め、数多くの自主映画を撮る。

成蹊高校映画研究部、立教大学SPPなどでの自主映画製作を経て、1986年池袋・文芸坐の出資による『星空のむこうの国』で商業映画デビュー。

1988年には日本ビクター製作映画第一作『四月怪談』を監督。

1992年、脚本家の兄・小中千昭と妻・明子と有限会社こぐま兄弟舎（現・株式会社Bear Brothers）を設立（代表取締役＝明子）。ポニーキャニオン、タカラと共同で映画『くまちゃん』を製作。

1997年、『ウルトラマンゼアス２　超人大戦・光と影』でウルトラシリーズ初監督。以降、監督・特技監督として映画・テレビシリーズ両方でウルトラシリーズに深く関わる。

2003年には『アストロボーイ・鉄腕アトム』でアニメーションを監督。

2020年、2021年放送のNHKよるドラ『いいね！光源氏くん』メイン演出。

特撮、アニメーション、ドキュメンタリー、TVドラマ、劇映画で幅広く活動中。

## 村石宏實（むらいし・ひろちか）

監督・特技監督。1947年3月生まれ。東京都出身。円谷プロダクション入社後『（初代）ウルトラマン』などで光学撮影助手を務める。その後フリーとなり、大映テレビ、歌舞伎座プロなどで助監督修行、キャリアを重ね三船プロの『大忠臣蔵』でチーフ助監督に。1973年自主映画『OH!カオ』で初監督。ピープロの『電人ザボーガー』で商業作品デビュー後も、各社の劇場映画、2時間ドラマで助監督を務め、『まんがはじめて物語』シリーズでアニメの監督も経験。1988年東宝の『電脳警察サイバーコップ』でメイン監督を担当し、以降、円谷で『電光超人グリッドマン』や『ウルトラマンティガ』を始めとする平成ウルトラシリーズなどで重要なエピソードを担っている。他に『超星神グランセイザー』、劇場版『ウルトラマンティガTHE FINAL ODYSSEY』などがある。

## 太田 愛（おおた・あい）

香川県生まれ。大学在学中より始めた演劇活動を経て、1997年『ウルトラマンティガ』で脚本家デビュー。平成ウルトラマンでは『ティガ』から2007年『ULTRASEVEN X』まで10シリーズで脚本を執筆。また、『TRICK2』『相棒』などのサスペンスドラマでも高い評価を得ており、17年には『相棒 劇場版IV』の脚本を担当する。2012年、『犯罪者』で小説家デビュー。13年に『幻夏』で日本推理作家協会賞（長編および連作短編集部門）候補となる。17年に『天上の葦』。近刊は20年秋に上梓した『彼らは世界にはなればなれに立っている』。21年4月からは陸奥新報など五紙で最新作『未明の砦』を連載中。

## 長谷川圭一（はせがわ・けいいち）

脚本家。1997年『ウルトラマンティガ』第22話で脚本家デビューし、その後『ウルトラマンダイナ』『ウルトラマンネクサス』『ウルトラマンギンガ』などの円谷プロダクション作品、『仮面ライダーW』『仮面ライダーセイバー』などの東映作品の脚本を担当する。TVアニメ作品では『ゲゲゲの鬼太郎（5期、6期）』『神撃のバハムート GENESIS』『SSSSグリッドマン』『SSSSダイナゼノン』などに参加している。

## 右田昌万（みぎた・まさかず）

脚本家、映画監督、俳優。1966年鹿児島県出身。映画監督を志して上京、松竹シナリオ研究所に通う傍ら小劇場演劇に没頭する。円谷英二の次男・円谷皐との出会いから円谷プロに入社、企画文芸部のエースとして沢山の企画や脚本に関わる。脚本デビュー作は『電光超人グリッドマン』。また『ウルトラマンダイナ』46話「君を想う力」ではゲスト出演している。円谷プロ退社後はフリーの脚本家、映画監督として活動の場を広げ、代表作に『Oh!透明人間』『日本以外全部沈没』『まいっちんぐマチコ先生』『三大怪獣グルメ』などがある。近年は出身地である鹿児島の役者を集ってワークショップ短編映画なども制作している。

## 古怒田健志（こぬた・けんじ）

1964年9月12日生まれ。朝日ソノラマ『宇宙船』などに寄稿するフリーライターを経て1998年『ウルトラマンダイナ』第5話で脚本家デビュー。以後『ウルトラマンンガイア』のほか『炎神戦隊ゴーオンジャー』などの東映作品、『超星神グランセイザー』などの東宝作品にも参加。TVアニメでは『デビルマンレディ』への参加を皮切りに、『図書館戦争』『ダイヤのA』『僕らはみんな河合荘』『ダンボール戦機W/ウォーズ』『メジャーセカンド』などの作品に参加している。自ら草野球でもプレーする野球ファンで、贔屓チームは横浜DeNAベイスターズ。ウルトラフォークのモチーフは大魔神佐々木主浩ではなく大洋ホエールズの遠藤一彦。

## 川上英幸（かわかみ・ひでゆき）

1967年12月16日東京生まれ。脚本家、小説家、日本シナリオ作家協会会員。

TBSユーミンドラマブックス『ルージュの伝言』（1991年）で脚本家デビュー、CX『世にも奇妙な物語』、NHK『クラインの壺』などを経て、『ウルトラマンティガ』をはじめとする平成ウルトラシリーズに参加し多数執筆。

NHK大河ドラマ『義経』『鞍馬天狗』『オトコマエ』『新選組血風録』『酔いどれ小籐次』など多数執筆。

小説作品では『小説ウルトラマンティガ白狐の森』（オークラ出版）、『湯船の姉弟』『丁半三番勝負』（講談社）。

# Staff Credit

【製作】
円谷一夫

【監修】
高野宏一

【企画】
笈田雅人　丸谷嘉彦　大野 実

【プロデューサー】
小山信行　諸冨洋史　位下博一　高城一典

【脚本】
長谷川 圭一　吉田 伸　右田昌万　古怒田 健志
武上純希　川上英幸　太田 愛　大西信介
増田貴彦　村井さだゆき　六本木 学　川崎郷太
上原正三

【原案】
円谷一夫（19話、46話）
満留浩昌（43話）　京本政樹（48話）

【監督】
小中和哉　石井てるよし　原田昌樹
村石宏實　北浦嗣巳　小林義明　児玉高志
服部光則　実相寺昭雄　川崎郷太　髙野敏幸

【特技監督】
大岡新一　佐川和夫　北浦嗣巳　村石宏實
満留浩昌　原田昌樹　服部光則　川崎郷太
髙野敏幸

【シリーズ構成】
江藤直行

【音楽プロデューサー】
玉川 静

【音楽】
矢野立美

## 本編スタッフ

【助監督】
赤尾 剛　石川 整　岡 秀樹
神村正義　黒木浩介
五賀美佳　勝賀瀬 重憲
高下 守　髙野敏幸　張 金鐘
八木 毅　安原正恭　吉田 亮

【撮影】
石渡 均　倉持武弘

【撮影助手】
各務修司　佐々木 伸敏
四方康彦　鈴木啓造　林 雅彦
松木 亜咲子　山本寛久

【照明技師】
佐藤才輔

【照明助手】
糸井恵美　海老沢 守
柴田 守　土井康介　堤 義典
中島淳司　真崎良人
安田信昭　矢野淳也

【録音技師】
細井正次　楠本龍巳

【録音助手】
清水 修　岩岡勝徳　小野浩志
新開 賢　伊藤裕規

【美術監督】
山口 修　内田哲也

【美術助手】
石井 巌　小出 憲
小竹森 智子　岩城 南海子
矢内京子　小山田 千春
石黒瑞貴

【装飾】
金子英司　鈴木隆之
倉田めぐみ　尹 恵媛
水野良子　辻 繭美　毛尾喜泰
岡本慎一　津田秀美
小林聖樹　山下順弘
山浦克巳

【操演】
村石義徳

【メイク】
金子三枝

【メイク助手】
今井志保　小田 多佳子

【衣装】
須賀美波

【特機】
田村 誠　岩田貞幸

【コスチューム制作】
小暮恵子　天野美雪

【キャスティング】
安藤 実

【キャスティングデスク】
川原 亜希子

【人形師】
原田克彦

【制作主任】
中井光夫　程塚貞男
土本貴生　松田 憲一良
高橋誠喜

【制作進行】
田村 諭　三松 貢

## 特技スタッフ

【助監督】
満留浩昌　菊地雄一　近藤孔明
日暮大幹　伊藤良一　糸柳英郎
佐藤勇一　星川真一郎

【撮影】
高橋義仁　高橋 創

【撮影助手】
泉 敏明　奥田兼久　古橋宏之
宮本拓昇　加藤純一　垣内 恵美子
斎藤和弘　西岡正樹　砂原洋一
甲田裕司

【照明技師】
高野和男　和泉正克

【照明助手】
水野 貴　久道雅弘　泉谷しげる
池尾利夫　久保 覚　池上 三四郎
舟橋正夫　井村倫教　坂井義人

【美術監督】
寺井雄二　高橋 勲

【美術助手】
佐々木 朋哉　野口隆二　市原俊成
渡辺 勉　吉本幸人　大泉 健
福島影夫　島田佳明　光益正能
松浦 芳　佐藤純也　山下結子
小池美穂

【操演】
根岸 泉　上田健一　川口謙司
大久保 健　保倉一郎　持田正明
黒瀬 匡　青木貴広　椎田洋平
日高誠之

【キャラクターデザイン】
丸山 浩

【イメージボード・絵コンテ】
橋爪謙始

【キャラクタースーツ・メンテナンス】
宮川秀男　福井康之　中村弥志
高野東真　大森友紀　八巻 亜由子
豊田美和　古森紹祥　井田清介

【スチール】
渡辺 亨　斉藤純二　橋本賢二

【擬闘】
二家本 辰巳

【特技アクション】
権藤俊輔　中村浩二　清水一彦
三宅敏夫　三村幸司　北岡久貴

【怪獣造形】
開米敏雄　開米栄三　平子 博
小川隆司　高山正紀　成田 穣
杉本末男　小野島 泰宏　吉田哲弥
山崎弘太　吉松 学　馬場 由貴子
佐藤由恵　斉藤広一　田原 俊
青木朋美　市川 拓　山本千秋
阿部達也　村上 宏　若狭新一

【制作主任】
渥美勝明　土肥裕二

【制作進行】
奥山 潔　伊藤 誠

## 本編・特技共通スタッフ

【スクリプター】
堀北昌子　中井妙子
宮腰千代　佐々木禮子　山内 薫
南口倫子　黒河内 美佳　青木順子
島貫育子　飯塚美穂　阿南玲那
藤掛順子

【CG 制作主任】
井上光晴　一岡 一

【CG 制作デスク】
小杉珠代

【CG デザイナー】
田嶋秀樹　高橋和也　馬場昭吏
平野 明　工藤洋彰　田鹿信行
小野塚 知子　鈴木貴光　上原健吾
川澤健司　向島 徹　中川幸歩
井野元 英二　山上こうじ　荒木泰則
大石直樹　加嶋一哲　祖父江 成則
新倉大樹　早川哲司　丸井一史
井手広法

【CG 制作】
堀口和彦　斎藤隆明　城之内 高広
伊藤宣隆　國島宣弘　丸 義則
上野洋樹　堀内 明　今入昭治
畠山導人　赤井宣子　酒井啓行

【アニメーション・エフェクト】
小野寺 浩　佐藤高典　藤下忠男
佐藤 元　泉谷 修　吉沢一久
西山明宏　内田剛史　山本英文
金井圭一　小柴 浩　増田英和
今井 元

【デジタルエフェクト】
森 正吾

【本編エディター】
柳生俊一　小川義房

【D-1 合成エディター】
田代定三

【D-1 合成アシスタント】
河合 尊　山内紀枝　内野由麻

【ビジュアル・テクニカル】
有働武史

【マットペイント】
東城直枝　小田達哉

【テレシネカラリスト】
児島正博　鳥海重幸

【テレシネコーディネーター】
小倉 智

【音楽制作】
円谷ミュージック 坂井義人
ユーメックス 藤田昭彦

【スペシャルサウンドエフェクト】
今野康之

【サウンドエフェクト】
小山健二　大友一夫

【選曲】
小林 地香子

【整音】
松本能紀　中野陽子

【仕上げ】
加地耕三　友田 寛

【制作デスク】
八木 理恵子

【プロデューサー補】
数間かおり　助川 康

【編集】
大橋富代　佐藤裕子

【制作経理】
表 有希子

【番組宣伝】
渡辺優子　柴田 三穂子　安藤ひと実

## コダイスタッフ

【撮影】
中堀正夫

【撮影助手】
鈴木一朗

【照明】
牛場賢二

【照明助手】
丸山文雄　池田順一

【美術】
池谷仙克

【美術助手】
黒瀧きみえ

【装飾】
佐野文雄

【助監督】
高橋 巌

【編集】
矢船陽介

【スクリプター】
赤澤 環

【キャスティング】
宍倉徳子

【劇画】
加藤 礼次郎

【人形制作】
佐藤珠子

## 製作

円谷プロダクション
毎日放送

『ウルトラマンダイナ』はここに名前のある方々、
そしてここには名前が載っていないたくさんの関係者の熱意で完成しました。

© 円谷プロ

最終回本編班記念写真。『ウルトラマンダイナ』は永遠の名作として完成しました。だからこそ、前へ向かって飛び続けるアスカにわれわれはいつか追いつきたいものです。本当の戦いはここからだぜ!!

# ウルトラマンダイナ
## 25年目の証言録

2021年12月17日　第1版1刷発行

編著　八木毅

協力　円谷プロダクション

発行人　古森 優
デザイン／DTP　木村由紀（MdN Design）
担当編集　山口一光

発行　立東舎

印刷・製本　シナノ書籍印刷株式会社